Temas de
**DIREITO PENAL, CRIMINOLOGIA
E PROCESSO PENAL**

Conselho Editorial
André Luís Callegari
Carlos Alberto Molinaro
Daniel Francisco Mitidiero
Darci Guimarães Ribeiro
Draiton Gonzaga de Souza
Elaine Harzheim Macedo
Eugênio Facchini Neto
Giovani Agostini Saavedra
Ingo Wolfgang Sarlet
Jose Luis Bolzan de Morais
José Maria Rosa Tesheiner
Leandro Paulsen
Lenio Luiz Streck
Paulo Antônio Caliendo Velloso da Silveira

Dados Internacionais de Catalogação na Publicação (CIP)

T278   Temas de direito penal, criminologia e processo penal / Ângelo Roberto Ilha da Silva (organizador) ; Ana Paula Motta Costa ... [et al.]. – Porto Alegre : Livraria do Advogado Editora, 2015.
232 p. ; 23 cm.
ISBN 978-85-7348-982-8

1. Direito penal. 2. Criminologia. 3. Processo penal. 4. Crime. 5. Direito penitenciário. 6. Prisão preventiva. I. Silva, Ângelo Roberto Ilha da. II. Costa, Ana Paula Motta.

CDU 343.2/.7
CDD 345

Índice para catálogo sistemático:
1. Direito penal   343.2/.7

(Bibliotecária responsável: Sabrina Leal Araujo – CRB 10/1507)

Ângelo Roberto Ilha da Silva
(organizador)

Temas de DIREITO PENAL, CRIMINOLOGIA E PROCESSO PENAL

Ana Paula Motta Costa
Ângelo Roberto Ilha da Silva
Danilo Knijnik
Elisa Moreira Thomé
Marcus Vinicius da Silva Viafore
Mauro Fonseca Andrade
Odone Sanguiné
Pablo Rodrigo Alflen
Vanessa Chiari Gonçalves

Porto Alegre, 2015

©
Ana Paula Motta Costa
Ângelo Roberto Ilha da Silva
Danilo Knijnik
Elisa Moreira Thomé
Marcus Vinicius da Silva Viafore
Mauro Fonseca Andrade
Odone Sanguiné
Pablo Rodrigo Alflen
Vanessa Chiari Gonçalves
2015

Capa, projeto gráfico e diagramação
Livraria do Advogado Editora

Revisão
Rosane Marques Borba

Direitos desta edição reservados por
Livraria do Advogado Editora Ltda.
Rua Riachuelo, 1300
90010-273 Porto Alegre RS
Fone/fax: 0800-51-7522
editora@livrariadoadvogado.com.br
www.doadvogado.com.br

Impresso no Brasil / Printed in Brazil

Prólogo

A ideia de organizar um livro tratando de temas variados que se inserem no âmbito das *Ciências Criminais* surgiu com a ministração de aulas em nível de especialização no Curso de Pós-Graduação em *Direito Penal e Política Criminal: Sistema Constitucional e Direitos Humanos*, na Faculdade de Direito da Universidade Federal do Rio Grande do Sul – UFRGS.

O livro está dividido em três partes: Direito Penal, Criminologia e Processo Penal, e é composto de artigos jurídicos de autoria de professores do Departamento de Ciências Penais da Faculdade de Direito da UFRGS, bem como de alunos pós-graduados no referido curso.

Os temas tratados são de real importância teórica e prática, tais como *Bases teóricas do funcionalismo penal alemão. Considerações críticas*, de Pablo Rodrigo Alflen; *O domínio do fato por meio de aparatos organizados de poder e sua aplicação à criminalidade empresarial*, de Ângelo Roberto Ilha da Silva; *Crimes de lavagem de dinheiro: supressão do rol de infrações penais antecedentes e efeitos produzidos nos fatos iniciados ou perpetrados antes da vigência da Lei nº 12.683/12*, de Marcus Vinícius da Silva Viafore; *Direito penitenciário: reflexões e noções preliminares*, de Vanessa Chiari Gonçalves; *As medidas socioeducativas e apelo punitivo na apuração de atos infracionais*, de Ana Paula Motta Costa; *Os limites do direito internacional frente aos atos de terrorismo*, de Elisa Moreira Thomé; *Sobre a processualística universitária: o ensino do direito processual penal no Brasil e seu atual estágio*, de Mauro Fonseca Andrade; *A trilogia Olmstead-Katz-Kyllo: o art. 5º da Constituição Federal do Século XXI*, de Danilo Knijnik, e *Os efeitos jurídicos da prisão cautelar: a indenização por prisão injusta e a detração penal*, de Odone Sanguiné.

Procedeu-se à eleição dos suprarreferidos temas por critérios de dificuldade na solução de determinados problemas dogmáticos, de pertinência crítica, de atualidade ou de inovação de algumas abordagens.

Pensamos que os temas tratados, seja pela relevância, seja pela rica abordagem feita por cada coautor, muito têm a contribuir para o desenvolvimento das *Ciências Criminais*.

Por fim, expressamos nossa gratidão aos colaboradores pela disposição em redigirem seus textos e à prestigiada e prestimosa *Livraria do Advogado Editora*, que se notabiliza pela qualidade de suas publicações, por acreditar na proposta ora ofertada ao público.

Ângelo Roberto Ilha da Silva
organizador

Sumário

Parte I – DIREITO PENAL...9

1. Bases teóricas do funcionalismo penal alemão. Considerações críticas
   Pablo Rodrigo Alflen..11
2. O domínio do fato por meio de aparatos organizados de poder e sua aplicação à criminalidade empresarial
   Ângelo Roberto Ilha da Silva..37
3. Crimes de lavagem de dinheiro: supressão do rol de infrações penais antecedentes e efeitos produzidos nos fatos iniciados ou perpetrados antes da vigência da Lei nº 12.683/12
   Marcus Vinicius da Silva Viafore..51
4. Direito penitenciário: reflexões e noções preliminares
   Vanessa Chiari Gonçalves...71

Parte II – CRIMINOLOGIA..91

5. As medidas socioeducativas e apelo punitivo na apuração de atos infracionais
   Ana Paula Motta Costa...93
6. Os limites do direito internacional frente aos atos de terrorismo
   Elisa Moreira Thomé..109

Parte III – PROCESSO PENAL..125

7. Sobre a processualística universitária: o ensino do direito processual penal no Brasil e seu atual estágio
   Mauro Fonseca Andrade..127
8. A trilogia *Olmstead–Katz–Kyllo*: o art. 5º da Constituição Federal do Século XXI
   Danilo Knijnik..173
9. Os efeitos jurídicos da prisão cautelar: a indenização por prisão injusta e a detração penal
   Odone Sanguiné..191

Parte I

DIREITO PENAL

— 1 —

Bases teóricas do funcionalismo penal alemão. Considerações críticas

PABLO RODRIGO ALFLEN[1]

Sumário: I. Introdução; II. Vertentes funcionalistas alemãs de direito penal e seus fundamentos; 1. O funcionalismo de Jakobs; 2. O funcionalismo de Roxin; III. Críticas às concepções funcionalistas: à guisa de conclusão.

I. Introdução

A maior parte das tendências dogmáticas[2] manifestadas ao longo do desenvolvimento histórico da ciência do direito penal é resultado da confluência de ideias, divergentes ou convergentes em seus fundamentos, que assentam em concepções – sejam filosóficas, sociológicas ou políticas – predominantes nos respectivos contextos temporais e espaciais que as determinaram. Daí dizer F. von Liszt, já em 1882, com razão, ser "o direito penal de determinada época o balanço resultante de seu ativo e passivo humanos" e que, portanto, "a tarefa do futuro é continuar no mesmo sentido o desenvolvimento já iniciado".[3]

Isso é correto, na medida em que se parte de que o discurso do presente necessita encontrar suporte no do passado, pois é ele que nos dá respostas sutis ou mesmo radicalmente diferentes das nossas próprias respostas às questões, pelas quais conservamos um interesse vital.[4]

---

[1] Professor do Departamento de Ciências Penais e do Curso de Especialização em Direito Penal e Política Criminal da Faculdade de Direito da Universidade Federal do Rio Grande do Sul (UFRGS).
[2] Sobre o conceito de dogmática, compare SCHLAPP, Thomas. *Theorienstrukturen und Rechtsdogmatik*, Berlin: Duncker & Humblot, 1989, p. 21; bem como KAUFMANN, Arthur. Rechtsphilosophie, Rechtstheorie, Rechtsdogmatik. In: KAUFMANN, Arthur; HASSEMER, Winfried. *Einführung in Rechtsphilosophie und Rechtstheorie der Gegenwart*. 5. Aufl., Heidelberg: C.F.Müller Verlag, 1989. p. 2 e s.
[3] Cfe. LISZT, Franz von. Der Zweckgedanke im Strafrecht (1882). In: *Strafrechtliche Aufsätze und Vorträge*. Erster Bd., Berlim: Walter De Gruyter, 1905. p. 149-150.
[4] Cfe. BAUMER, Franklin Le van. *O pensamento europeu moderno*. Trad. de M. Manuela Albety, Vol. I, Rio de Janeiro: Edições 70, 1977. p. 25.

Portanto, é incontestável que esta postura científica, orientada pelo saber historicamente produzido, é perfeitamente legítima em direito, sobretudo, em direito penal, uma vez que, como já esclareceu G. Radbruch, "um novo impulso do direito não se realiza nunca em um vazio jurídico, senão pela transformação de um instituto jurídico preexistente ou pela inserção de um novo instituto jurídico em um sistema jurídico dado".[5] Contudo, cumpre esclarecer que aqui não estão em causa interesses históricos, mas sim *a compreensão* dos respectivos contextos que determinaram o atual paradigma penal, o qual tem sido caracterizado pela doutrina alemã contemporânea como *funcionalismo*.

O funcionalismo, porém, não é um conceito próprio do direito penal. Trata-se, como esclarece R. Münch, de um método de análise sociológica, cujas raízes remontam ao século XIX, mais especificamente a E. Durkheim, e que surgiu a partir do emprego de métodos da biologia na análise da sociedade.[6] Como elementos característicos do funcionalismo, tem-se, por um lado, a observação da sociedade como organismo e, por outro lado, o seu desenvolvimento como processo evolutivo. Fundamental, nesse contexto, é a relação entre as partes e o todo, que constituem a sociedade, assim como a relação com as funções que as partes devem cumprir para o funcionamento do todo. No entanto, seu principal referencial, na filosofia, foi E. Cassirer,[7] o qual procurou desenvolver os conceitos desde uma ótica funcional, ressaltando que "a teoria funcional do conceito encontra seu correlato natural em uma determinação funcional da própria realidade física superior" e, com isso, esclareceu o intento de efetivar a transição do ontologismo ao funcionalismo. Em uma perspectiva contemporânea consiste em um método por meio do qual se procura decompor todas as substâncias em funções e comparar tudo o que existe

---

[5] Cfe. RADBRUCH, Gustav. *Rechtsphilosophie*. 8. Aufl., Stuttgart: K. F. Koehler Verlag, 1973. p. 180. Também Husserl já mostrou que "sem um conhecimento dado como ponto de partida, tampouco há conhecimento algum como continuação", compare HUSSERL, Edmund. *La idea de la fenomenología*. Trad. de M. García-Baró, México: Fondo de Cultura Económica, 1982. p. 43.

[6] Cfe. MÜNCH, Richard. Funktionalismus – Geschichte und Zukunftsperspektiven einer Theorietradition. In: JETZKOWITZ, Jens; STARK, Carsten. *Soziologischer Funktionalismus*. Opladen: Verlag Leske Budrich, 2003. p. 17-18. Ademais, como esclarece Jensen, tal paradigma surge com o funcionalismo antropológico (de Radcliffe-Brown, Malinowski e Tylor) e com o funcionalismo psicológico (de James e Dewey), e se manifesta na sociologia como funcionalismo sociológico (Merton, Parsons e Luhmann), o qual se converte em teoria do sistema, compare JENSEN, Stefan. Funktionalismus und Systemtheorie. In: JETZKOWITZ, Jens; STARK, Carsten. Soziologischer Funktionalismus. Opladen: Verlag Leske Budrich, 2003. p. 179.

[7] Cfe. CASSIRER, Ernst. *Substanzbegriff und Funktionsbegriff. Untersuchungen über die Grundfragen der Erkenntniskritik*. Berlin: Verlag von Bruno Cassirer, 1910. p. 262; compare, ainda, MORALES, Miguel Torres. *Systemtheorie, Diskurstheorie und das Recht der Transzendentalphilosophie*. Würzburg: Königshausen & Neumann, 2002. p. 73.

com outras possibilidades,[8] cujo fator, inclusive, é claramente perceptível no chamado funcionalismo penal.

Desde a ótica do saber penal, certo é que o funcionalismo, em ambas as suas vertentes, pretende a superação do sistema finalista, o que não significa, necessariamente, negar ou rechaçar seu mérito imperecível em face do sistema causal. Como é sabido, o finalismo se opôs à base naturalista do causalismo, o qual, rechaçando toda especulação transcendental, desenvolveu o sistema penal a partir do juízo existencial relativo à concorrência daqueles fatores que pudessem ser percebidos pelos sentidos e descritos com base em conceitos físicos ou biológicos. H. Welzel, por sua vez, edificou seu sistema sobre a ideia de ação finalista e, a partir daí, o pensamento ontológico se *consolidou*[9] na ciência jurídico-penal. Naquela ocasião, o jurista de Bonn demonstrou que o objeto próprio da dogmática jurídica não era a axiologia – o consequente desenvolvimento conceitual das valorações legislativas –, mas sim "investigar e elaborar aqueles elementos ontológicos, aos quais a lei vincula suas valorações".[10] Isso não poderia ser diferente, pois Welzel começou a desenvolver seus trabalhos na terceira década do último século, sendo que, à época, a Primeira Guerra Mundial trouxe consigo a desilusão a respeito das instituições e ideias do passado, favorecendo, assim, o desenvolvimento de um espírito científico muito mais voltado para o presente e o futuro do que para o passado, e a consequente exaltação da essência do homem.[11] Todavia, a *estrutura originária* de sua concepção ontológica de ação finalista encontrou alicerce na filosofia do espírito de R. Hönigswald, K. Bühler, E. R. Jaensch e W. Peters, bem como na fenomenologia de P. F. Linke e

---

[8] Cfe. LUHMANN, Niklas. Iluminismo sociológico. In: SANTOS, José Manuel (Org.). *O pensamento de Niklas Luhmann*. Beira: Universidade da Beira Interior, 2005. p. 33; no mesmo sentido PEÑARANDA RAMOS, Enrique. Sobre la influencia del funcionalismo y la teoría de sistemas en las actuales concepciones de la pena y del concepto de delito. *Doxa. Cuadernos de Filosofía del Derecho*, n° 23, 2000. p. 289.

[9] Compare SAUER, Wilhelm. *Allgemeine Strafrechtslehre*. 3. Aufl., Berlin: Walter de Gruyter, 1955. p. 24, o qual ressalta, por um lado, que a teoria de Welzel não é original, pois uma virada ao material e teleológico há muito já se observava no conceito natural de conduta voluntária de aspiração finalística, de Jhering, e, por outro lado, que a teoria já havia sido elaborado sistematicamente por Graf zu Dohna. De fato, Graf zu Dohna refere que a "ação é, essencialmente, concretização da vontade" e prossegue ressaltando que "esta vontade pode ser dirigida a produzir ou a evitar a atividade corporal", sendo que, por conseguinte, afirma que "podemos distinguir estes três elementos da ação: decisão de vontade, manifestação da vontade e resultado", compare GRAF ZU DOHNA, Alexander. Der Aufbau der Verbrechenslehre, 3. Aufl., Bonn: Röhrscheid, 1947. p. 19-20; do mesmo modo, Ihering já havia transposto a ideia de fim ao direito, sobretudo vinculando-a a ideia de ação, compare JHERING, Rudolf von. *Der Zweck im Recht*. Erster Bd. Leipzig: Druck und Verlag von Breitkopf & Härtel, 1877. p. 11; todavia, não é correta a afirmação categórica de Sauer pois somente em Welzel a teoria finalista da ação é levada a suas últimas consequências.

[10] Cfe. WELZEL, Hans. Über Wertungen im Strafrecht. In: *Abhandlungen zum Strafrecht und zur Rechtsphilosophie*. Berlin: Walter De Gruyter, 1975. p. 26.

[11] Cfe. BAUMER, Franklin Le van. *O pensamento europeu moderno*. Trad. de M. Manuela Albety, vol. II, Rio de Janeiro: Edições 70, 1977. p. 276.

A. Pfänder[12] (e não pelo trabalho do filósofo N. Hartmann, embora mais tarde Welzel tenha admitido ter *reformulado* sua teoria à luz dos trabalhos deste último).[13] O que se pode constatar, de fato, é que Welzel invariavelmente bebe da fonte do *neokantismo* de Marburg (Jaensch) – ainda que de forma crítica – e do círculo de fenomenólogos de Munique (Pfänder, Linke, Bühler, Hönigswald).

Entretanto, já em 1968, Schmidhäuser esboçou as primeiras linhas de um sistema funcional;[14] pouco tempo depois, Roxin apresentou de forma integral seu sistema e, mais recentemente, Jakobs levou a público sua concepção, sendo que em todas elas o objetivo principal era apresentar um novo sistema que suprisse os déficits decorrentes do finalismo.[15] Apesar disso, verifica-se certa dificuldade de compreensão deste paradigma na doutrina pátria, particularmente, em razão de dois fatores, a saber: por um lado, a doutrina procura defini-lo à luz de apenas uma de suas vertentes (ou por dispensar um tratamento uníssono a ambas ou por desconsiderar uma das vertentes)[16] e, por outro lado, se detêm unicamente em suas consequências dogmáticas, o que, por conseguinte, conduz a uma percepção absolutamente limitada e a críticas superficiais.[17]

---

[12] Tanto Linke (1876-1955) quanto Pfänder (1870-1941) integravam o círculo de fenomenólogos de Munique, sendo este último um dos seus principais representantes, o qual, inclusive, aderindo à fenomenologia de Theodor Lipps, opõe-se de forma veemente à fenomenologia de Husserl, compare sobre isso FIDALGO, António Carreto. *O realismo da fenomenologia de Munique*. Covilhã: Lusosofia Press, 2011; fundamental ainda a análise do próprio PFÄNDER, Alexander. *Phänomenologie des Wollens. Eine psychologische Analyse*. Leipzig: Verlag von Johann Ambrosius Barth, 1900, em cujo trabalho se pode encontrar de forma bastante clara os fundamentos da concepção de Welzel.

[13] No prólogo à quarta edição de "O novo sistema de direito penal", Welzel ressalta que sua teoria não teve por fundamento a concepção de Hartmann, compare WELZEL, Hans. *El nuevo sistema de derecho penal. Una introducción a la doctrina de la acción finalista*. Trad. J. Cerezo Mir, da 4ª edição alemã. Buenos Aires: Editorial BdF, 2004. p. 1 e ss.; compare ainda LOOS, Fritz. Hans Welzel (1904-1977) – La búsqueda de lo suprapositivo en el Derecho. *Zeitschrift für Internationale Strafrechtsdogmatik*, nº 5, 2009. p. 231, o qual ressalta que "originariamente *Welzel* não havia falado de finalidade, senão de 'intencionalidade de sentido' ou de uma 'conexão teleológica de sentido'" e que "somente depois tomou de Nicolai *Hartmann* o termo 'finalidade'".

[14] Cfe. SCHÜNEMANN, Bernd. *El sistema moderno de derecho penal: cuestiones fundamentales*. Trad. J.-M. Silva Sánchez. Madrid: Editorial Tecnos, 1991, p. 63.

[15] Cfe. JAKOBS, Günther. *Derecho Penal. Parte General. Fundamentos y teoría de la imputación*. 2. ed., Trad. de J. Cuello Contreras e J. L. Gonzalez de Murillo, Madrid: Marcial Pons, 1997. p. IX-X (prefácio à primeira edição alemã); também ROXIN, Claus. Reflexões sobre a construção sistemática do direito penal. *Revista Brasileira de Ciências Criminais*, nº 82, jan.-fev. 2010. p. 33: "em franca oposição ao sistema 'clássico' e ao sistema finalista funda Jakobs sua concepção de Direito Penal não a partir de pressupostos ontológicos, mas sim a partir de pressupostos normativos, a saber: os fins da pena"; ROXIN, Claus *et alii*. *Sobre el estado de la teoría del delito*. Trad. de J. M. Silva-Sánchez, M.T. Castiñeira Palou, Pablo S.-O. Gutierrez, D.F.i Saborit, R. Ragués I Vallès, R.R. Planas, 2000. p. 16.

[16] Tal equívoco é verificado em GOMES, Luiz Flávio; MOLINA, Antonio García-Pablos; BIANCHINI, Alice. *Direito Penal*. São Paulo: RT, v.1, 2007. p. 145-146, os quais afirmam que "não constituem (tais propostas) algo novo ou desconhecido, posto que se enlaçam com a tradição metodológica neokantiana", sendo que isso restringe a visão acerca do funcionalismo à vertente de Roxin.

[17] Tal equívoco é verificado em OLIVEIRA, Eugênio Pacelli. Funcionalismo e dogmática penal: ensaio para um sistema de interpretação. In: BAYER, Diego. *Controvérsias criminais*. Jaraguá do Sul: Letras e Conceitos, 2013, p.189-208.

Em vista disso, partindo-se do entendimento de que a dogmática jurídica deve transcender os argumentos intrassistêmicos (no caso, as consequências dogmáticas), faz-se imprescindível um estudo mais aprofundado acerca *dos fundamentos* das principais vertentes do funcionalismo, a saber: *a)* do funcionalismo normativista, de G. Jakobs, também denominado de "funcionalismo radical", e *b)* do sistema (funcional) teleológico racional, de C. Roxin,[18] também chamado de "funcionalismo moderado".

II. Vertentes funcionalistas alemãs de direito penal e seus fundamentos

1. *O funcionalismo de Jakobs*

A vertente representada pelo penalista de Bonn, Jakobs, tem sido caracterizada como funcionalismo por encontrar assento principalmente na teoria sistêmica funcional-estrutural de Niklas Luhmann.[19] O próprio Jakobs deixa claro este aspecto ao ressaltar que, na atualidade, a teoria dos sistemas de Luhmann consiste na "exposição mais clara de diferenciação entre sistemas sociais e psíquicos, que tem consequências para o sistema jurídico".[20] Porém, adverte que, apesar de suas considerações

---

[18] Compare ROXIN, Claus. *Strafrecht. AT. Grundlagen der Aufbau der Verbrechenslehre*. München: Verlag Beck, Bd. I, 1992. p. 113, particularmente o tópico "Das zweckrationale (funktionale) Strafrechtssystem" (e nota de rodapé 31); compare ainda, quanto aos fundamentos da concepção de ROXIN, Claus. *Política Criminal y sistema de derecho penal*. Trad. F. Muñoz Conde. 2. ed., Buenos Aires: Editorial Hammurabi. 2002, p. 31 e ss.; ademais ROXIN, Claus. *La evolución de la Política Criminal, el Derecho Penal y el Proceso Penal*. Trad. de C. Rivero y M. Catizano. Valencia: Tirant lo Blanch, 2000. p. 17-36; importante, ainda, quanto ao reflexo social da teoria ROXIN, Claus. Problemas actuales de la Política Criminal. Trad. de E. Díaz Aranda. In: DÍAZ ARANDA, Enrique (Org.). *Problemas fundamentales de política criminal y derecho penal*. México: Universidad Nacional Autónoma de México, 2002. p. 87 e ss.

[19] É importante ter em vista, aqui, a questão terminológica, posto que a *teoria sistêmica "funcional--estrutural"*, de Luhmann, se opõe à *teoria "estrutural-funcional"* de Talcot Parsons, porém, não compete abordar, nos estreitos limites deste estudo, a problemática que diz respeito à sociologia, mas apenas compreender que esta alteração (inversão) para Luhmann, implica a ampliação do método, a partir da libertação da análise funcional dos seus vínculos com as representações da lei causal, de tal modo que permite se referir ao problema da complexidade e aprender a indagar a função dos sistemas e das estruturas, sobre isso veja LUHMANN, Niklas. Sociologia como teoria dos sistemas sociais. In: SANTOS, José Manuel (Org.). *O pensamento de Niklas Luhmann*. Beira: Universidade da Beira Interior, 2005. p. 71 e ss.; bem como LUHMANN, Niklas. *Iluminismo sociológico*. p. 41; ademais BÜLLESBACH, Alfred. Systemtheoretische Ansätze. In: *Einführung in Rechtsphilosophie und Rechtstheorie der Gegenwart*, 5. Auflage, Heidelberg: C. Müller Verlag, 1989. p. 349, o qual esclarece esta questão referindo ao ponto de partida da discussão entre ambas as concepções (de *Parsons* e *Luhmann*) "é a ordenação da estrutura e da função nos sistemas sociais" (p. 344 e ss.); para uma análise detalhada dos influxos da concepção de Luhmann sobre a dogmática penal, inclusive, com críticas, compare PIETRO NAVARRO, Evaristo. Teoría de sistemas, funciones del derecho y control social. Perspectivas e imposibilidades para la dogmática penal. *Doxa. Cuadernos de Filosofía del Derecho*, nº 23, 2000. p. 265 e ss.

[20] Cfe. JAKOBS, Günther. Das Strafrecht zwischen Funktionalismus und "alteuropäischem" Prinzipiendenken. *ZStW*, Nr. 107, Heft 4, 1995. p. 844.

convergirem com as principais teses de Luhmann (a saber: da *complexidade social*, da *norma como instrumento de restrição à arbitrariedade* e da *estabilização do sistema*), não decorrem exclusivamente delas, posto que, ao procurar superar o modelo ontológico finalista, toma como apontamento algumas das próprias teses de Welzel, assim como também busca em Hegel alguns de seus fundamentos.[21]

Entretanto, justamente em virtude da estreita relação entre o pensamento de Jakobs e o de Luhmann, é necessário analisar alguns aspectos fundantes da teoria desenvolvida por este para compreender a concepção daquele.

Primeiramente, deve-se observar que, para Luhmann, o mundo é considerado como um horizonte de possibilidades de extrema complexidade, no qual se deve distinguir entre sistemas psíquicos e sistemas sociais: estes são baseados na comunicação, e aqueles, na consciência.[22] Os sistemas sociais – para existirem no mundo – devem revelar uma *complexidade* própria que lhes possibilitem se manter.[23] Portanto, o mundo consiste no seu ponto de referência funcional, no qual são desenvolvidas estruturas que satisfazem exigências contraditórias a partir de uma forte diferenciação interna e que permitem aceitar muitos estados diferentes, graças a sua indeterminação. Nesse contexto, a comunicação – definida como unidade de informação e compreensão – assume o papel de ele-

---

[21] Cfe. JAKOBS, Günther. *Das Strafrecht zwischen Funktionalismus und "alteuropäischem" Prinzipiendenken*. p. 844; compare ainda VELÁSQUEZ, Fernando. El funcionalismo jakobsiano: una perspectiva latinoamericana. *Revista de Derecho Penal y Criminología*, n° 15, 2005. p. 199, que afirma que se deve observar que a concepção de Jakobs funda suas raízes em Luhmann, o qual teve como precedentes *"las construcciones sociológicas de E. Durkheim, T. Parsons y R. Merton, en los años 30 del siglo pasado, en Francia y los Estados Unidos de Norteamérica"*, bem como em Hegel e, principalmente, na *"concepción de H. Welzel según la cual el Derecho penal tiene como misión la de proteger los valores elementales de conciencia, de carácter ético-social"*; com detalhes, veja PEÑARANDA RAMOS, Enrique. *Sobre la influencia del funcionalismo y la teoría de sistemas en las actuales concepciones de la pena y del concepto de delito*. p. 299-303; também ARIAS EIBE, Manuel José. Funcionalismo penal moderado o teleológico-valorativo versus funcionalismo normativo radical. *Doxa. Cuadernos de Filosofía del Derecho*, n° 29, 2006. p. 446.

[22] Dois conceitos devem ser esclarecidos, aqui, desde a perspectiva de Luhmann, a saber: "complexidade" e "sistema". Quanto ao primeiro, o autor refere que quando se pensa sobre a complexidade, dois conceitos diferentes, mas complementares, vem à mente: o primeiro, chamado pelo autor de *conceito de operação* (complexidade das operações) "se baseia na distinção entre elementos e relações", no qual "se temos um sistema com um número crescente de elementos, cada vez se torna mais difícil inter-relacionar cada elemento com todos os outros"; e, o segundo, chamado de conceito de observação (complexidade das observações), parte de que "o conhecimento de um elemento não conduz ao conhecimento de todo o sistema; a observação de outros elementos dará, no entanto, informação adicional sobre o sistema", logo "a complexidade do sistema, desde esta perspectiva é uma medida da falta de informação" (compare LUHMANN, Niklas. *Complejidad y modernidad*. Trad. Josetxo Berian y José Blanco. Madrid: Editorial Trotta. 1993. p. 26 e s.). Já quanto ao segundo conceito, de "sistema", o autor considera que "o sistema é uma relação entre estrutura e processo", ou seja "uma unidade orientada estruturalmente pelos próprios processos", com isso, "um sistema surge quando se coloca em andamento uma operação de um determinado tipo e ela for capaz de conexão, isto é, encontrar sucessão, e com o mesmo tipo de operação apresentar consequências", cfe. LUHMANN, Niklas. *Einführung in die Systemtheorie*. 2. Aufl. Heidelberg: Carl-Auer Verlag, 2004. p. 77.

[23] Cfe. LUHMANN, Niklas. *Iluminismo sociológico*. p. 34.

mento fundamental para distinguir os sistemas sociais dos demais sistemas.[24]

Em segundo lugar, para Luhmann, as atividades humanas e a própria existência devem se orientar pela redução da complexidade (enquanto totalidade dos possíveis acontecimentos no mundo) e isso somente é possível por meio de um método funcional "que busca um enquadramento conceptual básico de referência, com o qual se possa fazer justiça a estas exigências de extrema complexidade".[25]

Em terceiro lugar, Luhmann considera que, entre as ciências, devem se desencadear esforços afins e concorrentes em prol da redução da complexidade do mundo, e o direito – compreendido como um subsistema do sistema social – exerce papel determinante na estabilização das expectativas assentadas normativamente. Por conseguinte, a dogmática jurídica deve desempenhar uma função de orientação do processo de realização do direito, ou seja, ela deve se direcionar ao resultado proporcionando a "redução vinculante e sancionada da complexidade social", por meio do "domínio das expectativas comportamentais inter-humanas".[26] Com isso, para Luhmann, as normas passam a assumir um papel fundamental, pois são criadas para uma multiplicidade de casos aos quais são aplicadas e, por consequência, elas são indispensáveis como plataforma de regulação. Na medida em que as normas se aplicam a casos e os casos não são idênticos, por compreenderem variáveis, Luhmann estabelece que a dogmática jurídica também tem a função de restringir a arbitrariedade das variações.[27] Isso, evidentemente, tem o propósito de garantir a estabilidade do sistema, pois, como refere, "a ciência deve garantir a si", por meio da "estabilidade dos sistemas, o significado permanente da ex-

---

[24] Cfe. CALLIESS, Gralf-Peter. Systemtheorie: Luhmann/Teubner. In: BUCKEL, Sonja; CHRISTENSEN, Ralph; LESCANO, Andreas Fischer (Hrsg.). *Neue Theorien des Rechts*. Stuttgart: Lucius & Lucius Verlag, 2006. p. 58-59, o qual ressalta ainda que em Luhmann "nenhum homem pode se comunicar (no sentido de comunicação plena), sem se constituir por meio de sociedade".

[25] Cfe. LUHMANN, Niklas. *Iluminismo sociológico*. p. 34 e p. 42-43, onde inclusive ressalta dois aspectos fundamentais: a) "a concepção ontológica do sistema, que definia o sistema como totalidade, é cada vez mais substituída por uma teoria sistêmico-funcional", e b) "a função da formação sistêmica: consiste ela na apreensão e na redução da complexidade do mundo."; compare ainda BÜLLESBACH, Alfred. *Systemtheoretische Ansätze*. p. 349 e ss.

[26] Cfe. LUHMANN, Niklas. *Einführung in die Systemtheorie*. p. 340, onde ressalta que "a este contexto pertence também a ideia de que se pode representar o direito como uma instituição de domesticação dos conflitos"; ademais, LUHMANN, Niklas. *Iluminismo sociológico*. p. 55.

[27] Cfe. LUHMANN, Niklas. *Einführung in die Systemtheorie*. p. 11 e ss.; ainda, LARENZ, Karl. *Metodologia da Ciência do Direito*. Trad. de José Lamego, 3. ed., Lisboa: Calouste Gulbenkian, 1997. p. 322-324; fundamental a respeito BÜLLESBACH, Alfred. *Systemtheoretische Ansätze*. p. 349 e ss.; compare também KAUFMANN, Arthur. *Rechtsphilosophie, Rechtstheorie, Rechtsdogmatik*. p. 18, o qual ressalta que, de acordo com o funcionalismo extremo no sentido de Niklas Luhmann, o direito surge e se legitima unicamente por meio do procedimento; compare, ainda, com um amplo panorama acerca da concepção de Luhmann, inclusive defendendo a teoria, AMELUNG, Knut. El primer Luhmann y la imagen de la sociedad de los juristas alemanes. Una contribución a la historia del derecho alemán del siglo XX. *Revista Brasileira de Ciências Criminais*. n° 50, 2004. p. 280 e ss.

periência, que ela investiga e em cujo marco de referência interpreta as experiências".[28]

Baseando-se principalmente nestes aspectos, Jakobs começa a desenvolver sua concepção funcional de direito penal. Assim, em primeiro lugar, o jurista alemão converge com Luhmann ao considerar que entre o direito (penal) e a sociedade existe uma dependência recíproca. Em face disso, afirma que ao direito penal compete realizar esforços para assumir novos problemas sociais, de tal modo que o sistema jurídico alcance uma complexidade adequada em relação ao sistema social.[29]

Em segundo lugar, considera que o direito penal não pode reagir frente a um fato enquanto lesão de um bem jurídico, mas – aproximando-se da concepção há muito desenvolvida por Binding,[30] *"somente frente a um fato enquanto violação da norma"*. De acordo com isso, o direito penal está orientado unicamente a garantir a identidade normativa, a constituição e a sociedade, sendo essa, portanto, a missão do Direito Penal: *garantir a identidade (normativa) da sociedade*.[31] Esta garantia consiste em que as expectativas imprescindíveis para o funcionamento da vida social não se deem por perdidas no caso de resultarem frustradas. Tendo em vista

---

[28] Cfe. LUHMANN, Niklas. *Sociologia como teoria dos sistemas sociais*. p. 119.

[29] Cfe. JAKOBS, Günther. *Sociedad, norma y persona en una teoría de un Derecho penal funcional*. Trad. de M. Cancio Meliá e B. Feijó Sánchez, Madrid: Civitas Ediciones, 1996. p. 22; no mesmo sentido JAKOBS, Günther. *Das Strafrecht zwischen Funktionalismus und "alteuropäischem" Prinzipiendenken*. p. 846: "procura-se exigir do direito penal esforços pelo domínio de novos problemas sociais, até que o sistema jurídico alcance uma complexidade adequada ao sistema social". Tal posicionamento, aliás, não deixa de estar correto se se leva em conta o direito como um todo (não restrito ao direito penal), uma vez que se tem proposto até mesmo que diante dos problemas decorrentes das vicissitudes do cotidiano em sociedades complexas seja criado um direito de intervenção, compare HASSEMER, Winfried. Características e crises do moderno Direito Penal. Trad. de Pablo Rodrigo Alflen. *Revista Síntese de Direito Penal e Processual Penal*. n° 18, fev.-mar. 2003. p. 156.

[30] Cfe. BINDING, Karl. *Die Normen und ihre Übertretungen*. Bd. I, Utrecht: Scientia Verlag Aalen, 1965 (neudruck der 4. Aufl. 1922), p. 25 *et passim*; fundamental a respeito KAUFMANN, Armin. *Lebendiges und Totes in Bindings Normentheorie. Normlogik und moderne Strafrechtsdogmatik*. Göttingen: Verlag Otto Schwartz & Co., 1954. p. 3 e ss.

[31] Cfe. JAKOBS, Günther. *Dogmatica de Derecho Penal y la configuración normativa de la Sociedad*. p. 75. Daí afirmar Schünemann, em parte com razão, que a concepção de Jakobs constitui na verdade uma concepção normativista, compare, nesse sentido, SCHÜNEMANN, Bernd. La relación entre ontologismo y normativismo en la dogmática jurídico-penal. Trad. M. Sacher. *Revista Brasileira de Ciências Criminais*, n° 44, 2003. p. 12-13, que afirma: *"Jakobs, quien sostiene a su vez un normativismo radical"* (p. 12), ressaltando ainda que há um *"abismo que separa a Jakobs no sólo del pensamiento jurídico-penal ontológico de acuñación welzeliana, sino también de aquel funcionalismo políticocriminal-teleológico"* (p. 13). A concordância *parcial* com a afirmação de Schünemann, referida no texto, radica no fato de que a concepção de Jakobs, por tomar como teoria de base a concepção sistêmica de Luhmann, não fica adstrita à norma e não faz dela a pedra angular de todo o seu sistema, senão encontra nela unicamente o elemento por intermédio do qual se possibilita a estabilização do sistema; compare ainda JAKOBS, Günther. *Derecho Penal. PG*. p. 45; ressaltando também o aspecto referido no texto ARIAS EIBE, Manuel José. *Funcionalismo penal moderado o teleológico-valorativo versus funcionalismo normativo radical*. p. 447.

isso, Jakobs – em sentido semelhante ao preconizado por Welzel[32] – considera que, por exemplo, "o que constitui a lesão de um bem jurídico não é a causação de uma morte", mas "a oposição à norma subjacente no homicídio evitável",[33] daí afirmar que "a contradição à norma por meio de uma conduta é a infração da norma".[34]

Em terceiro lugar, é importante observar que Jakobs não desenvolve uma concepção tão limitada quanto aquela já desenvolvida por Binding, adstrita à relação entre norma e Estado,[35] pois procura entrelaçar os conceitos de norma e de *sociedade*, e, de fato, o faz apoiando-se na ideia de Luhmann de comunicação, no sentido de que a sociedade se baseia na construção de relações de comunicação, as quais devem se desencadear por meio das normas (uma vez que a identidade da sociedade é determinada por regras de configuração). No entanto, para fundamentar isso, adere à famosa "teoria da negação da negação", desenvolvida por Hegel, segundo a qual o crime consiste na negação do direito, e a pena é a negação desta negação, ou seja, consiste na "anulação" do delito e, com isso, no restabelecimento do direito.[36] Isso é facilmente identificável pela afirmação de Jakobs de que "a prestação que realiza o direito penal consiste em contradizer a contradição às normas determinantes da identidade da sociedade" e, nesse sentido, "a pena não repara bens, senão confirma a identidade normativa da sociedade".[37]

---

[32] Cfe. WELZEL, Hans. *Das Deutsche Strafrecht. Eine systematische Darstellung*. 11. Auflage, Berlin: Walter de Gruyter & Co., 1969. p. 2-6, o qual afirmava que o direito penal "protege bens jurídicos", na medida em que "pune o verdadeiro desprezo aos valores da opinião jurídica" (p. 3), os quais "constituem o fundamento ético-social positivo das normas penais" (p. 2).

[33] Cfe. JAKOBS, Günther. *Derecho Penal. PG*. p. 46; compare ainda VELÁSQUEZ, Fernando. *El funcionalismo jakobsiano: una perspectiva latinoamericana*. p. 200, o qual afirma que para esta concepção "la violación de la norma es socialmente disfuncional, no porque se lesionen o afecten determinados bienes o intereses jurídicos sino por poner en discusión la norma misma como orientación de la acción [...]". Ademais, com críticas, BUNG, Jochen. Feindstrafrecht als Theorie der Normgeltung und der Person. *HRRS*, nº 2, 2006. p. 63 e ss., particularmente o subtítulo "*Alternative Begründung von Vorfeldkriminalisierungen: normen statt Rechtsgüter*".

[34] Cfe. JAKOBS, Günther. *Derecho Penal. PG*. p. 13, nisso segue a Welzel, na medida em que enfatiza o desvalor da conduta e não o do resultado, compare a respeito SANCINETTI, Marcelo. Introducción. In: JAKOBS, Günther; STRUENSEE, Eberhard. *Problemas capitales del derecho penal moderno*. Buenos Aires: Editorial Hammurabi, 1998. p. 20, ressaltando que em Welzel contrapõe-se "o fato de que uma norma somente pode ser violada por uma ação de determinado conteúdo, não por seus resultados".

[35] Sobre isso, ALFLEN, Pablo Rodrigo. *Leis penais em branco e o direito penal do risco*. Rio de Janeiro: Lumen Juris, 2004, p. 25 e ss.

[36] Compare HEGEL, Georg Wilhelm Friedrich. *Grundlinien der Philosophie des Rechts* (*oder Naturrecht und Staatswissenschaft im Grundrisse*). Berlin: Verlag von Duncker und Humblot. 1833. p. 136: "a conduta do criminoso não é uma primeira conduta, positiva, à qual se aplicaria a pena como negação, mas sim uma conduta negativa, de modo que a pena é somente negação da negação. O direito concretamente é, portanto, anulação desta lesão".

[37] Cfe. JAKOBS, Günther. *Sociedad, norma y persona*, p. 11.

Com isso, Jakobs procura fundamentar a estabilização do sistema social – no sentido de Luhmann – por meio do direito penal, porém, a partir de uma perspectiva hegeliana. Para tanto, faz da *identidade da sociedade* o elemento fundante do sistema, na medida em que ela *se determina por meio de regras de configuração, isto é, por meio de normas* e não por meio de determinados estados ou bens.[38] Daí ressaltar, ainda, que o bem protegido pelas normas jurídicas consiste na manutenção das expectativas normativas essenciais contra a frustração.[39] Tudo isso conduz a que o trabalho jurídico-dogmático se oriente exclusivamente pela análise jurídico-sistêmica *interna*, o que, por sua vez, é determinante para o desenvolvimento de todos os institutos ou categorias dogmáticas. Tal aspecto é esclarecido pelo próprio penalista alemão ao afirmar que os institutos dogmáticos do Direito Penal contemporâneo, "desde a imputação objetiva até o conceito normativo de culpabilidade, desde a possibilidade de exclusão da responsabilidade pelo desconhecimento da norma até a fundamentação da responsabilidade pela ingerência, não poderiam ser desenvolvidos", de acordo com uma pura concepção jurídico-sistêmica, "sem se levar em conta a função de normatividade jurídica".[40]

Dessa forma, Jakobs faz da ideia de *imputação* o conceito central da teoria do delito, referindo que a imputação estabelece qual pessoa deve ser punida para a estabilização da validade da norma.[41] Ressalta, assim, que "se deve punir um sujeito que tenha atuado contrariamente à norma e de maneira culpável", logo, "a teoria da imputação desenvolve os conceitos que devem ser utilizados: conduta do sujeito, violação à norma e culpabilidade".[42] As principais consequências dogmáticas desencadeadas por esta concepção foram sintetizadas por Velásquez ao referir que,

---

[38] Cfe. JAKOBS, Günther. *Sociedad, norma y persona*, p. 26; igualmente em JAKOBS, Günther. *Das Strafrecht zwischen Funktionalismus und "alteuropäischem" Prinzipiendenken*. p. 848.

[39] Cfe. JAKOBS, Günther. *Derecho Penal. PG.* p. 45, onde refere que o direito penal, às vezes, não se preocupa com a perda de seus bens, pois a morte por velhice, a deterioração de uma coisa com o tempo, etc., representam perdas de bens, mas não realizam nenhum tipo penal, logo, o direito penal não protege bens como a vida ou o patrimônio sempre e diante de qualquer situação, "o direito penal não cumpre a função de garantir a existência de tais bens em qualquer caso, senão somente frente a ataques de determinada classe"; compare JAKOBS, Günther; STRUENSEE, Eberhard. *Problemas capitales del derecho penal moderno*. p. 33 e ss.; ademais ARIAS EIBE, Manuel José. Funcionalismo penal moderado o teleológico-valorativo *versus* funcionalismo normativo radical. p. 447; também VELÁSQUEZ, Fernando. *El funcionalismo jakobsiano: una perspectiva latinoamericana*. p. 203, referindo expressamente que *"conceptos como el de bien jurídico [...] son sistemáticamente negados"*.

[40] Cfe. JAKOBS, Günther. *Das Strafrecht zwischen Funktionalismus und "alteuropäischem" Prinzipiendenken*. p. 845; compare, ainda, VELÁSQUEZ, Fernando. *El funcionalismo jakobsiano: una perspectiva latinoamericana*. p. 200, particularmente quando afirma que *"se propugna por una renormativización de los conceptos jurídico-penales para orientarlos a la función que les corresponde"*, onde então *"nociones como sujeto, causalidad, capacidad de actuar, culpa, dolo, culpabilidad, etc. pierden su contenido prejurídico y actúan como conceptos que expresan diversos niveles de competencia"*.

[41] Cfe. ARIAS EIBE, Manuel José. *Funcionalismo penal moderado o teleológico-valorativo versus funcionalismo normativo radical*. p. 448.

[42] Cfe. JAKOBS, Günther. *Derecho Penal. PG.* p. 156 e s.

na teoria de Jakobs, os dois pilares do direito penal tradicional (*os princípios da lesividade e da culpabilidade*) são derrubados e substituídos por uma teoria sistêmica, na qual o indivíduo deixa de ser o centro e o fim da sociedade e do direito, e o próprio conceito de bem jurídico é negado, pois o que se reprime é o desvalor da ação.[43] Trata-se, no entanto, de um sistema coerente, como o próprio Roxin tem afirmado, na medida em que rechaça os pressupostos de caráter ontológicos por "naturalistas".[44]

2. O funcionalismo de Roxin

Apesar de reconhecer os méritos da concepção de Jakobs, Roxin rechaça sua orientação funcionalista-sistêmica por entender que ele não só dispensa questões valorativas e empíricas, como também deixa de lado o pensamento político-criminal de finalidade racional e, por isso, seu sistema seria carente de conteúdo.[45] Todavia, assim como Jakobs, Roxin desenvolve sua concepção, tendo como diretriz o rechaço ao pensamento finalista, embora siga um caminho diverso. Jakobs edifica seu sistema sobre uma base teórica que, face à sua originalidade e coesão *intrassistêmica*, é incompatível com algumas das atuais categorias dogmáticas, da maneira como foram desenvolvidas pelo finalismo. Roxin, por sua vez, elabora uma diretriz própria de pensamento, projetada sobre os fins da pena e, a partir dela, desenvolve críticas pontuais e incisivas a diversas categorias dogmáticas construídas à luz do finalismo, sendo que, por conseguinte,

---

[43] Cfe. VELÁSQUEZ, Fernando. *El funcionalismo jakobsiano: una perspectiva latinoamericana.* p. 202-203; ademais JAKOBS, Günther. *Derecho Penal. PG.* p. 45: "deve-se definir como o bem a proteger a firmeza das expectativa normativas essenciais", p. 566: "a culpabilidade se denominará na sequência como falta de fidelidade ao direito"; expressamente em JAKOBS, Günther; STRUENSEE, Eberhard. *Problemas capitales del derecho penal moderno.* p. 54: "em um direito penal funcional do bem jurídico a culpabilidade é um corpo estranho".

[44] Cfe. ROXIN, Claus. *La evolución de la Política Criminal, el Derecho Penal y el Proceso Penal.* p. 51, o qual afirma que *"Jakobs elabora el sistema más coherente que se ha opuesto al de su maestro Welzel, en la medida en que rechaza por naturalistas y facticistas los presupuestos de carácter ontológico sobre los que Welzel había construido su sistema y desarrolla una teoría dogmática de la imputación exclusivamente normativa, cuyo fundamento teórico reside en la teoría del sistema social"*. De outra sorte, refere ainda Roxin, no mesmo local, que *"Jakobs comparte conmigo el rechazo del punto de partida ontológico del finalismo y sostiene al igual que yo una elaboración normativa de las categorías dogmáticas como tarea del Derecho penal"*; no mesmo sentido tem referido VELÁSQUEZ, Fernando. *El funcionalismo jakobsiano: una perspectiva latinoamericana.* p. 214-215: *"no se puede desconocer la innegable riqueza dogmática de la propuesta de G. Jakobs, quien, de forma meritoria y rompiendo con todos los esquemas, logro desarrollar un sistema coherente oponible al de su maestro H. Welzel, con lo cuál logró colocar el punto de mira ya no en las cuestiones ontológicas sino en las normativas"*. Recentemente, Schünemann, discípulo de Roxin, tem identificado o rechaço as concepções ontológicas como uma falha do sistema de seu mestre e sustenta expressamente a necessidade do recurso a pressupostos ontológicos, compare SCHÜNEMANN, Bernd. *La relación entre ontologismo y normativismo en la dogmática jurídico-penal.* p. 29 e s.

[45] Cfr. ROXIN, Claus. *Strafrecht*, AT, I. München: C.H. Beck, 1992. p. 113; compare também ROXIN, Claus. *Funcionalismo e imputação objetiva no direito penal.* Trad. de Luís Greco, Rio de Janeiro: Renovar, 2002. p. 209; com ampla análise crítica compare ROXIN, Claus. *Reflexões sobre a construção sistemática do direito penal.* p. 35 e ss.

procura reformulá-las ou reorientá-las (e não necessariamente *substituí--las*) de acordo com fins político-criminais.[46]

O ponto de partida de Roxin, a saber, a crítica à concepção finalista – atualmente propalada de forma sistemática em seu manual, porém, desenvolvida com acuidade em sua tese de habilitação[47] – assenta em que o sistema jurídico penal não pode vincular-se a dados ontológicos (tais como ação, causalidade, estruturas lógico-objetivas, etc.), mas sim deve se orientar exclusivamente pelo estabelecimento de fins político-criminais. Desde 1962 – mais especificamente a partir do trabalho posteriormente publicado em língua portuguesa sob o título *"Contribuição para a crítica da teoria finalista da ação"* – o penalista de Munique vem tecendo críticas pontuais e incisivas ao sistema finalista, em especial, ao conceito de ação, as quais podem ser sintetizadas como segue:[48]

- o conceito finalista de ação não serve absolutamente para nada fora do direito penal;
- mesmo em relação ao direito penal, o conceito finalista de ação possui escassa importância teórica e carece de qualquer importância prática;
- a teoria finalista de ação não se encontra vinculada à lei positiva, mas surge com a pretensão de abarcar a essência ontologicamente preexistente, e, em vez de vincular o conceito de ação à lei, pretende vincular o legislador, em sua tarefa de regulamentar as ações humanas, a um conceito de ação pré-jurídico;[49]

---

[46] Roxin deixa claro isso em inúmeros de seus trabalhos, tais como em ROXIN, Claus. *La evolución de la Política Criminal, el Derecho Penal y el Proceso Penal*. p. 37 e ss.; ROXIN, Claus. *Política Criminal y sistema del derecho penal*. Trad. de Francisco Muñoz Conde, 2. ed., Buenos Aires: Editorial Hammurabi, 2002. p. 31 e ss.; principalmente ROXIN, Claus. Contribuição para a crítica da teoria finalista da ação. In: *Problemas Fundamentais de Direito Penal*. Trad. de Ana Paula Natscheradetz, 3. ed., Lisboa: Vega, 1998. p. 92 e ss.; também ROXIN, Claus. *Strafrecht*, AT, I. München: C.H. Beck, 1992. p. 104 e ss.; ROXIN, Claus. *Estudos de Direito Penal*. Trad. de Luís Greco, Rio de Janeiro: Renovar, 2006. p. 55 e ss., e 78 e ss.; bastante expressivo nesse sentido ROXIN, Claus. *Culpabilidad y prevención en derecho penal*. Trad. de Francisco Muñoz Conde, Madrid: Editorial Reus, 1981. p. 41 e ss.

[47] Cfe. ROXIN, Claus. *Strafrecht*, AT, I, p. 112-113, afirmando que *"die strafrechtliche Systembildung nicht an ontische Vorgegebenheiten (Handlung, Kausalität, sachlogische Strukturen u.a.) anknüpfen, sondern ausschließlich von strafrechtlichen Zwecksetzungen geleitet sein dürfe"*; fundamental ROXIN, Claus. *Täterschaft und Tatherrschaft*. 6. Aufl., Berlin: Walter de Gruyter, 1994. p. 13 e ss.

[48] Cfe. ROXIN, Claus. *Contribuição para a crítica da teoria finalista da ação*. p. 92, onde afirma que "qualquer que seja a definição de acção empregue, «movimento corporal voluntário», ou «causadora de modificações no mundo exterior» ou ainda «comportamento socialmente relevante» veremos que na prática tais conceitos pouco ou nada têm contribuído para a evolução do direito penal", e ressalta ainda que "não podia ser de outro modo, porque o produto de um processo de abstração nunca pode conter mais que o seu substrato" (p. 93); tal trabalho foi publicado originariamente sob o título "Zur Kritik der finalen Handlungslehre", em ZStW, nº 74, Caderno 4, 1962. p. 515-561. Compare também ROXIN, Claus. *La evolución de la Política Criminal, el Derecho Penal y el Proceso Penal*. p. 38.

[49] Cfe. ROXIN, Claus. *Contribuição para a crítica da teoria finalista da ação*. p. 92; esta crítica também é referida, mais tarde, por WESSELS, Johannes; BEULKE, Werner. *Strafrecht. AT. Die Straftat und ihr Aufbau*. 35. Aufl., Heidelberg: C.F.Müller Verlag, 2005. p. 34; quanto a isso compare HIRSCH, Hans

- a definição de ação como direcionamento de cursos causais no sentido de determinado fim não se adapta aos atos culposos e aos delitos omissivos.[50]

A partir daí se observa que, para Roxin, um dos maiores déficits da concepção finalista foi assentar o sistema de direito penal sobre uma base inquebrantável, previamente fixada,[51] situada no plano do ser, pois, com isso, foi desprezado o caráter jurídico e o referencial legal que a própria ideia de ação deve compreender.

Em virtude disso, Roxin acusa Welzel de um monismo metodológico, ressaltando que "o dever ser não pode deduzir-se do ser, senão que tem que basear-se em premissas normativas".[52] Todavia, o principal déficit apontado por Roxin à teoria finalista parece ser o de que "o conceito de acção [...] está constituído de forma completamente distinta. Ele pretende também [...] incluir a dimensão de sentido" e, por essa razão, "o sujeito que não apreende o carácter injurioso das suas palavras, a alienidade da coisa ou a desonestidade do seu comportamento, não actua nem dolosa nem finalmente",[53] logo, a finalidade pressuporia, além do controle dos fatores causais, a apreensão de sentido.

Apesar das críticas desenvolvidas ao sistema anterior, observa-se também que Roxin não elabora um sistema absolutamente novo e original, por duas razões. Em primeiro lugar, porque não rechaça de forma plena as consequências da ontologia finalista,[54] pois, ao analisar seus influxos sobre o sistema penal alemão vigente, afirma expressamente que o

---

Joachim. El desarrollo de la dogmática penal después de Welzel. Trad. de Mariano Bacigalupo. *Revista Brasileira de Ciências Criminais*, nº 43, 2003. p. 15, que Jakobs e Roxin consideram errôneo reconhecer constatações ontológicas que sirvam de marco de referência as disposições legais.

[50] Cfe. ROXIN, Claus. *Strafrecht*, AT, I, p. 113; crítica igualmente sustentada por seu discípulo SCHÜNEMANN, Bernd. *El sistema moderno de Derecho Penal*. p. 58-59, e que, inclusive, foi sistematicamente apresentada também por BAUMANN, Jürgen. *Strafrecht. Allgemeiner Teil*. 3. stark er. Aufl., Bielefeld: Verlag Ernst und Werner Gieseking, 1964. p. 184 e ss.

[51] Cfr. ROXIN, Claus. *La evolución de la Política Criminal, el Derecho Penal y el Proceso Penal*. p. 38.

[52] Cfe. ROXIN, Claus. *La evolución de la Política Criminal, el Derecho Penal y el Proceso Penal*. p. 40.

[53] Cfe. ROXIN, Claus. *Contribuição para a crítica da teoria finalista da ação*. p. 102.

[54] Quanto a isso, inclusive, Roxin apresenta diversas contradições lógicas em seu pensamento, pois, por exemplo, em ROXIN, Claus. *Contribuição para a crítica da teoria finalista da ação*. p. 92, afirma que a teoria finalista carece de qualquer importância prática, porém, mais adiante, no mesmo trabalho, ressalta que "o conceito de acção não teria alcançado a importância que detém actualmente se a sua pretendida validade geral pré-jurídica fosse apenas matéria de conhecimento teórico e não tivesse consequências práticas" (p. 95). Compare ainda, referida contradição no pensamento do autor em ROXIN, Claus. *La evolución de la Política Criminal, el Derecho Penal y el Proceso Penal*. p. 43, onde refere que a teoria finalista "continua sendo relevante, porque em alguns pontos importantes tem exercido uma influência na ciência penal alemã que possivelmente nunca desaparecerá", ademais "a teoria final da ação marca um estágio irrenunciável no desenvolvimento da ciência penal alemã do pós-guerra"; compare ainda, mais recentemente, ROXIN, Claus. *Reflexões sobre a construção sistemática do direito penal*. p. 30 e s., onde refere que "a despeito das vantagens e consequências práticas enumeradas, o sistema finalista de Direito Penal possui também pontos fracos que impossibilitaram sua imposição generalizada na Alemanha e também no cenário internacional".

finalismo continua sendo relevante "porque em alguns pontos importantes tem exercido uma influência na ciência penal alemã que possivelmente nunca desaparecerá", por exemplo, com "a inclusão do dolo no tipo",[55] "a aceitação no Código penal (§ 17) das regras do erro de proibição" e com "a contemplação do desvalor da ação como exigência do injusto", "daí que a teoria final da ação marque um estágio irrenunciável no desenvolvimento da ciência penal alemã do pós-guerra".[56] Em segundo lugar, porque procura apenas funcionalizar as categorias que integram o sistema jurídico-penal, orientando sua aplicabilidade em razão dos fins (da pena) e rechaçando seus critérios ontológicos, pois entende que "nenhuma teoria da acção e, ainda mais nenhum outro conceito fundamentado ontologicamente de modo similar, podem constituir a base de um sistema de que possam derivar resultados práticos".[57]

Entretanto, para desenvolver sua concepção, Roxin parte *da crítica a algumas* premissas neokantianas, mais especificamente do neokantismo sudocidental alemão (em especial, de Rickert). Inclusive, ele mesmo adverte que não procura rechaçar, mas aprimorar e dar continuidade ao desenvolvimento da concepção neokantiana.[58] Contudo, para compreender melhor esta afirmação e também sua concepção, é imprescindível ter em vista as principais premissas neokantianas que lhe serviram de base.

O neokantismo, de modo geral, parte não dos fenômenos do ser, mas sim do pensamento humano sobre os fenômenos, ou seja, como refere Coing, no neokantismo "as investigações permanecem, portanto, (de acordo com seu objeto) limitadas ao âmbito da consciência humana".[59]

---

[55] Tal aspecto, aliás, o próprio Roxin reconhece como uma consequência irrenunciável do finalismo até mesmo para sua concepção, veja ROXIN, Claus. *Strafrecht, AT, I*. p. 112, onde refere que *"die finale Handlungslehre als Handlungslehre abgelehnt, ihr wichtigste systematische Konsequenz, die Überprüfung des Vorsatzes in den subjektiven Tatbestand, aber übernommen wird"* ("a teoria finalista da ação é rechaçada enquanto conceito de ação, mas se aceita a sua mais importante consequência sistemática, o posicionamento do dolo no tipo subjetivo").

[56] Cfe. ROXIN, Claus. *La evolución de la Política Criminal, el Derecho Penal y el Proceso Penal*. p. 43.

[57] Cfe. ROXIN, Claus. *Contribuição para a crítica da teoria finalista da ação*. p. 108.

[58] As influências de Lask e Rickert são manifestas no pensamento de Roxin e inclusive reconhecidas expressamente em sua tese de habilitação, compare ROXIN, Claus. *Täterschaft und Tatherrschaft*. p. 7, 13 e ss., embora não refira expressamente é inquestionável a influência de Stammler sobre seu pensamento. Compare a respeito das duas escolas neokantianas, a saber, a escola sudocidental alemã, também chamada de Escola de Baden, e a escola de Marburg, ZIJDERVELD, Anton C. *Rickert's relevance. The ontological nature and epistemological functions of values*. Boston: Brill, 2006. p. 24 e s.

[59] Cfe. COING, Helmut. *Grundzüge der Rechtsphilosophie*. 19. ed., Berlin: Walter De Gruyter, 1950, p. 288, o qual esclarece, ainda, que, para os neokantianos, *"Philosophie ist ihr [...] der Rückgang auf die rein apriorischen oder Vernunftbegriff, wobei unter a priori dasjenige verstanden wird, das seine logische Rechtfertigung nur in der Sphäre des Logischen finden kann"* ("a filosofia é [...] o regresso aos conceitos puramente racionais ou aprioristicos, e para os quais se compreende como *a priori* aquilo que pode encontrar sua justificação lógica na esfera da lógica"); isso resta muito claro no pensamento de Stammler, quando refere que o objeto de investigação da filosofia do direito pode ser dito como o "sistema das formas puras sobre as quais nós pensamos juridicamente", cfe. STAMMLER, Rudolf. *Lehrbuch der Rechtsphilosophie*. Berlin: Walter de Gruyter, 1922. p. 4; sobre o neokantismo compare

Tal movimento teve em R. Stammler um dos seus principais representantes,[60] o qual tinha como propósito "tornar a jurisprudência compreensível como ciência e afastar dela em absoluto a objeção da *sua falta de valor científico*".[61] Para melhor assimilar isso e a relação com o pensamento de Roxin, é preciso observar que Stammler segue uma orientação empirista, pois entende que na investigação dos fenômenos sociais deve-se partir dos conceitos que são elaborados a partir destes mesmos fenômenos – e isso coaduna com o empirismo manifestado por Roxin.[62] Estes conceitos são representados por ideias que jamais são vazias de conteúdo. Nesse conteúdo, podem-se distinguir forma e matéria, ou seja, a espécie e o modo condicionante e condicionado por ela[63] – aspecto que, mais tarde, o próprio Radbruch tem em vista ao ressaltar a relação de determinação da ideia pela matéria, e que Roxin afirma levar em conta em sua concepção.[64] Porém, Stammler esclarece que em todo conteúdo da consciência é possível distinguir elementos constantes e elementos variáveis; os pri-

---

ALWART, Heiner. *Recht und Handlung*. Tübingen: J. C. B. Mohr (Paul Siebeck), 1987. p. 45, no qual refere que "para o neokantismo era particularmente importante delimitar o pensamento das ciências do espírito do das ciências naturais, bem como distinguir rigorosamente entre ser e dever ser, realidade e valor. Com isso, ele dirigia-se contra o então monismo da teoria do conhecimento e a absolutização do método das ciências naturais".

[60] Cfe. ALWART, Heiner. *Recht und Handlung*. p. 46, quando refere que "o mais influente protagonista da filosofia do direito do neokantismo foi Stammler, o qual pertencia à chamada escola de Marburg".

[61] Cfe. LARENZ, Karl. *Metodologia da Ciência do Direito*. p. 113. Esta objeção, aliás, alcançou ampla repercussão com o trabalho de Julius von Kirchmann, compare KIRCHMANN, Julius von. *Die Wertlosigkeit der Jurisprudenz als Wissenschaft*. 3. Aufl., Berlin: Verlag von Julius Springer, 1848. p. 18 ("três palavras inteiras do legislador que o novo projeto tenha em vista, e, apesar de seu alto valor científico, todos aqueles trabalhos não interessarão a mais ninguém").

[62] Cfe. ROXIN, Claus. *La evolución de la Política Criminal, el Derecho Penal y el Proceso Penal*. p. 78: "Yo siempre he sostenido la opinión de que la dogmática jurídico penal tiene que desplegar en el material jurídico los cánones valorativos rectores que derivan de la ley o de la Constitución, y que tiene que hacer visible los concretos resultados a su paso por el material jurídico y en una forma adecuada a su diferente sustrato", ademais "la dogmática penal tampoco puede perder el contacto con la realidad, sino que tiene que elaborar sus conceptos de tal modo que estén abiertos a nuevos conocimientos empíricos" (p. 87).

[63] Cfe. STAMMLER, Rudolf. *Lehrbuch der Rechtsphilosophie*. p. 4, onde esclarece que "o conteúdo de uma ideia é a própria singularidade dela", "é a particularidade pela qual ela se distingue de outras" e "toda ideia possui tal particularidade: não há ideias vazias de conteúdo", e esclarece ainda que "no conteúdo pode-se distinguir entre forma e matéria: a espécie e o modo condicionante e o condicionado por ela, por exemplo, o conceito geral de direito e os institutos jurídicos individuais, como, por exemplo, contrato de aluguel"; de forma esclarecedora a respeito compare COING, Helmut. *Grundzüge der Rechtsphilosophie*. p. 289. Tal aspecto referido no texto, inclusive, também é manifesto na filosofia neokantiana de CASSIRER, Ernst. *Antropología filosófica: introducción a una filosofia de la cultura*. Trad. Eugenio Ímaz, 2. ed., México: FCE, 2007. p. 305.

[64] Fundamental RADBRUCH, Gustav. *Rechtsphilosophie*. p. 94, sobretudo quando afirma que "*die Idee gilt für einen bestimmten Stoff, ist auf diesen Stoff hingeordnet – und ist also von dem Stoff, den sie beherrschen will, wiederum mitbestimmt*" ("a ideia vale para uma determinada matéria, é adequada a esta matéria – e, portanto, é por esta matéria que ela pretende dominar, sendo novamente codeterminada"); compare ROXIN, Claus. *Täterschaft und Tatherrschaft*. p. 21; ademais, sobre a influência de Stammler em Radbruch compare LEAWOODS, Heather. Gustav Radbruch: an extraordinary legal Philosopher. *Journal of Law and Policy*. vol. 2, 2000. p. 503 e ss.

meiros constituem os conceitos gerais (os quais, inclusive, ele designa de "forma") e os últimos o respectivo conteúdo concreto.[65]

Para tornar mais claro este aspecto, tome-se, por exemplo, o art. 198 do CP. Examinando-se tal dispositivo, é possível distinguir duas ideias: *a)* o conteúdo da disposição jurídica, a saber, "falsificar, no todo ou em parte, documento particular ou alterar documento particular verdadeiro"; e *b)* a ideia de que se trata de uma disposição jurídica. A partir daí, verifica-se que a segunda ideia é pressuposto lógico da primeira, ou seja, como refere Coing, "eu não posso pensar o dispositivo jurídico concreto, sem pressupor o conceito geral de disposição jurídica".[66] Assim, partindo-se de um determinado conteúdo concreto da consciência, pode-se sempre indagar acerca dos conceitos gerais que são pressupostos lógicos da representação concreta;[67] logo, a disposição jurídica "falsificar, no todo ou em parte, documento particular ou alterar documento particular verdadeiro" é parte do CP, e este é parte da ordem jurídica brasileira. Daí dizer Stammler que o sistema é uma unidade estruturada de forma exaustiva,[68] na qual os conceitos vão sendo separados, isto é, decompostos, até se chegar a uma ideia que, em sua forma conceptual, não se possa mais decompor. Por conseguinte, Stammler crê assegurar a autonomia metódica da ciência do direito por meio da distinção de dois modos de pensamento diversos entre si, designados por ele "perceber" e "querer". O primeiro modo ordena os fenômenos de acordo com a forma de pensamento orientado pela *relação de causa e efeito*, e o segundo, de acordo com a *relação de meio e fim*.[69] Ambos os métodos são válidos para produzir duas espécies de ciências completamente autônomas: as ciências da natureza ou ciências causais, por um lado, e as ciências finais, por outro. O direito, para Stammler, é um modo de querer, e a ciência jurídica, portanto, uma ciência final.[70] Além disso, ele ressalta que a relação de meio e fim é tão necessária ao homem quanto a relação de causa e efeito. Tal diretriz é notória na concepção de Roxin, sobretudo ao fazer dos fins político-criminais instituídos à pena o horizonte sobre o qual se projeta toda a dogmática jurídico-penal.

Ademais, para Stammler, a ideia de ciência final não está orientada pelo esclarecimento da origem causal das normas jurídicas (a partir de fins sociais), pois isso equivaleria a uma consideração do direito como

---

[65] Cfe. STAMMLER, Rudolf. *Lehrbuch der Rechtsphilosophie.* p. 6.
[66] Cfe. COING, Helmut. *Grundzüge der Rechtsphilosophie.* p. 289.
[67] Cfe. COING, Helmut. *Grundzüge der Rechtsphilosophie.* p. 289-290.
[68] Cfe. STAMMLER, Rudolf. *Lehrbuch der Rechtsphilosophie.* p. 6, nota de rodapé 8.
[69] Cfe. STAMMLER, Rudolf. *Lehrbuch der Rechtsphilosophie.* p. 61: "o conceito de querer é determinado pelas diretrizes de pensamento de fim e meio".
[70] Cfe. STAMMLER, Rudolf. *Lehrbuch der Rechtsphilosophie.* p. 50-51 e 63, no qual refere expressamente que "a ideia de direito significa uma espécie de querer".

fenômeno da natureza, mas sim pela especificidade lógica das ponderações jurídicas em si mesmas, a qual reside numa determinada espécie de conexão entre meios e fins. Tal aspecto também se reflete no pensamento de Roxin, pois, para ele, não é a norma penal a pedra angular do sistema (como o fizera Binding[71] e o faz Jakobs), mas sim as ponderações jurídico-penais no tocante à finalidade a ser alcançada.

Porém, Roxin encontra seu alicerce não só no neokantismo de Stammler, mas também – embora sob um ponto de vista crítico – no neokantismo sudocidental, de H. Rickert.[72] Este último, seguindo a Stammler, considera que a construção científico-natural dos conceitos deve se orientar pela simplificação da realidade existente através da construção de conceitos gerais, que apreendam o maior número possível de fenômenos, mediante poucas notas comuns a todos.[73]

Nesse sentido, Rickert entende que em um conceito individual-histórico (como, por exemplo, o de Renascimento) reconhece-se, como correspondente, uma ampla gama de fenômenos, que se caracterizam pela maneira como dele se extrai a realidade e se condensa o que é essencial para a história. Entretanto, a determinação de quais fenômenos são essenciais para a História depende de uma escolha, que será orientada pela relação de um determinado fenômeno ou objeto com um valor que o indivíduo reputa como significativo. Daí o mérito de Rickert, a saber: ter introduzido o conceito de valor nas ciências. Porém, ele vincula ao conceito de valor a ideia de cultura, pois considera que o valor não pode existir apenas para um indivíduo, mas deve ser reconhecido pelo menos *na* comunidade cultural a que o indivíduo pertence. Logo, para Rickert, um valor terá validade geral quando seu reconhecimento puder ser exigido de todos.[74] O problema, como ressalta Larenz, recai no fato de que, para Rickert, a indagação acerca de qual valor se está tratando no caso é, do ponto de vista metodológico, indiferente[75] e, justamente aí, reside

---

[71] Cfe BINDING, Karl. *Die Normen und ihre Übertretung*. Bd. I, p. 5 e ss.

[72] Cfe. ROXIN, Claus. *Täterschaft und Tatherrschaft*. p. 7.

[73] Cfe. RICKERT, Heinrich. *Die Grenzen der naturwissenschaftlichen Begriffsbildung: eine logische Einleitung in die historischen Wissenschaften*. Freiburg .i. Br.: J.C.B.Mohr. 1896. p. 31, sobretudo ao afirmar que "nossa primeira tarefa consiste em verificar a essência da formação científico-natural dos conceitos"; ademais LARENZ, Karl. *Metodologia da Ciência do Direito*. p. 126.

[74] Cfe. RICKERT, Heinrich. *Die Grenzen der naturwissenschaftlichen Begriffsbildung: eine logische Einleitung in die historischen Wissenschaften*. p. 371, o qual refere que "aos conceitos históricos pertence precisamente aquilo que, por meio da referência aos valores reconhecidos em geral, extrai-se da realidade e se funde nas unidades individuais"; ademais LARENZ, Karl. *Metodologia da Ciência do Direito*. p. 129, o qual refere ainda que, para Rickert, "cultura" é tudo o que, pela sua referência a valores, ganha sentido e significado para o homem que reconhece esses valores como tais. Um interessante panorama em MATA, Sérgio da. Heinrich Rickert e a fundamentação (axio)lógica do conhecimento histórico. *Varia Historia*, vol. 22, nº 36, jul.-dez. 2006. p. 347 e ss.

[75] Cfe. LARENZ, Karl. *Metodologia da Ciência do Direito*. p. 129.

o problema da vagueza do conceito de valor, que consiste na principal crítica levantada por Roxin.[76]

Todavia, é importante observar que Rickert não afirma ser necessário valorar os acontecimentos, isto é, tomar uma posição positiva ou negativa sobre eles, mas sim, é preciso reconhecê-los como algo que pode ser objeto de uma valoração, que merece consideração do ponto de vista valorativo. Com isso, ressalta Larenz que "a esta construção de conceitos referidas a valores, chama Rickert uma construção de conceitos teleológica";[77] isto, inegavelmente, exerce forte influxo na concepção de Roxin, pois, embora aponte a vagueza do conceito de valor, atém-se ele ao aspecto teleológico ressaltado por Rickert e, aí sim, encontra o ponto fundante de sua concepção: os fins político-criminais das penas.[78]

Tais premissas foram introduzidas no direito por E. Lask,[79] o qual parte do entendimento de que a ciência do direito é "um ramo das ciências empíricas da cultura".[80] Assentado na ideia fundamental copernicana de que os significados não estão nas coisas, mas são atribuídos pelos homens. Lask afirma que os fatos analisados pré-cientificamente não nos permitem contemplar o material das ciências culturais como uma realidade dada de forma imediata, em razão de que entre estes e o objetivo final aspirado pelas ciências existe, na maioria dos casos, um mundo referente aos significados culturais.[81] Logo, para Lask, o material das ciências da cultura é toda espécie de referência a valores, livre da realidade. O conteúdo do pensamento das normas, por sua vez, resulta da referência destas últimas a valores e a fins socialmente reconhecidos, daí falar Lask de um "método da jurisprudência referido a valores e a fins". Mais especificamente, ele ressalta que a metodologia jurídica deve orientar o direito a tomar uma posição em relação ao substrato cultural pré-jurídico, o que deve fazer aplicando o princípio teleológico como método.[82]

---

[76] Cfe. ROXIN, Claus. *Strafrecht.* , *AT, I.* p. 113.
[77] Cfe. LARENZ, Karl. *Metodologia da Ciência do Direito.* p. 129; ademais, compare diretamente RICKERT, Heinrich. *Die Grenzen der naturwissenschaftlichen Begriffsbildung: eine logische Einleitung in die historischen Wissenschaften.* p. 372.
[78] Inclusive o próprio Roxin refere expressamente ter sido influenciado por Rickert e, em particular, por Lask, compare ROXIN, Claus. *Täterschaft und Tatherrschaft.* p. 7.
[79] Assim refere Lask que "vinculou-se à concepção de Rickert de que o mundo, desde o ponto de vista das ciências culturais, surge através de uma pura relação teórica da realidade imediata com os significados culturais" cfe. LASK, Emil. Rechtsphilosophie. In: *Die Philosophie im Beginn des 20. Jahrhunderts. Festschrift für Kuno Fischer*, 2. Bd., Heidelberg: Carl Winter's Universitätsbuchhandlung, 1905. p. 27-28. Conforme Kaufmann, Lask foi aluno de Rickert, daí ter sido influenciado pelos trabalhos teórico-valorativos deste último, compare KAUFMANN, Arthur. *Problemgeschichte der Rechtsphilosophie.* p. 90.
[80] Cfe. LASK, Emil. *Rechtsphilosophie.* p. 27.
[81] Cfe. LASK, Emil. *Rechtsphilosophie.* p. 29.
[82] Cfe. LASK, Emil. *Rechtsphilosophie.* p. 35.

Ademais, grande influência sobre Roxin também exerce Radbruch, por meio de sua concepção de determinação da ideia pela matéria (*die Stoffbestimmtheit der Idee*).[83] Partindo exatamente das premissas de Lask, Radbruch entende que o valor e o desvalor sobre as coisas provêm de quem os considera, e não das coisas mesmas.[84] Daí desenvolver seu dualismo metódico. Sobre este fundamento, Roxin estabelece a ideia de que a diretriz para a resolução dos problemas na dogmática penal deve ser sempre uma ideia orientadora normativa, pois parte de que a matéria do direito é o fato da realidade moldado por meio de conceitos sociais. Estes conceitos sociais são de espécie pré-jurídica, mas correspondem a conceitos jurídicos, portanto, normativos.[85]

Assim, assentando nas premissas desenvolvidas por Lask e Radruch, Roxin apresenta sua própria concepção, ressaltando que o direito não pode partir de um método valorativo ou de um método que compreenda a estrutura e o sentido. Para ele, é necessária uma síntese de ambos os métodos, pois "as matérias de regulamentação jurídica não são concebidas em sua forma ideal pelo legislador, juiz ou investigador",[86] mas sim, como refere, "pela legalidade ontológica, ética e, no sentido mais amplo, social, bem como pelas estruturas de desenvolvimento".[87] Apesar disso, ressalta que depende do juízo do legislador e de suas representações valorativas decidir quais das inúmeras diferenciações dadas devem ser regulamentadas.[88]

Denominada de *sistema teleológico-racional (funcional) de direito penal*, essa concepção baseia-se na dedução das categorias do injusto normativamente a partir dos fins do direito penal.[89] De acordo com isso, Roxin afirma que "o injusto é a realização de um risco não permitido para um bem jurídico penal no âmbito do alcance do tipo", e, portanto, o objeto de proteção do direito penal é o bem jurídico, e não, como em Jakobs, a validade da norma (observando-se que, para este último, a própria norma é considerada bem jurídico). Em vista disso, partindo da discussão sociológica sobre a moderna sociedade como "sociedade de riscos", para mostrar que a ideia de risco se insere nas amplas coordenadas da

---

[83] Compare RADBRUCH, Gustav. *Rechtsphilosophie*. p. 94 e ss.; ademais, RADBRUCH, Gustav. Idea del diritto e materia del diritto. Uno Schizzo. In: MAZZEI, Alessandra; OPOCHER, Tommaso. *Fondazione ontologica del diritto e "natura della cosa"*. Italia: Cedam, 2011. p. 51 e ss.; compare ainda ROXIN, Claus. *Täterschaft und Tatherrschaft*. p. 21, ressaltando que Radbruch teve como ponto de partida o que ele denominou de "dualismo metodológico", segundo o qual dos fatos da realidade do ser jamais podem ser deduzidas proposições do dever ser.

[84] Cfe. RADBRUCH, Gustav. *Rechtsphilosophie*. p. 87.

[85] Cfe. ROXIN, Claus. *Täterschaft und Tatherrschaft*. p. 21.

[86] Cfe. ROXIN, Claus. *Täterschaft und Tatherrschaft*. p. 20 e 23.

[87] Cfe. ROXIN, Claus. *Täterschaft und Tatherrschaft*. p. 20.

[88] Cfe. ROXIN, Claus. *Täterschaft und Tatherrschaft*. p. 20.

[89] Cfe. ROXIN, Claus. *Reflexões sobre a construção sistemática do direito penal*. p. 37.

teoria da sociedade",[90] o autor afirma que a tarefa principal do direito penal é a "evitação", no sentido de prevenção, "de risco para o indivíduo e a sociedade", e como o risco não permitido para um bem jurídico que esteja no alcance do tipo constitui, para o autor, o próprio injusto, a tarefa do direito penal pode ser traduzida como "a proteção subsidiária de bens jurídicos".[91] Tal concepção de injusto, segundo Roxin, tem como fundamento valorativo a Constituição e possui várias consequências para a dogmática do injusto que não eram acessíveis por meio das propostas ontológicas,[92] sendo a principal delas a orientação pelos fins preventivos, posto que, como ele mesmo afirma, a "prevenção geral, prevenção especial e as limitações de ambos os princípios impostas por razão de um Estado de Direito são em minha concepção os critérios dogmáticos reitores".[93]

Nesse sentido, o maior mérito de Roxin implica ter realizado um grande avanço, em comparação com o sistema anterior (finalista), ao estabelecer que os componentes limitadores da reação pertencem à política criminal e que dogmaticamente eles têm que resultar tão proveitosos como suas orientações preventivas.[94] Mais especificamente, Roxin entende que todas as categorias do sistema jurídico-penal se baseiam em princípios reitores normativos político-criminais, que não contêm a solução para os problemas concretos, mas que, aplicados à matéria jurídica, aos dados empíricos, permitem chegar a conclusões diferenciadas e adequadas à realidade.[95]

---

[90] Cfe. ROXIN, Claus. *La evolución de la Política Criminal, el Derecho Penal y el Proceso Penal*. p. 45, referindo que "toda a moderna teoria da imputação objetiva se tem elaborado a partir do princípio da «realização de um risco não permitido compreendido no âmbito típico», desconhecida, todavia, pelo finalismo, mas que hoje é a teoria dominante na Alemanha e representa a doutrina mais importante e com maior acolhida na etapa posterior ao finalismo". Sobre a ideia de risco (sociológico) e sua influência sobre o direito penal é fundamental: PRITTWITZ, Cornelius. *Sociedad del riesgo y Derecho Penal*. Trad. de Demetrio Crespo. In: *Crítica y justificación del Derecho Penal en el cambio del siglo*. Cuenca: Ediciones de la Universidad de Castilla-La Mancha, 2003. p. 259 e ss., em cujo trabalho desenvolve um paralelo detalhado das transformações do mundo contemporâneo e seus reflexos no direito penal; compare também *supra* a nota de rodapé Erro: Origem da referência não encontrada e a bibliografia citada, bem como ALFLEN, Pablo Rodrigo. Aspectos críticos do direito penal na sociedade do risco. *Revista Brasileira de Ciências Criminais*, n° 46, 2004, p. 73 e ss.

[91] Cfe. ROXIN, Claus. *Reflexões sobre a construção sistemática do direito penal*. p. 38.

[92] Cfe. ROXIN, Claus. *Reflexões sobre a construção sistemática do direito penal*. p. 39, ressaltando que tal conceito de injusto "funda a teoria da imputação objetiva", ademais, como refere, "se a tarefa do direito penal repousa na proteção do bem jurídico, e se se lança a pergunta de como o legislador pode alcançar tal objetivo, então a resposta só pode ser uma: proibindo todas as ações que representem um risco não permitido para o bem jurídico protegido e imputando ao autor o resultado típico, que surge como realização de um risco não permitido.".

[93] Cfe. ROXIN, Claus. *La evolución de la Política Criminal, el Derecho Penal y el Proceso Penal*. p. 46-47.

[94] Cfe. ROXIN, Claus. *La evolución de la Política Criminal, el Derecho Penal y el Proceso Penal*. p. 70.

[95] Cfe. ROXIN, Claus. *Estudos de Direito Penal*. Trad. L. Greco. Rio de Janeiro: Renovar, 2006, p. 61.

III. Críticas às concepções funcionalistas: à guisa de conclusão

O funcionalismo desenvolvido por Jakobs é considerado, por alguns, um sistema coeso e original[96] e, por outros, uma concepção não uniforme e carente de originalidade.[97] Não se questiona aqui a coesão das categorias entre si, na forma como tal sistema propõe. Isso, como já esclareceu Silva Sánchez, consiste no principal fator distintivo entre o sistema de Roxin e o de Jakobs, uma vez que este último, em razão de sua extrema preocupação metodológica, oferece uma sistematização do direito penal vigente, a qual resulta plenamente "explicativa" dela mesma.[98] Deve-se ter em vista, porém, que tal coesão se dá unicamente no plano intrassistêmico, o que, por conseguinte, não a torna imune a críticas incisivas, ao contrário, permite tecer críticas que podem conduzir ao seu total rechaço.

Nesse sentido, observa-se, em primeiro lugar, que a concepção sistêmica autopoiética[99] (Luhmann), a qual serve de base a Jakobs, conduz, por um lado, a um extremo funcionalismo absolutamente incompatível com uma sociedade multiforme e pluralista, e, por outro, à inadmissibilidade do auxílio de outras ciências na construção da sua dogmática.[100] E isso se deve, basicamente, a que tal concepção não descreve nem se baseia no mundo "real", dos fatos e dados, mas sim contribui para conformar

---

[96] Nesse sentido PEÑARANDA RAMOS, Enrique. *Sobre la influencia del funcionalismo y la teoría de sistemas en las actuales concepciones de la pena y el concepto de delito*. p. 291; de modo semelhante ARIAS EIBE, Manuel José. *Funcionalismo penal moderado o teleológico-valorativo versus funcionalismo normativo o radical*. p. 448; também ROXIN, Claus. *La evolución de la Política Criminal, el Derecho Penal y el Proceso Penal*. p. 51: "*es original en muchos aspectos*".

[97] Nesse sentido, VELÁSQUEZ, Fernando. *El funcionalismo jakobsiano: una perspectiva latinoamericana*. p. 199, o qual refere que esta concepção "no es uniforme ni propone un edifício teórico calificable de 'nuevo' u 'original'"; ademais PIETRO NAVARRO, Evaristo. *Teoría de sistemas, funciones del derecho y control social*. p. 277, o qual refere, inclusive, que alguns aspectos conduzem à reprovação de tal concepção por desumanização, cegueira, passividade ou conservadorismo político.

[98] Cfe. SILVA SÁNCHEZ, Jesús-María. *Aproximación al derecho penal contemporáneo*. Barcelona: Editorial Jose Maria Bosch S.A., 1992. p. 69.

[99] Fundamental a respeito PIETRO NAVARRO, Evaristo. *Teoría de sistemas, funciones del derecho y control social*. p. 268, o qual esclarece que o caráter operacional fechado do sistema, que parte de que o seu fundamento está na reprodução das próprias operações sem incorporar a elas qualquer aporte externo, é que o caracteriza como autopoiético. Compare, ainda, sobre o conceito de autopoiese, particularmente à luz da concepção luhmanniana TAVARES, Juarez. *Teoria do injusto penal*. 3. ed., Belo Horizonte: Del Rey, 2003.p. 62; bem como ZAFFARONI, Eugenio Raul, BATISTA, Nilo. *Direito Penal Brasileiro – I*. Rio de Janeiro: Revan, 2003. p. 626, referindo que a "teoria de Luhmann se expressa através da tese da *autopoiese*, que iria caracterizar tanto a sociedade quanto os organismos vivos, e que foi extraída diretamente da biologia, segundo Varela e Maturana que, baseados em uma versão do neodarwinismo social, transferem a *autopoiese* do orgânico para o social".

[100] O que, inclusive, já foi ressaltado por Hassemer como imprescindível, compare HASSEMER, Winfried. *Persona, mundo y responsabilidad. Bases para uma teoría de la imputación en derecho penal*. Trad. de F. Muñoz Conde e M. del Mar Díaz Pita. Bogotá: Editorial Temis, 1999. p. 86.

uma ficção que não procura regular ou refletir o mundo dos sujeitos e dos acontecimentos como eles são, senão que pretende apenas que o sistema funcione e cumpra com sua função de redução da complexidade.[101]

Em segundo lugar, de acordo com essa concepção, o direito surge e é legitimado unicamente por meio do processo. E, como já advertiu Kaufmann, isso é inconcebível, porque tanto "*a pessoa* como o *direito* são dados e produzidos ao mesmo tempo"; mais especificamente, como refere o filósofo, "são objetividade e subjetividade irrevogáveis em um, são tanto o 'o que' quanto o 'como' do processo de configuração pessoal, por meio do qual chegam a sua forma existencial concreta, sem ser exclusivamente o produto deste processo".[102]

Em terceiro lugar, tal concepção desvincula completamente a pena da função protetora de bens jurídicos, uma vez que o delito não é definido como lesão a estes, mas sim como violação da norma (deslealdade ao sistema).[103] Isso faz com que tal teoria seja insuscetível de ser verificada empiricamente, conduzindo a um notável vazio sobre a forma como a pena atua socialmente. Daí afirmar Roxin, com razão, que "a teoria sistêmica como fundamento do sistema jurídico penal é estéril quanto ao conteúdo".[104] Com base nisso, Schünemann, desenvolve sua crítica no sentido de que "a teoria 'antiempirista' de Jakobs" recai no "erro de pensamento", "que consiste no fato de deduzir da lesão à norma... a sanção específica com os meios do direito penal",[105] e essa falta de referência em-

---

[101] Cfe. GARCÍA AMADO, Juan Antonio. ¿Dogmática penal sistémica? Sobre la influencia de Luhmann en la teoría penal. *Doxa. Cuadernos de Filosofía del Derecho*, n° 23, 2000. p. 248-249, o qual, apesar de tecer críticas incisivas, não rechaça a concepção sistêmica (p. 261); em sentido semelhante VELÁSQUEZ, Fernando. *El funcionalismo jakobsiano: una perspectiva latinoamericana.* p. 208, que "*se le ha censurado el hecho de que interrumpe el diálogo volviéndose un discurso autopoiético: 'pretende que quien acepta que debe haber poder estatal y éste debe tener eficacia, no puede discutir su legitimidad o sea, que ele poder punitivo existe o no existe, y cuando existe es preciso admitir y legitimar sin más sus caracteres negativos*"; também PORTILLA CONTRERAS, Guillermo. La influencia de las ciencias sociales en el derecho penal: la defensa del modelo ideológico neoliberal en las teorías funcionalistas y en el discurso ético de Habermas sobre elección de intereses penales. In: ZAPATERO, Luís Arroyo; NEUMANN, Ulfried; MARTÍN, Adán Nieto. *Crítica y justificación del derecho penal en el cambio del siglo.* Cuenca: Ediciones de la Universidad Castilla La Mancha, 2003. p. 105.

[102] Cfe. KAUFMANN, Arthur. *Rechtsphilosophie, Rechtstheorie, Rechtsdogmatik*. In: KAUFMANN, Arthur; HASSEMER, Winfried. *Einführung in die Rechtsphilosophie und Rechtstheorie der Gegenwart.* 5. ed., Heidelberg: C.F.Müller Verlag, 1989. p. 18. Compare ainda, sobre a crítica de Habermas à teoria de Luhmann em BÜLLESBACH, Alfred. Systemtheoretische Ansätze. In: KAUFMANN, Arthur; HASSEMER, Winfried. *Einführung in die Rechtsphilosophie und Rechtstheorie der Gegenwart.* 5. ed., Heidelberg: C.F.Müller Verlag, 1989. p. 354 e s. Ademais, veja *supra.*

[103] Cfe. VELÁSQUEZ, Fernando. *El funcionalismo jakobsiano: una perspectiva latinoamericana.* p. 204.

[104] Cfe. ROXIN, Claus. *La evolución de la Política Criminal, el Derecho Penal y el Proceso Penal.* p. 54; em sentido semelhante PORTILLA CONTRERAS, Guillermo. La influencia de las ciencias sociales en el derecho penal. p. 106, referindo que "*lo empírico suele carecer de valor frente a la significación, razón por la que el interés radica exclusivamente en la protección de la vigencia de la norma*".

[105] Cfe. SCHÜNEMANN, Bernd. *La relación entre ontologismo y normativismo en la dogmática jurídico-penal.* p. 15, o qual refere, ainda, que "as conclusões que extrai Jakobs" "conduzem a deixar de lado por completo na dogmática jurídico-penal toda argumentação que possa ser demonstrável empiricamente."

pírica, como adverte, faz com que o sistema de Jakobs "trabalhe forçosamente com conceitos vazios que, na realidade, não resolvem o problema jurídico, mas que só o parafraseiam".[106]

Em quarto lugar, cumpre fazer menção à crítica incisiva de Velázquez, no sentido de que "esta elaboración es altamente conservadora, autoritaria, tecnocrática y [...] legitimante del *statu quo*, tendente al inmovilismo, negadora del cambio y de los conflictos sociales".[107]

Em quinto lugar, a ideia de intervenção penal para assegurar expectativas é absolutamente insustentável, pois desconsidera as especificidades próprias do direito penal enquanto instância de controle social, condicionado por múltiplos limites e garantias, de modo que tal concepção acaba por preconizar um *ius puniendi* ilimitado e não sujeito a nenhum controle formal ou material.[108]

Entretanto, para além de tais constatações que *per se* tornam o paradigma funcional de Jakobs insustentável, é imprescindível ter em vista a crítica irrebatível de Faria Costa no sentido de que "o real, a realidade, quer seja verdadeiro, quer seja construído, está longe de poder ser reduzido a uma mera função".[109] Essa redução é manifesta em Jakobs, posto que o empírico perde totalmente seu valor frente à significação, e o interesse radica exclusivamente na proteção da vigência da norma, seja qual for o valor defendido, sendo que a pena cumprirá unicamente a missão de confirmar o mandato jurídico como critério orientador das relações sociais.[110]

Cumpre, por conseguinte, traçar as linhas crítico-argumentativas ao paradigma teleológico-racional (funcionalista) de Roxin. Conforme já referido, apesar de parecer ter elaborado um sistema genuinamente novo e ter encontrado grande receptividade na ciência jurídico-penal contempo-

---

[106] Cfe. SCHÜNEMANN, Bernd. *La relación entre ontologismo y normativismo en la dogmática jurídico-penal*. p. 17.

[107] Cfe. VELÁSQUEZ, Fernando. *El funcionalismo jakobsiano: una perspectiva latinoamericana*. p. 206; em sentido semelhante MUÑOZ CONDE, Francisco. *Derecho penal y control social*. 2. ed., Bogotá: Editorial Temis, 1999. p. 16: "*la teoría sistémica representa una descrición, aséptica y tecnocrática, del modo de funcionamiento del sistema, pero no una valoración y mucho menos una crítica del sistema mismo*", ademais, com razão refere ainda que "*cuando desde la teoría sistémica se habla de la 'funcionalidad' de la norma jurídica penal, nada se dice sobre la forma específica de su funcionamiento, ni sobre el sistema social para el que es funcional. Desde esta perspectiva, el concepto de función es demasiado neutro y realmente no sirve demasiado para comprender la esencia del fenómeno jurídico punitivo*".

[108] Cfe. VELÁSQUEZ, Fernando. *El funcionalismo jakobsiano: una perspectiva latinoamericana*. p. 206; sobre a ideia de direito penal como meio de controle social compare HASSEMER, Winfried. *Einführung in die Grundlagen des Strafrechts*. p. 318, esclarecendo, inclusive, as limitações e os instrumentos do direito penal enquanto meio de controle social formalizado.

[109] Cfe. FARIA COSTA, José de. *Noções fundamentais de Direito Penal (Fragmenta iuris poenalis)*. 2. ed., Coimbra: Coimbra Editora, 2009. p. 173.

[110] Cfe. PORTILLA CONTRERAS, Guillermo. *La influencia de las ciencias sociales en el derecho penal*. p. 105-106.

rânea, uma análise mais detida do pensamento de Roxin permite evidenciar que o penalista padece da falta de originalidade. Isso se deve ao fato de que, apesar de rechaçar o finalismo welzeliano, aceita suas principais consequências, tais como a transferência do dolo ao tipo, refutando muito mais o apego da concepção finalista a categorias ontológicas do que suas consequências dogmáticas.

Todavia, tal pensamento é inconcebível por duas razões: em primeiro lugar, Roxin deixa claro que desconhece o fato de não existir *uma única* ontologia, posto que existem ontologias. Em vista disso, Roxin simplesmente procura refutar o recurso a categorias ontológicas, tecendo críticas unicamente à ontologia welzeliana, quando isso é absolutamente insustentável (é suficiente observar a diferença, por exemplo, entre a ontologia de Husserl, de Heidegger, de Hartmann e, mais recentemente, de Lukács); em segundo lugar, Roxin procura substituir o recurso à ontologia pelo fundamento empirista, demonstrando que também desconhece que a filosofia contemporânea (sobretudo com Popper) já superou essa metodologia. Ademais, a crítica de Roxin à vagueza do conceito de valor do neokantismo sudocidental já fora levantada por Larenz,[111] porém, ele mesmo leva em consideração tal conceito para desenvolver sua concepção (sobretudo em relação à ideia de imputação). Independentemente da proveniência da crítica, é igualmente inexitosa, visto que o próprio Lask dissera que os valores em comento *seriam aqueles socialmente reconhecidos*,[112] tendo, portanto, colmatado a lacuna da vagueza.

Desse modo, o rechaço expresso, manifesto e contundente de Roxin às premissas ontológicas implica, atualmente, o principal déficit de sua concepção. Tanto é assim, que Schünemann, seu discípulo, não mede esforços em tentar refundamentar a concepção de seu mestre à luz de premissas ontológicas, ressaltando que "da relação entre ontologismo e normativismo posso oferecer como único exemplo a teoria normativa da imputação objetiva, da qual Roxin tem se ocupado com detalhes".[113]

Roxin, no entanto, tem absoluta consciência de que a falta de parâmetros reais à estruturação dogmática conduz a uma estrutura superficial, plástica, e inútil. Daí o apego excessivo a premissas empíricas orientadas casuisticamente[114] como *fundamento* de suas construções teó-

---

[111] Cfe. LARENZ, Karl. *Metodologia da Ciência do Direito.* p. 129, referindo, em relação a Rickert, que "na esteira do neokantismo apresenta, portanto, este conceito com um *a priori* epistemológico dessas ciências, mas sem dar resposta ao problema de saber o que é um valor".

[112] Cfr. LASK, Emil. *Rechtsphilosophie.* p. 35.

[113] SCHÜNEMANN, Bernd. *La relación entre ontologismo y normativismo en la dogmática jurídico-penal.* p. 23.

[114] Assim em ROXIN, Claus. *La evolución de la Política Criminal, el Derecho Penal y el Proceso Penal.* p. 79, 80, 86: *"Desde el punto de partida aquí sostenido la teoría de los fines de la pena tiene que contrastarse con los datos empíricos"* e *"la dogmática penal tampoco puede perder el contacto con la realidad, sino que tiene que*

ricas. Para além da crítica metodológica, no sentido de que "não se pode inferir teoria alguma *exclusivamente* a partir do empirismo" (Popper), é importante observar que tal fato pode desencadear um déficit científico extremo face à construção de estruturas dogmáticas *ad hoc*. Em vista disso, Schünemann considera "acertado o ponto de partida de Welzel de que se não se considera a realidade, pode-se chegar a uma regulação jurídica incorreta".[115] Mais do que nunca, percebe-se a necessidade de reestruturar a dogmática em observância às estruturas da realidade (ontológicas) e, ao mesmo tempo, normativas. E esse é o principal déficit da concepção desenvolvida por Roxin, que, no entanto, seu próprio discípulo, *em parte*,[116] tem em vista.[117]

A necessidade do recurso a premissas ontológicas, inclusive, já havia sido suficientemente demonstrada por Kaufmann ao ressaltar que o objeto do direito "não se pode encontrar totalmente fora, nem totalmente dentro do processo de determinação do direito; só assim evitamos quer a ontologia substancialista quer o funcionalismo".[118] Há que observar, inclusive, a advertência de Hirsch quanto ao "perigo de que a dogmática perca, como consequência de um sobrecultivo teórico, o contato com a prática e de que assim se volte a perder o que já foi alcançado". Por "prática", como referido pelo jurista alemão, não se pode entender o mero recurso ao empirismo e ao casuísmo, no sentido da construção de uma dogmática *ad hoc*, mas sim as estruturas da realidade na acepção ontológica relacional.[119] Por estas razões rechaça-se, aqui, também, o paradigma teleológico-normativista.

---

elaborar sus conceptos de tal modo que estén abiertos a nuevos conocimientos empíricos"; ademais ROXIN, Claus. *Política criminal y sistema de derecho penal*. p. 32, 59 e 75.

[115] SCHÜNEMANN, Bernd. *La relación entre ontologismo y normativismo en la dogmática jurídico-penal*. p. 30.

[116] Em parte porque acreditamos que Schünemann tem em vista unicamente uma concepção de ontologia substancialista, que, indubitavelmente, e como já demonstrado, é um grande equívoco, pois em uma acepção contemporânea a ontologia estaria orientada pelo homem não em sua substância, mas em suas relações, isto é, como adverte Kaufmann, no sentido ontológico-relacional, e não em um sentido moral.

[117] SCHÜNEMANN, Bernd. *La relación entre ontologismo y normativismo en la dogmática jurídico-penal*. p. 30, daí referir que "a interpretação das leis está obrigada, sem exceção, a alcançar uma regulamentação correta e, por esse motivo, tem que desenvolver os princípios normativos de tal modo que sejam tomadas em conta as estruturas ontológicas e, na realidade, não só as verdades eternas, senão também as estruturas da realidade social, quem sabe variáveis, mas que existem atualmente de um modo determinado".

[118] Cfe. KAUFMANN, Arthur. *Filosofia do Direito*. p. 433.

[119] Cfe. HIRSCH, Hans Joachim. *El desarrollo de la dogmática penal después de Welzel*. p. 30.

— 2 —

O domínio do fato por meio de aparatos organizados de poder e sua aplicação à criminalidade empresarial

ÂNGELO ROBERTO ILHA DA SILVA[1]

Sumário: 1. Introdução; 2. As diversas teorias em torno da autoria e da participação; 3. A contribuição de Hans Welzel e a afirmação da teoria do domínio do fato; 4. A concepção de Claus Roxin; 5. O domínio do fato por meio de aparatos organizados de poder e sua aplicação à criminalidade empresarial; 6. Conclusão; Referências.

1. Introdução

Não seria temeroso afirmar que, nos últimos anos, o debate sobre o tema autoria e participação talvez não encontre paralelo em terras brasileiras no que tange à profusão em que se viu incurso, até mesmo entre pessoas não ligadas profissionalmente ao Direito. Numa palavra: a Ação Penal 470, mais conhecida como *Caso Mensalão*, julgado pelo STF, fez com que as pessoas em geral passassem a debater a denominada *teoria do domínio do fato* e seu "poder", por assim dizer, de "pegar" determinados agentes que teriam contribuído para a consecução dos fatos puníveis que foram objeto do referido caso.

Porém, o problema da autoria e participação em uma abordagem mais ampla envidaremos tratar em outro momento. Neste artigo, limitar-nos-emos, de forma breve, a tratar especificamente da autoria (mediata ou indireta) por meio de aparatos organizados de poder e sua possível aplicação ao âmbito empresarial.

Para tanto, procederemos a uma breve aproximação sobre o tema autoria e participação mencionando as principais teorias que buscaram se desincumbir em estabelecer um conceito de autoria e de participação *stricto sensu*, para, após, cuidarmos da autoria pelo domínio do aparato

---

[1] Professor Doutor do Departamento de Ciências Penais da Faculdade de Direito da Universidade Federal do Rio Grande do Sul – UFRGS. Procurador Regional da República na 4ª Região. Doutor pela Faculdade de Direito da Universidade de São Paulo – USP.

de poder e sua possível aplicação ao âmbito empresarial, de acordo com o modelo concebido por Claus Roxin.

2. As diversas teorias em torno da autoria e da participação

A autoria constitui um conceito central, a partir do qual se intenta delinear outros conceitos correlatos como o da própria autoria em suas diversas modalidades (direta, mediata, coautoria, colateral), bem como o da participação em sentido estrito (instigação e cumplicidade).[2]

São diversas as teorias que buscam estabelecer um conceito de autor, sendo as principais a *teoria subjetiva-causal* ou *extensiva* (Leopold Zimmerl, Eberhard Schmidt, Franz von Liszt), a *formal-objetiva* (Ernst Beling, Heleno Cláudio Fragoso, Cláudio Brandão), a *subjetiva* (sobretudo na jurisprudência alemã, por um período considerável), no modelo mais nítido, podendo também se falar em *subjetivas*, e a *teoria do domínio do fato* (Hans Welzel, Claus Roxin, Nilo Batista, Juarez Cirino dos Santos, Miguel Reale Júnior), a qual, no estádio atual, contempla diversas variantes.

A *teoria subjetiva-causal* ou *extensiva*, também dita, como prefere Nelson Hungria,[3] *monística*, equipara todos os intervenientes para a consecução do fato criminoso, considerando-os todos como autores. "Para os defensores da teoria subjetiva-causal ou extensiva," consoante leciona José Henrique Pierangeli,[4] "que se manifesta através da teoria da equivalência das condições ou da *conditio sine qua non*, todos os que põem uma causa na produção do resultado, são autores". A Exposição de Motivos da Parte Geral do Código Penal de 1940 procedeu exatamente a essa opção doutrinária, conforme se extrai da seguinte passagem do item 22 da referida Exposição de Motivos: "O projeto aboliu a distinção entre *autores* e *cúmplices*: todos os que tomam parte no crime são *autores*. Já não haverá mais diferença entre participação *principal* e participação *acessória*, entre auxílio *necessário* e auxílio *secundário*, entre *societas criminis* e a *societas in crimine*. Quem emprega qualquer atividade para a realização do evento criminoso é considerado responsável pela totalidade, no pressuposto de que também as outras forças concorrentes entraram no âmbito da sua

---

[2] Para uma esclarecedora abordagem terminológica relativa a participação *stricto sensu*, consulte-se: GRECO, Luís. *Cumplicidade Através de Ações Neutras: A Imputação Objetiva na Participação*. Rio de Janeiro: Renovar, 2004, p. 5 e ss.

[3] Consulte-se: HUNGRIA, Nelson; FRAGOSO, Heleno Cláudio. *Comentários ao Código Penal*. 5ª ed. Rio de Janeiro: Forense, 1978, p. 409 e ss.

[4] PIERANGELI, José Henrique Pierangeli. *Escritos Jurídicos-Penais*. 3ª ed. São Paulo: Revista dos Tribunais, 2006, p. 38-39.

consciência e vontade. Não há nesse critério de decisão do projeto senão um corolário da *teoria da equivalência das causas*, adotada no art. 11".

Assim como a teoria subjetiva-causal supramencionada, a *teoria formal-objetiva* também decorre de um positivismo causal-naturalista, mas com consequências diametralmente opostas. A primeira, essencialmente extensiva; a segunda restritiva. Veja-se que a corrente extensiva, como é o caso notadamente de nosso Código Penal de 1940, se preocupava, nesse contexto causal-naturalista, precipuamente com o resultado – Eis a dicção, e aqui repetimos no escopo de enfatizar, de excerto do item 22 da Exposição de Motivos do referido CP de 1940: "Não há nesse critério de decisão do projeto senão um corolário da *teoria da equivalência das causas*, adotada no art. 11" – ao passo que Ernst von Beling com a conduta típica, e isso repercute em suas concepções de autoria.

Em outra via, de uma atenta leitura de Beling,[5] chega-se à conclusão, em diversas passagens de seu livro *Esquema de Derecho Penal* (*Grundzüge des Strafrechts*), que seu modelo é o do autor como sendo aquele que pratica a conduta típica, de modo que, para a teoria formal-objetiva, adotada ainda hoje por importantes penalistas,[6] autor é o agente que realiza a ação típica, aquele, por exemplo, que desfere os tiros que determinam a morte da vítima ou aquele que subtrai a coisa alheia móvel na consecução do furto. As ações preparatórias ou secundárias, que não se amoldem àquela descrita no tipo são conceitos que, segundo Beling,[7] se põem "en nítida oposición al concepto de *autoria*".

Por sua vez, outra teoria de real importância notadamente na jurisprudência alemã foi, por largo período, a *teoria subjetiva*, a qual se notabilizou, dentre outros, em julgamentos como *Badenwannen-Fall* (caso da banheira) e o *Staschynskij-Fall* (caso *Staschynskij*).

Para essa teoria, que foi adotada, como lembra Reinhardt Maurach,[8] mais por razões práticas, no escopo de abrandar consequências penais a executores materiais (afastando a pena de morte em alguns casos)

---

[5] BELING, Ernst von. *Esquema de Derecho Penal-LaDoctrina del Delito-Tipo* (trad. de Sebastián Soler). Buenos Aires: Libreria El Foro, 2002, p. 89, 103, 145, etc.

[6] No Brasil, é a posição de Heleno Fragoso, asseverando que "em correspondência com a realidade dos fatos, entendemos que deve ser mantida a chamada *teoria formal objetiva*, que delimita, com nitidez, a participação e a autoria, completada pela ideia de autoria mediata". FRAGOSO, Heleno Cláudio. *Lições de Direito Penal – Parte Geral*. 12ª ed. (revista e atualizada por Fernando Fragoso). Rio de Janeiro: Forense, 1990, p 253. No mesmo sentido, posiciona-se Cláudio Brandão: "A melhor teoria para conceituar autor é a restritiva, porque distingue a autoria da participação com um critério acertado: o da realização do verbo-núcleo típico. Assim será autor aquele que realiza a conduta típica e partícipe aquele que concorre de qualquer modo para o crime sem realizá-la". BRANDÃO, Cláudio. *Teoria Jurídica do Crime*. 2ª ed. Rio de Janeiro: Forense, 2002, p. 236.

[7] BELING, Ernst von. *Op. cit.*, p. 145.

[8] MAURACH, Reinhart; GÖSSEL, Karl Heinz; ZIPF, Heinz. *Derecho Penal – Parte General* (trad. de Jorge Bofill Genzsch). Buenos Aires: Astrea, 1995, v. 2, p. 303.

que agiram em atendimento a propósitos criminosos de terceiros, autor é quem pratica o fato com *animus auctoris* ao passo que partícipe é quem pratica o fato com *animus socii*, ou seja, atendendo à vontade criminosa alheia.

No famoso caso da banheira (*Badewannen-Fall*), ocorrido em 1940, uma mulher deu à luz uma criança concebida no âmbito extraconjugal. Assim, estando acamada, incitou sua irmã a que matasse a criança recém-nascida. Tendo atendido à solicitação da irmã, a executora foi condenada como cúmplice, e não como autora, fato que na Alemanha, à época, era de importante relevância, pois se fosse condenada como autora, a pena seria a de morte.

No caso *Staschynskij* (*Staschynskij-Fall*), o Superior Tribunal Federal da Alemanha (*Bundesgerichtschof*, BGHSt) condenou, em 19.10.1962, um agente soviético que assassinou, na cidade de Munique, por encargo de agentes superiores do serviço secreto da URSS, dois exilados políticos que viviam na Alemanha Ocidental.

Isso porque, em ambos os casos citados, os executores materiais, que não desejavam o fato como fato próprio, e sim como fato alheio, teriam agido, segundo se entendeu, com *animus socii*, e não com *animus auctoris*.

Pode-se mencionar, ainda, a *teoria material-objetiva*, a qual é poucas vezes mencionada em nossos manuais, e cuja origem remonta à necessidade de propiciar a responsabilização, como autor, do agente que realiza uma ação que, embora não seja típica, possui com esta uma relação de tal relevância e proximidade como contributo à ação típica, cujo relevo supera a mera condição de partícipe. Decorre, assim, como assevera Jescheck,[9] da insuficiência da teoria objetivo-formal, no escopo de reconhecer o realce de certas contribuições causais.

À guisa de uma aproximação crítica, observe-se que a teoria subjetivo-causal não atende a dados da realidade, porquanto trata coisas diversas como se idênticas fossem. Tendo em conta que o concurso de pessoas enquanto fenômeno não é uma criação do Direito, figure-se o exemplo de um médico que procede a um procedimento cirúrgico em um paciente, auxiliado por uma enfermeira que lhe presta auxílio, como alcançar o bisturi, o algodão, a injeção e coisas do gênero. No exemplo aqui utilizado, resulta claro que o médico é o autor da cirurgia, ao passo que a enfermeira, participou prestando-lhe, à evidência, um auxílio, e não como autora. Assim se dá no cometimento de um crime praticado em concurso de pessoas, em que nem todos são necessariamente autores. Se um dos agentes tão somente empresta dolosamente a arma para a prática de homicídio, e outro, a quem foi emprestada, desfere os tiros que determinam

---

[9] JESCHECK, Hans-Heinrich; WEIGEND, Thomas. *Lehrbuch des Strafrechts – Allgemeiner Teil*. 5ª ed. Berlin: Duncker & Humblot, 1996, p. 648-649.

a morte da vítima, resta clara, em tal caso, a distinção entre autor e partícipe, distinção essa solenemente negada pela teoria subjetivo-causal.

A teoria formal-objetiva, muito embora possa servir como ponto de partida para a caracterização do autor, e seja adequada a situações de autoria direta ou de mão própria, não se mostra em muitos casos adequada às necessidades de proteção ao bem jurídico. Pense-se no caso em que um dos agentes segura a vítima proporcionando que outro golpeie nesta seu punhal cujos ferimentos produzidos acarretam a morte da pessoa atingida. Muito embora, o agente não tenha praticado a ação típica de matar, revela-se extreme de dúvidas que responde como coautor, porquanto laborou, na divisão de tarefas, com o domínio funcional do fato.

A teoria subjetiva é destituída de qualquer suporte científico e de consideração a dados objetivos que subjazem ao fenômeno crime, tendo surgido, como lembrou Maurach, por razões práticas, mas sem amparo científico-dogmático.

Por fim, a teoria material-objetiva ressente-se, como alerta Günter Stratenwerth,[10] da inviabilidade em estabelecer critérios delimitativos da relevância causal das condutas que convergem para o empreendimento delitivo.

Nesse cenário, mister se fazia conceber uma teoria que viesse a atender a necessidades práticas numa abordagem mais rigorosa, o que veio a ocorrer com a teoria do domínio do fato, a qual trataremos nos próximos tópicos.

3. A contribuição de Hans Welzel e a afirmação da teoria do domínio do fato

No âmbito do Direito Penal, o primeiro a utilizar a expressão *domínio do fato*, consoante nos informa Claus Roxin,[11] foi August Hegler, em trabalho monográfico publicado em 1915, intitulado *Die Merkmale des Verbrechens* (*As Características do Crime*). Porém, como esclarece ainda Roxin, no referido texto, Hegler em momento algum emprega a expressão domínio do fato como critério para divisar a autoria da participação *stricto sensu*.

A referida teoria surgiu sob os reclamos em se distinguir a figura do autor da do partícipe, fato que assume especial relevância na Alemanha, visto que, no mencionado país, as penas que recaem sobre o autor são mais graves do que as penas cominadas aos partícipes.

---

[10] STRATENWERTH, Günter; KUHLEN, Lothar. *Strafrecht – Allgemeiner Teil*. 5ª ed. Köln/Berlin/München: Carl Heymanns Verlag, 2004, v. I, p. 264.

[11] ROXIN, Claus. *Täterschaft und Tatherrschaft*. 8ª ed. Berlin: De Gruyter Recht, 2006, p. 60.

Em realidade, foi mérito do jusfilósofo alemão Hans Welzel,[12] em artigo publicado no ano de 1939, intitulado *Studien zum System des Strafrechts* (*Estudos sobre o Sistema de Direito Penal*), estabelecer que autor *final*, diversamente do partícipe é o senhor e dono de sua decisão e execução, dono e senhor do *"seu"* fato, ao passo que o partícipe não possui o domínio do fato criminoso, possuindo tão somente um certo domínio sobre sua contribuição. Em seu livro *Das Deutsche Strafrecht*,[13] assevera o penalista que *o autor*, nos delitos dolosos, é somente aquele que, mediante uma condução, consciente numa perspectiva finalística do acontecer causal em direção ao resultado típico, *é o senhor sobre a realização do tipo*, diversamente do partícipe, o qual tão somente ou auxilia o ato dominado finalmente pelo autor ou incita a este a que pratique o crime.

Porém, releva notar que a teoria do domínio do fato não constitui uma teoria geral no que se refere à caracterização da autoria, não sendo, portanto, aplicável a determinados delitos como é o caso, *v.g.*, dos crimes culposos ou, na concepção de Roxin, dos delitos de dever.

Atentando-se para o tratamento legislativo sobre o tema autoria e participação, percebe-se que é possível optar por um tratamento mais simplificado, sem distinguir as várias formas de autoria, e tampouco da participação, como nos exemplos italiano e brasileiro, ou, por outra via, delinear as diversas formas com que os diversos agentes concorrem para a consecução do delito, como ocorre na Alemanha, na Espanha e em Portugal.

Eis a precisa lição de Anibal Bruno:[14] "Admitida pelo Código, na explicação do nexo causal, a equivalência das condições, cada condição é uma causa, e todo indivíduo, só por haver pôsto uma condição para o resultado, assume a posição de autor. Todo colaborador é autor. Pouco importa que um tenha consumado a ação típica de matar alguém e outro apenas fornecido a arma ou ficado de tocaia para garantir a segurança do matador. (...). Da equivalência das condições segue-se a equivalência, em princípio, da responsabilidade de todos os que põem uma condição para que o fato ocorra. E com isso a existência de categorias aprioristicamente distintas entre os partícipes". Essa, pois, foi a concepção do legislador de 1940, a de que todo o que toma parte no empreendimento criminoso é autor.

Sobretudo a partir da Reforma da Parte Geral do Código Penal brasileiro, levada a efeito em 1984, a teoria do domínio do fato tem alçado posição de ampla preferência.

---

[12] WELZEL, Hans. Studien zum System des Strafrechts. In: *Zeitschrift für die gesamte Strafrechtswissenschaft*, n° 58, 1939, p. 539 e ss.

[13] WELZEL, Hans. *Das Deutsche Strafrecht*. 11ª ed. Berlin: Walter de Gruyter & Co., 1969, p. 99.

[14] BRUNO, Anibal. *Direito Penal*. 3ª ed. Rio de Janeiro: Forense, 1967, t. 2°, p. 258-259.

Eis o magistério de João Mestieri:[15] "Ainda que a lei não explicite a distinção entre autor e partícipes, é possível construir-se doutrinariamente a noção de *autor*. A teoria mais importante é aquela que considera autor aquele que detém o *domínio do fato*, o que mantém o controle sobre o desenrolar da ação típica, com a capacidade de decisão sobre o prosseguimento ou paralisação no caminho do crime". No mesmo sentido, Miguel Reale Júnior,[16] para quem *autor* "será aquele que, como figura central da prática da ação típica, tem o domínio do fato, ou seja, é a quem pertence a obra realizada, a quem se atribui a ação, visto exercer de modo efetivo e atual a soberania de configuração da ação, no dizer de Bottke". Também Juarez Tavares[17] afirma que "ainda deve obter preferência à teoria do domínio do fato". Outros importantes autores a esposar a teoria são Luiz Régis Prado,[18] Juarez Cirino dos Santos[19] e Cézar Bitencourt.[20]

Não obstante a afirmação da teoria do domínio do fato, há diversas concepções sobre sua configuração, sendo que hoje reúne na Alemanha, conforme se observa da investigação de Wolfgang Schild,[21] a partir das concepções de Welzel, Maurach, Gallas e Roxin, mais de dez variantes.

Porém, a subespécie domínio do fato por meio de aparatos organizados de poder, a qual intentamos aferir sua possível aplicação ao âmbito empresarial, deve-se a Roxin, a qual examinaremos, no próximo ponto.

4. A concepção de Claus Roxin

Como visto, foi mérito de Welzel estabelecer que, nos crimes dolosos, autor é aquele que possui o domínio ("final") do fato, o agente que é o senhor sobre a decisão e a execução da vontade final do acontecer típico.

Por outro lado, deve-se a Roxin[22] um acatado delineamento das diversas formas de domínio. Para o autor, nos delitos de domínio, este

---

[15] MESTIERI, João. *Manual de Direito Penal – Parte Geral*. Rio de Janeiro: Forense, 1999, p. 205.
[16] REALE JÚNIOR, Miguel. *Instituições de Direito Penal*. 4ª ed. Rio de Janeiro: Forense, 2013, p. 311-312.
[17] TAVARES, Juarez. *Teoria do Crime Culposo*. 3ª ed. Rio de Janeiro: Lumen Juris, 2009, p. 457.
[18] PRADO, Luiz Régis. *Curso de Direito Penal – Parte Geral*. 10ª ed. São Paulo: Revista dos Tribunais, 2010, v. 1, p. 467-468.
[19] SANTOS, Juarez Cirino dos. *A Moderna Teoria do Fato Punível*. 4ª Rio de Janeiro: ICPC/Lumen Juris, 2005, p. 277.
[20] BITENCOURT, Cezar Roberto. *Teoria Geral do Delito: Uma Visão Panorâmica da Dogmática Penal Brasileira*. Coimbra: Almedina, 2007, p. 453.
[21] SCHILD, Wolfgang. *Tatherrschaftslehren*. Frankfurt: Peter Lang, 2009, p. 9 e ss.
[22] ROXIN, Claus. *Täterschaft und Tatherrschaft*. 8ª ed. Berlin: De Gruyter Recht, 2006. Para uma exaustiva distinção entre a concepção de Welzel e a concepção de Roxin, consulte-se: ALFLEN, Pablo Rodrigo. *Teoria do Domínio do Fato*. São Paulo: Saraiva, 2014.

dá-se fundamentalmente de três formas, quais sejam, domínio da ação, domínio da vontade e domínio funcional.

O domínio da ação está presente na denominada autoria imediata ou direta, ou seja, nos casos em que o autor pratica o fato ele mesmo, como no exemplo, do homicida que surpreende a vítima desprotegida. O domínio da vontade ocorre nos casos de autoria mediata ou indireta, valendo-se de um executor como instrumento, que age em erro, sob coação ou, ainda, quando se tratar de inimputável. Por fim, o domínio funcional é aquele pertinente à coautoria, em que diversos (co)autores, numa repartição de tarefas, contribuem para a consecução do crime comum. Cabe alertar que não se deve confundir domínio funcional com funcionalismo. O termo funcional aqui é devido às funções que desempenham cada agente, e não de uma teoria funcionalista que se contrapõe, por exemplo, ao finalismo ou ao causalismo.

Impende, ainda, esclarecer que a teoria do domínio do fato só é aplicável, segundo Roxin, aos crimes de domínio, não consistindo, portanto, uma teoria geral aplicável a toda e qualquer modalidade delituosa, inclusive dolosa – a não aplicação aos crimes culposos, revela-se evidente, não requerendo maiores considerações –, visto que o autor, propugna, ao lado do critério do domínio do fato, outros, como ocorre, *v.g.*, nos crimes de dever[23] (*Pflichtdelikte*), em que a condição não decorre do domínio do fato, e sim de uma especial condição do agente, o que refoge ao objeto deste estudo, mas que deveremos tratar em trabalho ulterior.

Porém, pode-se afirmar que a grande contribuição do professor da Universidade de Munique foi mesmo a autoria mediata por meio de aparatos organizados de poder, a seguir tratada.

5. O domínio do fato por meio de aparatos organizados de poder e sua aplicação à criminalidade empresarial

A autoria mediante o domínio da vontade por meio de aparatos organizados de poder (*Willensherrschaft kraft organisatorischer Machtapparate*) constitui uma dentre as três formas de autoria mediata, resultantes do domínio da vontade concebidas por Roxin, ao lado do erro e da coação (e do caso do inimputável que o autor[24] considera uma espécie de meio-termo entre essas duas mencionadas ou uma zona mista).

Em verdade, o autor[25] concebeu a referida modalidade de autoria a partir do caso Eichmann, o qual, mesmo tendo determinado a execução

---

[23] ROXIN, Claus. *Op. cit.*, p. 352 e ss.
[24] ROXIN, Claus. *Op. cit.*, p. 242.
[25] ROXIN, Claus. *Op. cit.*, p. 246 e ss.

de diversos judeus ao tempo do nacional-socialismo alemão, jamais executou quem quer que seja com as próprias mãos.

Até então, pela lógica do sistema alemão, o soldado que executasse a vítima responderia como autor, enquanto o oficial que emitiu a ordem responderia como partícipe, fato que suscitou em Roxin a necessidade de engendrar uma concepção que viesse a dar conta a casos futuros, fazendo com que o autor da ordem (o homem de trás), claramente numa posição de proeminência e de maior relevância para que o fato viesse efetivamente a ocorrer, respondesse também como autor, e não como mero partícipe.

Para a referida tarefa, ou seja, a de estabelecer um modelo segundo o qual o autor da ordem viesse a responder como autor, e não como partícipe, Roxin estabeleceu três requisitos a serem observados, como referem Luís Greco e Alaor Leite,[26] a saber. a) uma organização verticalmente organizada; b) dissociação dessa organização do direito; e c) a fungibilidade dos executores.

Em primeiro lugar, para que seja possível a modalidade de autoria mediata de que estamos tratando, faz-se mister a presença de uma organização vertical e rigidamente organizada, como ocorre no âmbito das forças armadas, em que as ordens proferidas pelo oficial superior são irrefutavelmente atendidas pelo subalterno, sem qualquer questionamento, pelo menos essa constitui a ordem natural das coisas.

O segundo requisito está em que a organização verticalmente organizada deve estar dissociada do direito, quando a sua estrutura em seu conjunto se encontra à margem do ordenamento jurídico. Portanto, não basta que haja uma estrutura hierárquica vertical, devendo acrescer que uma tal organização deva estar necessariamente à margem do direito, como acontece nos Estados totalitários,[27] nos grupos terroristas e no crime organizado.

Assim é que na Alemanha nazista, no Peru ao tempo em que a presidência do país foi exercida por Alberto Kenya Fujimori, distanciando-se de um comando institucional a partir de 1992, com o apoio das Forças Armadas, o que veio a se denominar *autogolpe*, bem como na Argentina na época ditatorial, a partir do golpe militar de 1976, encontram-se vívidos exemplos de Estados dissociados do direito.

No Brasil, segundo Rodrigo de Sanctis, exemplo claro de autoria mediante aparato organizado de poder dissociado do direito foi a verdadeira conflagração ocorrida em São Paulo no ano de 2006, a partir da

---

[26] GRECO, Luís; LEITE, Alaor. O que é e o que não é a Teoria do Domínio do Fato. Sobre a Distinção entre Autor e Partícipe no Direito Penal. In: *Revista dos Tribunais*, nº 933, julho de 2013, p. 72.

[27] ROXIN, Claus. *Op. cit.*, p. 249 e ss.

ordem "aterrorizem São Paulo", emitida por Marcola, chefe do Primeiro Comando da Capital (PCC), em que a Capital paulista vivenciou um período de verdadeiro terror com diversos ônibus incendiados e assassinatos praticados em atacado, resultando em uma cidade literalmente sitiada.

Assevera De Sanctis[28] que o "chefe do PCC não determinou de forma específica o que fazer. Ele só disse para seus subordinados: "aterrorizem São Paulo". E, por conta de uma das mortes praticadas, um dos homicídios praticados, Marcola foi submetido a júri e condenado. Embora o promotor responsável não tenha falado da teoria do aparato organizado de poder, houve, nesse caso, uma aplicação concreta da teoria de Roxin".

Por derradeiro, o terceiro requisito enunciado por Roxin é o da fungibilidade dos executores, fato que determina que o aparato organizado de poder funcione de forma automatizada, na medida em que na falta de um executor outro lhe fará as vezes, numa espécie de engrenagem que possibilita concluir que uma vez que determinada ordem for emitida essa será cumprida, atendendo à estrutura da organização, forçosamente dissociada do direito, bem como ao fato de que sempre haverá um executor material a cumprir a ordem dada.

Portanto, o modelo de Roxin reclama a confluência dos três requisitos, sendo que a ausência de qualquer deles determinará a insubsistência da autoria mediata nos termos em que aqui expostos.

Na concepção do citado penalista, releva salientar que no caso da autoria mediata por meio de aparatos organizados de poder o agente que emite a ordem, o homem de trás e autor mediato, não se coloca em situação de coautoria com o executor material.

Isso porque, esclarece Roxin,[29] em primeiro lugar, "falta uma resolução criminosa comum ou um acordo comum, que, segundo a doutrina majoritária, é o pressuposto de toda 'comissão conjunta', vide o preceito do item 2 do § 25 do Código Penal alemão. Frequentemente, o homem de trás e o executor nem se conhecem, não deliberam nada em conjunto e muito menos se percebem como portadores de uma decisão, por ambos coordenada. A execução de uma ordem, como nos casos em questão, funda-se em um comando e não em uma resolução comum. (...). A consciência de ser o destinatário de uma ordem não significa uma resolução

---

[28] SANCTIS, Rodrigo de. A Responsabilidade Penal dos Dirigentes nos Delitos Empresariais. In: *Inovações no Direito Penal Econômico: Contribuições Criminológicas Político-Criminais e Dogmáticas*. (org. Artur de Brito Gueiros Souza). Brasília: ESMPU, 2011, p. 343.

[29] ROXIN, Claus. Autoria Mediata por meio do Domínio da Organização (trad. de José Danilo Tavares Lobato). In: *Temas de Direito Penal* (org. Luís Greco e Danilo Lobato). Rio de Janeiro: Renovar, 2008, 331-333.

comum". Em segundo, prossegue o autor, "falta também uma execução conjunta do fato. Pois o 'autor de escrivaninha', precisamente, nada executa através de sua própria pessoa, 'não suja suas mãos', mas se serve de 'instrumentos' que executam sua vontade". Em terceiro, a "autoria mediata tem uma estrutura vertical (no sentido de um curso de cima para baixo, do provocador para o executor), a coautoria, pelo contrário, é horizontalmente estruturada (com a ideia de coautores que estão, lado a lado, em igualdade de condições)".

Tampouco reconhece Roxin[30] em tal caso a figura da autoria colateral, porquanto, segundo sustenta, "a construção de uma autoria colateral ignora a circunstância de que as contribuições dos 'autores de escritório' e 'dos lacaios' não correm paralelamente sem conexões recíprocas, como é marcante na autoria colateral, mas relacionam-se umas com as outras de modo característico à autoria mediata. O 'homem de escritório' comete o injusto 'por meio de outrem' (§ 25, item 1, I, parte final, do Código Penal alemão), seguindo a regra geral do 'executor' anônimo".

Evidentemente, como sói acontecer, especialmente na Alemanha, a concepção da Roxin não está isenta de críticas, tanto que o próprio Welzel[31] opôs óbice à postura de Roxin, afirmando que o professor de Munique faz do autor mediato, que na história teve somente uma função complementar, uma *figura central* do acontecer de uma ação, estendendo a uma medida inesperada, mediante uma dissolução do conceito de tipo, bem como por basear-se num *sentido concreto de ação*.

Kai Ambos,[32] a seu turno, obtempera, que a "figura do *domínio por organização* é imprescindível para a fundamentação da autoria mediata. (...). A indução deve ser rechaçada antes de tudo pelo fato de que ela despreza o ponto de vista decisivo do domínio do fato por parte do homem de trás". Por fim, aduz: "A contrariedade (manifesta) do *domínio* de um executor que atua *de modo responsável*, oposta em primeira linha à afirmação da *autoria mediata*, dissolve-se quando se distingue de maneira clara o injusto individual do injusto coletivo, ou seja, do injusto que se apresenta em contextos organizados de poder e de ação (macrocriminalidade)".

A nosso ver, a doutrina de Roxin reúne méritos para uma boa aplicação do problema da autoria a casos concretos, como se pode observar, dentre outros textos, do artigo publicado pelo autor na *Revista do IBC-CRim*, vol. 91, intitulado *Observações sobre a decisão da Corte Suprema peruana no caso Fujimori*, em que sua teoria bem demonstrou sua capacidade de rendimento.

---

[30] ROXIN, Claus. *Op. cit.*, p. 334.
[31] WELZEL, Hans. *Op. cit.*, p. 106.
[32] AMBOS, Kai. *Direito Penal: Fins da Pena, Concurso de Pessoas, Antijuridicidade e Outros Aspectos* (trad. de Pablo Rodrigo Alflen da Silva). Porto Alegre: Sergio Antonio Fabris Editor, 2006, p. 60-61.

Impende não olvidar que, para que determinado agente responda criminalmente como autor mediato nos moldes da construção doutrinária, imprescindível a confluência dos três requisitos mencionados neste artigo, quais sejam, uma organização criminosa verticalmente estruturada, a dissociação com o direito e a fungibilidade dos executores.

Releva ainda ressaltar que dita teoria não se propõe a responsabilizar quem quer que seja num passe de mágica. Trata-se, na verdade, de fornecer substrato científico para fundamentar uma hipótese de autoria de especial relevância nos tempos atuais. De modo que, além dos mencionados requisitos, deve haver a *emissão de uma ordem* por parte do "homem de trás" e *as provas recolhidas na instrução criminal*, como em qualquer (devido[33]) processo penal.

A indagação acerca da possibilidade da aplicação da teoria de Roxin no âmbito empresarial resulta, assim, clara e inafastável do quanto expusemos neste breve estudo. Isso porque as empresas não constituem organizações dissociadas do direito, funcionando como uma engrenagem em prol do crime de forma automatizada, ainda que possam ser encontradas decisões aplicando a teoria aqui exposta a casos ocorridos no âmbito empresarial, mas isso – com maiores detalhes – será tema para um próximo estudo.

6. Conclusão

Não foi nossa intenção, neste escrito que compõe uma coletânea de diversos artigos jurídicos, fazer um estudo exaustivo sobre o problema da autoria e da participação, isso sequer seria possível em uma obra de caráter não monográfico, tampouco era esse o objetivo.

O fato que nos moveu a tratar do tema em questão foi a constatação que fizemos da dificuldade de seu enfrentamento até mesmo em debates jurídicos em que ouvimos afirmações que nos causaram verdadeira perplexidade.

Porém, de tudo quanto expusemos, pensamos ter contribuído para clarificar a doutrina de Roxin sobre a autoria por meio de aparatos organizados de poder, o que procuramos fazer da forma mais didática possível, delineando seus contornos, bem como os motivos pelos quais sua aplicação se revela incompatível com fatos praticados no meio empresarial, os quais se dão no seio de estruturas devidamente albergadas pelo direito.

---

[33] GIACOMOLLI, Nereu José. *O Devido Processo Penal*. São Paulo: Atlas, 2014, p. 158 e ss.

Referências

ALFLEN, Pablo Rodrigo. *Teoria do Domínio do Fato*. São Paulo: Saraiva, 2014.

AMBOS, Kai. *Direito Penal: Fins da Pena, Concurso de Pessoas, Antijuridicidade e Outros Aspectos* (trad. de Pablo Rodrigo Alflen da Silva). Porto Alegre: Sergio Antonio Fabris Editor, 2006.

BELING, Ernst von. *Esquema de Derecho Penal-La Doctrina del Delito-Tipo* (trad. de Sebastián Soler). Buenos Aires: Libreria El Foro, 2002.

BITENCOURT, Cezar Roberto. *Teoria Geral do Delito: Uma Visão Panorâmica da Dogmática Penal Brasileira*. Coimbra: Almedina, 2007.

BRANDÃO, Cláudio. *Teoria Jurídica do Crime*. 2ª ed. Rio de Janeiro: Forense, 2002.

BRUNO, Anibal. *Direito Penal*. 3ª ed. Rio de Janeiro: Forense, 1967, t. 2º.

FRAGOSO, Heleno Cláudio. *Lições de Direito Penal – Parte Geral*. 12ª ed. (revista e atualizada por Fernando Fragoso). Rio de Janeiro: Forense, 1990.

GIACOMOLLI, Nereu José. *O Devido Processo Penal*. São Paulo: Atlas, 2014.

GRECO, Luís. *Cumplicidade Através de Ações Neutras: A Imputação Objetiva na Participação*. Rio de Janeiro: Renovar, 2004.

GRECO, Luís; LEITE, Alaor. O que é e o que não é a Teoria do Domínio do Fato. Sobre a Distinção entre Autor e Partícipe no Direito Penal. In: *Revista dos Tribunais*, nº 933, julho de 2013, p. 61-92.

HUNGRIA, Nelson; FRAGOSO, Heleno Cláudio. *Comentários ao Código Penal*. 5ª ed. Rio de Janeiro: Forense, 1978.

JESCHECK, Hans-Heinrich; WEIGEND, Thomas. *Lehrbuch des Strafrechts – Allgemeiner Teil*. 5ª ed. Berlin: Duncker & Humblot, 1996.

LISZT, Franz von. *Tratado de Direito Penal Allemão* (trad. de José Hygino Duarte Pereira). Rio de Janeiro: F. Briguiet & C., 1899, t. I.

MAURACH, Reinhart; GÖSSEL, Karl Heinz; ZIPF, Heinz. *Derecho Penal – Parte General* (trad. de Jorge Bofill Genzsch). Buenos Aires: Astrea, 1995.

MESTIERI, João. *Manual de Direito Penal – Parte Geral*. Rio de Janeiro: Forense, 1999.

PIERANGELI, José Henrique. *Escritos Jurídicos-Penais*. 3ª ed. São Paulo: Revista dos Tribunais, 2006.

PRADO, Luiz Régis. *Curso de Direito Penal – Parte Geral*. 10ª ed. São Paulo: Revista dos Tribunais, 2010, v. 1.

REALE JÚNIOR, Miguel. *Instituições de Direito Penal*. 4ª ed. Rio de Janeiro: Forense, 2013.

ROXIN, Claus. Autoria Mediata por meio do Domínio da Organização (trad. de José Danilo Tavares Lobato). In: *Temas de Direito Penal* (org. Luís Greco e Danilo Lobato). Rio de Janeiro: Renovar, 2008.

———. *Täterschaft und Tatherrschaft*. 8ª ed. Berlin: De Gruyter Recht, 2006.

SANCTIS, Rodrigo de. A Responsabilidade Penal dos Dirigentes nos Delitos Empresariais. In: *Inovações no Direito Penal Econômico: Contribuições Criminológicas Político-Criminais e Dogmáticas*. (org. Artur de Brito Gueiros Souza). Brasília: ESMPU, 2011.

SANTOS, Juarez Cirino dos. *A Moderna Teoria do Fato Punível*. 4ª Rio de Janeiro: ICPC/Lumen Juris, 2005.

SCHILD, Wolfgang. *Tatherrschaftslehren*. Frankfurt: Peter Lang, 2009.

STRATENWERTH, Günter; KUHLEN, Lothar. *Strafrecht – Allgemeiner Teil*. 5ª ed. Köln/Berlin/München: Carl Heymanns Verlag, 2004, v. I.

TAVARES, Juarez. *Teoria do Crime Culposo*. 3ª ed. Rio de Janeiro: Lumen Juris, 2009.

WELZEL, Hans. *Das Deutsche Strafrecht*. 11ª ed. Berlin: Walter de Gruyter & Co., 1969.
——. Studien zum System des Strafrechts. In: *Zeitschrift für die gesamte Strafrechtswissenschaft*, n° 58, 1939, p. 491-566.

— 3 —

Crimes de lavagem de dinheiro: supressão do rol de infrações penais antecedentes e efeitos produzidos nos fatos iniciados ou perpetrados antes da vigência da Lei nº 12.683/12

MARCUS VINICIUS DA SILVA VIAFORE[1]

Sumário: 1. Introdução; 2. Tempo do crime. Crime instantâneo, crime instantâneo com efeitos permanentes e crime permanente. Incidência da norma penal mais grave nesses tipos de crime; 3. Classificação doutrinária dos crimes de lavagem de dinheiro a respeito do momento de sua consumação; 4. Tipificação do crime de lavagem de dinheiro oriundo de infrações penais antecedentes que não constavam no rol taxativo previsto no artigo 1º da Lei nº 9.613/98 após a vigência da Lei nº 12.683/12; 5. Conclusão; Referências.

1. Introdução

Há pouco mais de um ano, a Lei nº 9.613/98, que tipificou o crime de lavagem de dinheiro em nosso país, passou por significativas alterações com o advento da Lei nº 12.683, que passou a viger em nosso ordenamento jurídico na data de sua publicação, qual seja, 10 de julho de 2012.

Diversas foram as modificações no trato da matéria, porém uma se destacou: a supressão do rol taxativo dos crimes antecedentes do delito de branqueamento de capitais. Ideia surgida no âmbito da Estratégia Nacional de Combate à Corrupção e Lavagem de Dinheiro (ENCCLA), materializou-se no Projeto de Lei do Senado nº 209/2003 e da Câmara dos Deputados nº 3443/2008, agora aprovado.[2] O fundamento de tal altera-

---
[1] Delegado de Polícia no Estado do Rio Grande do Sul. Professor da ACADEPOL/Polícia Civil-RS. Especialista em Direito Penal e Política Criminal: Sistema Constitucional e Direitos Humanos pela Universidade Federal do Rio Grande do Sul.
[2] DE CARLI, Carla Veríssimo; DE MORAES, Luciana Furtado, *Lavagem de Dinheiro: Prevenção e Controle Penal*, Porto Alegre: Verbo Jurídico, 2011, p. 260.

ção, dado pela própria ENCCLA, foi justamente aumentar as possibilidades de imputação pelo crime de lavagem de dinheiro, bem como evitar o financiamento da criminalidade por fluxos de capital ilícito decorrentes de infrações penais não contempladas na lista então existente.[3]

Assim, nosso país passa a ingressar na denominada terceira geração legislativa da tipificação dos crimes de lavagem de ativos. A primeira é aquela em que se considera apenas o delito de tráfico de drogas ou o praticado por meio do crime organizado como capaz de originar a reciclagem de capitais. Já a segunda – na qual o Brasil se situava antes da reforma legislativa – caracteriza-se pelo fato de o delito em comento surgir em virtude da lavagem do lucro obtido mediante a prática de crimes específicos, elencados na norma penal.[4]

Em suma, pela nova lei, qualquer infração penal – crime ou contravenção – que gere lucros poderá ser considerada antecedente para fins de configuração típica do crime de lavagem de dinheiro.

Diante do novo panorama trazido pela Lei nº 12.683/12, surge questionamento sobre a tipificação das condutas de lavagem de dinheiro decorrentes de infrações penais antecedentes não previstas no rol da redação original do artigo 1º da Lei nº 9.613/98 e praticadas antes da vigência da lei supressora. Por exemplo: ocorrerá o crime de lavagem de dinheiro se o agente ocultar ou dissimular o proveito do crime de roubo não praticado por meio de organização criminosa (crime não previsto no rol taxativo da redação original do artigo 1º da Lei nº 9.613/98) antes da data de vigência da nova lei, ou seja, antes de 10 de julho de 2012? Criminalizar tal conduta não fere o princípio da legalidade, mais precisamente o princípio da irretroatividade da lei penal *(nullum crimen, nulla poena sine lege praevia)*, previsto no artigo 5º, incisos XXXIX e XL, da Constituição Federal?[5]

Para responder essa pergunta, é mister que se faça uma análise sobre questões básicas do direito penal como o tempo do crime, para, após, classificar os verbos dos tipos penais de lavagem de dinheiro de maneira adequada. Diante das respostas dadas, poder-se-á dizer se o crime de reciclagem de capitais ocorrerá na situação antes narrada.

---

[3] DE CARLI, *op. cit.* p. 260.

[4] MORO, Sérgio Fernando, *Crime de Lavagem de Dinheiro*. São Paulo. Saraiva, 2010, p. 35. Há crítica de parte da doutrina, referindo que o Brasil, mesmo antes das alterações trazidas pela Lei nº 12.683/12, fazia parte da 3ª Geração que criminalizou a lavagem de dinheiro, porém, os critérios adotados foram outros: MAIA, Rodolfo Tigre, *Lavagem de Dinheiro (lavagem de ativos provenientes de crime)*, Anotações às disposições criminais da Lei n. 9.613/98. São Paulo, Malheiros Editores, 2007, p. 67/68.

[5] CF, art. 5º (...) XXXIX – não há crime sem lei anterior que o defina, nem pena sem prévia cominação legal; XL – a lei penal não retroagirá, salvo para beneficiar o réu.

2. Tempo do crime. Crime instantâneo, crime instantâneo com efeitos permanentes e crime permanente. Incidência da norma penal mais grave nesses tipos de crime

A classificação dos crimes como sendo instantâneos, instantâneos de efeitos permanentes ou permanentes se refere à parte do direito penal referente ao tempo do crime.

O artigo 4º do Código Penal disciplina que o crime será cometido no momento da ação ou omissão, ainda que outro seja o momento do resultado. Assim, adotou-se no Brasil, no que se refere ao tempo do crime, a teoria da atividade.[6] Em tal teoria, considera-se cometido do crime no momento da conduta (ação ou omissão).[7] Conforme Bitencourt, adota-se essa teoria justamente com o intuito de evitar "...*o absurdo de uma conduta, praticada licitamente sob o império de uma lei, poder ser considerada crime, em razão de o resultado vir a produzir-se sob o império de outra lei incriminadora*".[8]

O mesmo autor refere que o Código Penal pátrio adotou implicitamente exceções à teoria da atividade, citando, como exemplo, o início do prazo prescricional nos crimes permanentes, que se dá no dia em que cessa a permanência.[9]

Pois bem, definido que o crime é cometido a partir da ação ou omissão do sujeito, necessário se faz ver de que forma a conduta se dá.

Crime instantâneo é aquele que se esgota com a ocorrência do resultado. Isso não quer dizer que a ação deva ser rápida, mas sim que não há prolongamento da consumação.[10] Uma vez realizados os seus elementos, nada mais se poderá fazer para impedir sua ocorrência.[11] Exemplos destes crimes são o homicídio e a lesão corporal.

Já o crime permanente se caracteriza por ter sua consumação prolongada no tempo, dependendo apenas da vontade do agente para cessá-lo.[12] Os delitos de sequestro ou cárcere privado são crimes dessa natureza, em que a consumação se protrai no tempo.[13]

Por fim, os crimes instantâneos de efeitos permanentes ocorrem quando consumada a ação em determinado momento, seus efeitos são

---

[6] BITENCOURT, Cezar Roberto, *Tratado de Direito Penal, Parte Geral*, vol 1. São Paulo. Saraiva, 2013, p. 219.
[7] MIRABETE, Julio Fabbrini, *Manual de Direito Penal*, vol. 1. São Paulo. Atlas, 1996, p. 70.
[8] BITENCOURT, *op. cit.*
[9] BITENCOURT, *op. cit.*
[10] MIRABETE, *op. cit.* p. 126.
[11] BITENCOURT, *op. cit.* p. 281.
[12] BITENCOURT, *op. cit.*
[13] MIRABETE, *op. cit.*

irreversíveis, permanentes, independente da vontade do sujeito ativo.[14] Exemplo disso, mais uma vez, é o crime de homicídio.[15]

No que tange às questões temporais envolvendo as normas penais, importante salientar que nos crimes instantâneos e instantâneos com efeitos permanentes a lei penal mais gravosa[16] não se aplica aos fatos passados, por força do consagrado princípio da irretroatividade da lei penal, de acordo com os artigos 5°, inciso XL, da Constituição da República, bem como 2° do Código Penal.[17]

Já em relação ao crime permanente, diversa é a situação. Como a consumação desses delitos se protrai no tempo, a doutrina entende que a *lex gravior* incide de imediato, mesmo a conduta tendo se iniciado antes da vigência da lei mais gravosa e se prolongando após esta[18]. Ainda, o Supremo Tribunal Federal, no ano de 2003, editou a Súmula n° 711, a qual orienta que "A lei penal mais grave aplica-se ao crime continuado ou ao crime permanente, se sua vigência é anterior à cessação da continuidade ou da permanência".[19]

Em resumo, nos crimes permanentes, a lei penal mais gravosa incide desde que a conduta criminosa tenha se iniciado antes desta, prolongando-se após sua vigência.

3. Classificação doutrinária dos crimes de lavagem de dinheiro a respeito do momento de sua consumação

Dadas notas gerais sobre a classificação doutrinária dos crimes no que tange ao tempo de sua consumação e à incidência da norma penal mais gravosa nestes, é mister enquadrar os tipos penais da lei de lavagem de dinheiro nesses critérios, a fim de delimitar o grau de incidência das alterações trazidas pela Lei n° 12.683/12.

Conforme Badaró e Bottini, a Lei n° 9.613/98, com as modificações trazidas pela lei de 2012, traz quatro comportamentos típicos distintos, todos no artigo 1°, quais sejam: "i) ocultação e dissimulação (*caput*); ii) uso de meios para ocultação ou dissimulação (§ 1°); iii) uso de bens,

---

[14] MIRABETE, Julio Fabbrini, *Manual de Direito Penal, cit*.

[15] BITENCOURT, Cezar Roberto, Tratado de Direito Penal, Parte Geral, *cit*.

[16] Entendendo-se como tal aquela que cria figura penal até então inexistente ou que se limita a agravar as consequências jurídico-penais do fato, produzindo resultado final mais gravoso ao sujeito ativo no crime, conforme TOLEDO, Francisco de Assis, *Princípios Básicos de Direito Penal*, São Paulo: Saraiva, 1994, p. 30/31.

[17] TOLEDO, Francisco de Assis, *op. cit*, p. 30.

[18] TOLEDO, Francisco de Assis, *op. cit*, p. 32; BITENCOURT, Cezar Roberto, *op. cit., p. 219/220*.

[19] STF. Sessão plenária de 24.09.2003. DJ de 9/10/2003, p. 6; DJ de 10/10/2003, p. 6; DJ de 13/10/2003, p. 6.

direitos ou valores sujos na atividade econômica ou financeira; iv) participação em entidade dirigida à lavagem de dinheiro".[20]

A fim de melhor expor cada tipo penal de lavagem de dinheiro e sua classificação a respeito do tempo de sua consumação, analisar-se-á separadamente cada um desses. Ainda, dispensar-se-ão outras classificações doutrinárias em relação ao tipos penais para não fugir ao cerne deste trabalho, exceção feita àquelas que sejam essenciais para responder às questões aqui propostas.

Art. 1º. Ocultação e dissimulação.[21]

Primeiro tipo penal exposto na lei de branqueamento de capitais pátria, estabelece que ocultar ou dissimular bens nas suas mais diversas formas caracteriza o crime de lavagem de dinheiro.

Ocultar, na visão de Tigre Maia, *"... é o ato de esconder, de tornar algo inacessível às outras pessoas"*, o que não se confunde com a conduta de dissimular, a qual se caracteriza pelo encobrimento, disfarce, mascaramento, escamoteamento, fraude ou alteração da verdade.[22]

Blanco Cordero, quando se refere ao artigo 301, n.2 do Código Penal espanhol, que trata dos tipos penais de lavagem de dinheiro na modalidade ocultação, ressalta a dupla face da ocultação, podendo essa se dar de maneira ativa e até mesmo com uma conduta omissiva, desde que o agente tenha o dever jurídico de agir.[23]

No que se refere à dissimulação, válido é o argumento de Mendroni quando refere que esta é uma ocultação agregada de astúcia ou fingimento.[24]

---

[20] BADARÓ, Gustavo Henrique; BOTTINI, Pierpaolo Cruz, *Lavagem de Dinheiro, aspectos processuais e penais*. São Paulo. Revista dos Tribunais, 2012, p. 63.

[21] Art. 1º da Lei 9.613/98: Ocultar e dissimular a natureza, origem, localização, disposição, movimentação ou propriedade de bens, direitos, ou valores provenientes, direta ou indiretamente, de infração penal. Pena: reclusão, de três a dez anos ou multa.

[22] MAIA, Rodolfo Tigre, Lavagem de Dinheiro (lavagem de ativos provenientes de crime), Anotações às disposições criminais da Lei n. 9.613/98. São Paulo. Malheiros, 2007, p. 66.

[23] CORDERO, Isidoro Blanco, *El Delito de Blanqueo de Capitales*, Pamplona, Editora Thomson Reuters Aranzadi, 2012, p. 515/516: "La ocultación del art. 301 n. 2 CP consiste em acciones positivas de esconder, disfrazar o tapar, así como en callar lo que se conoce, para evitar el conocimiento por terceros, de la naturaleza, el origen, la ubicación, el destino, el movimiento o los derechos sobre los bienes procedentes de un delito o la propriedad de los mismos. (...) La doctrina admite que la ocultación puede realizarse bien mediante una conducta activa – esconder, disfrazar, o tapar –, o mediante una conducta pasiva – callar lo que se conoce.(...) Sin embargo, Rodriguez Mourullo opina que, para que la ocultación omissiva resulte penalmente relevante, há de existir un específico deber jurídico de obrar, esto es, de sacar a la luz lo que se conoce. Por tanto, cuando la acción que se omite sea adecuada en un juicio ex ante para impedir un resultado lesivo, serán admisibles conductas ocultadoras omissivas".

[24] MENDRONI, Marcelo Batlouni. *Crime de Lavagem de Dinheiro*. São Paulo, Atlas, 2013. p. 195.

Ainda, o tipo penal do *caput* do artigo 1º da Lei nº 9.613/98 pode ser classificado como delito formal pela maior parte da doutrina, embora consideremos como material, já que o cometimento dos verbos ocultar e dissimular causa resultados naturalísticos;[25] de forma livre (a ocultação e a dissimulação podem se dar por qualquer meio eleito pelo agente);[26] de ação múltipla, ou seja, praticando uma ou mais condutas descritas, comete o agente apenas um crime.[27]

Cerne da questão que aqui se discute é saber se o crime do artigo 1º, *caput*, da Lei nº 9.613/98 é crime instantâneo, instantâneo com efeitos permanentes ou permanente, no tocante ao tempo em que é cometido. Definir em qual classificação se encontra o delito de lavagem de dinheiro é definir quando se inicia a prescrição desse crime, se há a possibilidade de prisão em flagrante e ainda, se a lei penalmente mais grave pode incidir em condutas que se iniciaram antes de sua edição.

Sobre o tema, identificamos quatro correntes.

A primeira, majoritária, que define os crimes de ocultar e dissimular a natureza, origem, localização, disposição, movimentação ou propriedade de bens, direitos ou valores provenientes, direta ou indiretamente, de infração penal, como delito permanente. Conforme Maia: "As ações tipicamente relevantes (ocultar e dissimular) podem protrair-se no tempo e perpetuar a periclitação do bem jurídico, precipuamente protegido e, em consequência, podem caracterizar-se como hipóteses de crime permanente".[28] Também De Carli comunga desse entendimento:[29]

> Os delitos de resultado, quando seu efeito permanece durante certo espaço de tempo, podem ser divididos em delitos permanentes e delitos de estado. Como se explica Jescheck, nos delitos permanentes, a manutenção da situação antijurídica criada pela ação punível depende da vontade do autor, de modo que, em certa medida, o fato se renova permanen-

---

[25] DE CARLI, Carla Veríssimo; DE MORAES, Luciana Furtado, *Lavagem de Dinheiro: Prevenção e Controle Penal*, cit., p.197/198: "As opiniões da doutrina nacional dividem-se quanto a esse primeiro critério de classificação. A maioria vê o tipo do artigo 1º, *caput*, um delito formal ou um delito de mera atividade. Assim pensa Maia, embora admitindo que os núcleos verbais utilizados (ocultar ou dissimular) implicam a produção de resultados naturalísticos. O autor considera-os formais em razão de não ver possibilidade de se dissociarem-se cronologicamente esses resultados das ações que os causaram. (...) Não vemos dificuldade, nesse ponto, em considerar o tipo do caput como um tipo de resultado. Da mesma forma que no tipo de homicídio, o caput do art. 1º descreve uma conduta que já encerra, em si, um resultado naturalístico (matar é uma ação que implica no resultado morte; ocultar e dissimular são ações que implicam no resultado ocultação e dissimulação)".

[26] REZENDE, Bruno Titz de, *Lavagem de Dinheiro*, São Paulo, Saraiva, 2013, p. 48.

[27] Idem, p. 48.

[28] MAIA, Rodolfo Tigre, Lavagem de Dinheiro (lavagem de ativos provenientes de crime), Anotações às disposições criminais da Lei n. 9.613/98, *cit*. p. 83.

[29] DE CARLI, Carla Veríssimo; DE MORAES, Luciana Furtado, *Lavagem de Dinheiro: Prevenção e Controle Penal*, cit . p. 198.

temente. É o que ocorre no tipo de ocultação ou dissimulação onde a situação antijurídica se mantém pela vontade do autor, caracterizando um crime permanente.

Na mesma linha, Mendroni, referindo-se aos verbos ocultar e dissimular, aduz que: "Ambas as condutas admitem sustentação através do decurso do tempo, é dizer, viabilizam a sua manutenção ou permanência com o transcurso do tempo".[30]

Por sua vez, Badaró e Bottini entendem que o crime de lavagem de dinheiro previsto no *caput* do artigo 1º da Lei Antilavagem é instantâneo de efeitos permanentes.[31] Os autores fazem um apanhado das correntes que discutem qual seria o bem jurídico protegido pelo tipo incriminador de lavagem de capitais para definirem qual a sua classificação consumativa. Referem, em suma, que qualquer que seja a teoria adotada (proteção do mesmo bem jurídico da infração penal antecedente, ordem econômica ou administração da justiça), o crime de branqueamento de capitais seria instantâneo com efeitos permanentes.

Ainda sendo, para Badaró e Bottini:

> E, pelo prisma objetivo, nos parece que os crimes de *lavagem de dinheiro* na forma do *caput*, têm caráter *instantâneo*. O ato de ocultar ou dissimular consuma o delito no instante de sua prática. A manutenção do bem *oculto* ou *dissimulado* é mera decorrência ou desdobramento do ato inicial. Trata-se de crime *instantâneo de efeitos permanentes*, no qual a consumação cessa no instante do ato, mas seus efeitos perduram no tempo.[32]

Em termos doutrinários, existe uma terceira posição, intermediária entre as citadas, defendida por Bruno Titz de Rezende, na qual ele afirma ser o crime de reciclagem de dinheiro, em regra, permanente. Porém, há situações excepcionais em que este pode se tornar instantâneo, a depender do caso concreto.[33]

Por fim, uma quarta posição é levantada por Renato Brasileiro de Lima. Alvitra Lima que se poderia analisar a possibilidade de aplicar ao crime de lavagem de capitais a mesma posição da qual se têm valido os Tribunais no tocante à figura do estelionato previdenciário (artigo 171, § 3º, do Código Penal), dependendo da atuação do sujeito ativo do crime:

> Nesse caso, se a fraude for perpetrada pelo próprio agente que recebe os benefícios indevidos, cuida-se de crime permanente, porquanto a lesão contínua pode ser por ele interrompida

---

[30] MENDRONI, Marcelo Batlouni. *Crime de Lavagem de Dinheiro*, cit. p. 195.

[31] BADARÓ, Gustavo Henrique; BOTTINI, Pierpaolo Cruz, *Lavagem de Dinheiro, aspectos processuais e penais*, cit. p. 76/79.

[32] BOTTINI, op. cit. p. 77.

[33] O autor em questão cita o seguinte exemplo: "é registrado, em dado escritura pública, valor de venda de imóvel acima ao realmente pago, sendo a diferença a maior utilizada pelo vendedor para conferir origem a dinheiro proveniente de infração penal – o traficante A vende imóvel que possuía por R$ 200.000,00, mas o negócio é registrado em cartório pelo preço de R$ 300.000,00, conferindo origem lícita a R$ 100.000,00 advindos do tráfico de drogas". REZENDE, Bruno Titz de, *Lavagem de Dinheiro* op. cit. p. 50.

a qualquer momento com a simples suspensão do pagamento. Todavia, se a fraude é perpetrada por terceiro, este não mais possui o domínio permanente dos fatos, razão pela qual, em relação a ele, trata-se de crime instantâneo de efeitos permanentes. Trazendo esse raciocínio para a lavagem de capitais, poder-se-ia concluir então que o agente que oculta ou dissimula a origem de valores ilícitos para seu próprio usufruto e benefício, detendo o domínio permanente dos atos de mascaramento, pratica crime permanente, ao passo que o terceiro que concorre para a prática da lavagem, sem, todavia, deter qualquer poder de interrupção dos atos de escamoteamento, pratica crime instantâneo de efeitos permanentes.[34]

No que se refere aos precedentes de nossas Cortes, a jurisprudência ainda não analisou o tema de maneira conclusiva. Basta ver que no Inquérito 2471, que tramita no Supremo Tribunal Federal, no ato de recebimento de ação penal, afirmou-se que, como o Pretório Excelso ainda não havia definido a natureza do crime de lavagem de dinheiro, se permanente ou instantâneo, não poderia reconhecer naquele momento a prescrição.[35]

Contudo, quando o Superior Tribunal de Justiça analisa o verbo "ocultar" nos tipos penais espalhados pelo ordenamento jurídico pátrio, vê-se o crime como permanente. Veja-se um exemplo:

PENAL E PROCESSUAL PENAL. *HABEAS CORPUS* SUBSTITUTIVO DE RECURSO ORDINÁRIO. ART. 180, *CAPUT*, § 1º E § 2º, DO CÓDIGO PENAL. ATIPICIDADE DA CONDUTA. INCOMPATIBILIDADE ENTRE A PRISÃO CAUTELAR E A EVENTUAL CONDENAÇÃO. TESES NÃO APRECIADAS PELO TRIBUNAL *A QUO*. SUPRESSÃO DE INSTÂNCIA. PRISÃO EM FLAGRANTE. ESTADO FLAGRANCIAL. CRIME PERMANENTE. LIBERDADE PROVISÓRIA. SEGREGAÇÃO CAUTELAR DEVIDAMENTE FUNDAMENTADA NA GARANTIA DA ORDEM PÚBLICA. PECULIARIDADES DO CASO. REITERAÇÃO DELITIVA.
I – Tendo em vista que as teses de atipicidade da conduta e de incompatibilidade entre a prisão cautelar e a eventual condenação não foram analisadas pela autoridade apontada como coatora, fica esta Corte impedida de examinar tais alegações, sob pena de supressão de instância (Precedentes).
II – Em razão da existência de condutas previstas no art. 180, § 1º, do CP, tais como ocultar ou ter em depósito, configurarem crime permanente, resta caracterizado o estado flagrancial do paciente (Precedentes).
(...)
Ordem parcialmente conhecida e, nesta parte, denegada.[36]

Concordamos com a primeira posição, qual seja, que o crime de lavagem de dinheiro, na modalidade exposta no *caput* do artigo 1º da Lei

---

[34] LIMA, Renato Brasileiro de. *Legislação criminal especial comentada*. Niterói, RJ. Impetus, 2013. p. 338
[35] STF. Inq 2471, Rel. Ministro RICARDO LEWANDOWSKI, Tribunal Pleno, j. 29/09/2011.
[36] STJ, HC 97.826/SP, Rel. Ministro FELIX FISCHER, QUINTA TURMA, j. 17/06/2008, DJe 01/09/2008. Da mesma forma, o crime de ocultação de cadáver foi tido pelo STJ como permanente: REsp 900.509/PR, Rel. Ministro FELIX FISCHER, QUINTA TURMA, j. 26/06/2007, DJ 27/08/2007. Há outros vários julgados da mesma Corte considerando o verbo ocultar como designador de crime permanente: HC 57.971/SP, Rel. Ministro FELIX FISCHER, QUINTA TURMA, j. QUINTA TURMA, j. 02/05/2002, DJ 03/06/2002, p. 217, RHC 4.642/SP, Rel. Ministro CID FLAQUER SCARTEZZINI, QUINTA TURMA, j. 21/06/1995, DJ 21/08/1995, p. 25380.

nº 9.613/98, é permanente. Inicialmente pela própria descrição do tipo objetivo, já que a ideia de ocultação e dissimulação pressupõe um estado de permanência, até que se descubra o objeto. Ainda, tanto a doutrina quanto a jurisprudência sempre consideraram o verbo *ocultar*, em relação a outros tipos penais, como permanente. Pensar ao contrário somente no crime de lavagem de dinheiro geraria contradição dentro do subsistema de direito penal (considere-se sistema todo ordenamento jurídico), atingindo a lógica interna deste.[37] Também não podemos deixar ao talante do caso concreto ou do sujeito ativo (e sua participação) a classificação do delito como permanente ou não, pois isso seria fonte de insegurança jurídica. Ademais, pensamos que se deve avaliar o crime em si como permanente ou instantâneo, de acordo com sua natureza típica, e não conforme a participação dos agentes.

Art. 1º, § 1º: uso de meios para ocultação ou dissimulação[38]

No parágrafo referido, há uma diferença em relação ao *caput*, qual seja, aqui se exige elemento subjetivo específico de intenção ou finalidade de ocultar ou dissimular a utilização de bens, direitos e valores advindos das infrações penais antecedentes, o que, no outro tipo penal estudado, não se mostra necessário.[39] Outra diferença do § 1º é que as condutas criminosas aqui previstas incidem sobre bens, direitos e valores advindos diretamente das infrações penais antecedentes, ao passo que as condutas previstas na cabeça do artigo incidem sobre patrimônio relacionado de maneira direta ou indireta com os delitos anteriores.[40]

O inciso I deste parágrafo, que trata da conversão dos ativos ilícitos em lícitos refere-se a qualquer operação (compra e venda de bens com o dinheiro sujo, por exemplo) que se destine a tal finalidade.

No que tange ao tempo de sua consumação, temos que tal delito é instantâneo, ou seja, realizada a conduta de conversão do bem ilícito em lícito para ocultar ou dissimular a sua origem espúria, está consumado o crime.[41] Contudo há posicionamento contrário, referindo que todos os

---

[37] "Os diferentes ramos do Direito constituem subsistemas fundados em uma lógica interna e na compatibilidade externa com os demais subsistemas". Barroso, Luís Roberto. *Curso de Direito Constitucional Contemporâneo*. São Paulo: Saraiva, 2011.p. 318.

[38] § 1º Incorre na mesma pena quem, para ocultar ou dissimular a utilização de bens, direitos ou valores provenientes de infração penal: (Redação dada pela Lei nº 12.683, de 2012) I – os converte em ativos lícitos; II – os adquire, recebe, troca, negocia, dá ou recebe em garantia, guarda, tem em depósito, movimenta ou transfere; III – importa ou exporta bens com valores não correspondentes aos verdadeiros.

[39] DE CARLI, Carla Veríssimo; DE MORAES, Luciana Furtado, *Lavagem de Dinheiro: Prevenção e Controle Penal, cit.* p. 199.

[40] REZENDE, Bruno Titz de, *Lavagem de Dinheiro, cit.* p. 96

[41] REZENDE, op. cit. p. 98. NUCCI, Guilherme de Souza: *Leis penais e processuais penais comentadas.* São Paulo. Revista dos Tribunais, 2007. p. 719.

delitos previstos na lei de lavagem de dinheiro seriam permanentes, já que ocasionam uma prolongada lesão ao sistema financeiro e econômico.[42] Ocorre que o verbo do tipo denota uma ação imediata, que se esgota por si só: converter. Ainda, caso haja a conversão e se consiga de fato ocultar ou dissimular a origem ilícita dos bens, haverá não mais o crime do artigo 1º, § 1º, mas o delito do art. 1º, *caput*, da Lei Antilavagem, esse sim permanente, conforme já exposto.[43]

Em relação ao inciso II do § 1º do artigo ora examinado, este refere que incorrerá em crime aquele que, com o fim de ocultar ou dissimular a utilização de bens, direitos ou valores provenientes de infração penal, os adquire, recebe, troca, negocia, dá ou recebe em garantia, guarda, tem em depósito, movimenta ou transfere.

Aqui, como o tipo penal é misto alternativo (praticando um ou mais verbos do tipo, comete-se apenas um crime), deve-se analisar cada verbo nuclear para saber se o crime é permanente ou não. Os verbos "guardar" e "ter em depósito" são permanentes, enquanto os demais são de consumação instantânea.[44]

Ainda, o inciso III do § 1º incrimina a conduta de importar ou exportar bens com valores não correspondentes aos verdadeiros para fins de ocultar ou dissimular a utilização de patrimônio ilícito. Aqui, da mesma forma, o delito é instantâneo, já que a consumação se dá em momento certo, qual seja, quando da importação ou exportação.[45]

Art. 1º, § 2º, inciso I – Utilização na atividade econômica de patrimônio penalmente ilícito.[46]

Apontado por Baltazar Junior como caracterizador da fase de integração do crime de lavagem de dinheiro,[47] esse tipo penal incrimina as

---

[42] BARROS, Marco Antônio de, *apud* REZENDE, op. cit. p. 98.

[43] DE CARLI, op. cit. p. 203.

[44] REZENDE, Bruno Titz de, *Lavagem de Dinheiro*,. cit. p. 104. NUCCI, Guilherme de Souza: *Leis penais e processuais penais comentadas*, cit. p. 719/720. BADARÓ, Gustavo Henrique; BOTTINI, Pierpaolo Cruz, *Lavagem de Dinheiro, aspectos processuais e penais*, cit., p. 107/108. Ressalve-se aqui a posição contrária, mencionada na nota nº 37.

[45] REZENDE, *cit.* p. 158. NUCCI, *cit.* p. 720. Ressalve-se aqui a posição contrária, mencionada na nota nº 37.

[46] § 2º Incorre, ainda, na mesma pena quem: I – utiliza, na atividade econômica ou financeira, bens, direitos ou valores provenientes de infração penal (Redação dada pela Lei nº 12.683, de 2012); Aqui ainda, cabe referir que a nova redação deste inciso, alterada pela lei antes citada, retirou a expressão "que sabe serem provenientes de qualquer dos crimes antecedentes referidos neste artigo", o que permite a interpretação de que, atualmente, cabe a figura do dolo eventual neste tipo incriminador. Nesse sentido, BOTTINI, op. cit. p. 112; REZENDE, op. cit. p. 118/119.

[47] BALTAZAR JUNIOR, José Paulo. *Crimes Federais*. Porto Alegre. Livraria do Advogado. 2011. p. 787. Ainda, o mesmo autor, referindo modelo mencionado pelo GAFI, divide as fases de realização do crime de lavagem de dinheiro em três: Colocação, em que ocorre a separação física do dinheiro de sua origem ilícita; Dissimulação, na qual há sucessivas transações, a fim de apagar o rastro do

condutas de utilização, na atividade econômica ou financeira, de bens, direitos ou valores provenientes de infração penal.

Para a maioria da doutrina, não é necessária a intenção de ocultação ou dissimulação para tipificar o crime em análise.[48]

Tendo em vista que o verbo do tipo em questão é utilizar, é forçoso admitir que se deverá analisar de que forma se deu a utilização do capital sujo. Ao contrário do § 1º, que refere várias maneiras de utilização, no § 2º do artigo 1º da Lei nº 9.613/98 não há verbos nucleares que a explicitem. Assim, dependendo da situação, poderemos ter um crime instantâneo ou permanente, a depender da forma que foram usados os bens ilícitos.[49]

Art. 1º, § 2º, inciso II – Participação em entidade tendo conhecimento de que a atividade principal ou secundária desta seja o cometimento dos crimes previstos na Lei nº 9.613/98.[50]

Esse inciso pretende criar uma espécie de crime de quadrilha ou bando ligado aos delitos de lavagem de dinheiro.[51] Tipo penal bastante criticado pela doutrina,[52] tem-se como de consumação permanente, enquanto o agente fizer parte do grupo, associação ou escritório destinado a praticar atos de lavagem de dinheiro, tendo conhecimento da prática desses.[53]

---

dinheiro sujo; Integração, onde há reinserção do capital já lavado na economia. Nesse sentido, *ibidem*, p. 773.

[48] Nesse sentido: MORO, Sérgio Fernando, *Crime de Lavagem de Dinheiro*, cit. p. 43/45; REZENDE, op. cit. p. 118; MAIA, Rodolfo Tigre, *Lavagem de Dinheiro (lavagem de ativos provenientes de crime)*, Anotações às disposições criminais da Lei n. 9.613/98, cit. p. 100. Em sentido contrário: BOTTINI, op. cit. p. 113.

[49] NUCCI, op. cit. p. 721.

[50] § 2º Incorre, ainda, na mesma pena quem: I (...) II participa de grupo, associação ou escritório tendo conhecimento de que sua atividade principal ou secundária é dirigida à prática de crimes previstos nesta Lei.

[51] BALTAZAR JUNIOR, José Paulo. *Crimes Federais*. Porto Alegre, cit. p. 788.

[52] "Em primeiro lugar por alicerçar-se na conduta de participar, que tecnicamente implicaria uma inegável restrição da pertinência subjetiva do preceptivo, já que diante da atual dicção do art. 29 do Código Penal é possível optar-se no concurso de agentes pela teoria do domínio do fato ou teoria objetiva material-final, distinguindo-se entre autor e partícipe: aquele dirige a atividade criminosa, este dela participa. Aqui entretanto, o termo foi empregado como caudatário da teoria monista do concurso de agentes, consagrada no caput do referido art. 29, e utilizado no sentido genérico de integrar, fazer parte, etc. Em segundo lugar, os elementos normativos grupo e escritório em especial este último, que não encontra similar em nossa legislação penal, consubstanciam conceitos ditos juridicamente indeterminados, de utilização inapropriada na explicação das normas penais incriminadoras, por demasiadamente abertos e violadores da função de garantia do tipo, eis que não concedem ao aplicador da lei qualquer parâmetro objetivo para fixar o quantitativo mínimo de agentes necessários (e.g. duas ou mais pessoas etc.) à prática do delito associativo". MAIA, Rodolfo Tigre, *Lavagem de Dinheiro (lavagem de ativos provenientes de crime)*, Anotações às disposições criminais da Lei n. 9.613/98, cit. p. 101/102.

[53] REZENDE, Bruno Titz de, *Lavagem de Dinheiro*, cit. p. 120. NUCCI, Guilherme de Souza: *Leis penais e processuais penais comentadas*, cit. p. 721.

Classificados os tipos incriminadores da Lei nº 9.613/98 de acordo com o momento de sua consumação, é mister que faça a análise da incidência da Lei nº 12.683/12, no tocante à supressão do rol dos crimes antecedentes, em cada um daqueles.

4. Tipificação do crime de lavagem de dinheiro oriundo de infrações penais antecedentes que não constavam no rol taxativo previsto no artigo 1º da Lei nº 9.613/98 após a vigência da Lei nº 12.683/12

O tema é instigante, porém recente, tornando-se um desafio traçar um posicionamento hermético a respeito do assunto, já que poucos autores analisaram a questão.

A situação posta para debate é a seguinte: caso um agente tenha cometido uma infração penal não prevista no rol taxativo dos crimes antecedentes previsto no artigo 1º da Lei 9.613/98 antes de 10 de julho de 2012 – data em que passou a ter vigência a Lei nº 12.683/12, supressora deste elenco – e tenha ocultado ou dissimulado os valores ilícitos advindos da prática delituosa também antes da mesma data acima referida, terá ele cometido o crime de lavagem de dinheiro? Repise-se que, de acordo com o nosso entendimento, para se responder essa questão, é essencial a classificação anterior dos delitos, no que tange ao tempo de sua consumação (se crime permanente ou instantâneo).

Há duas correntes a respeito do tema.

A primeira sustenta que, tratando-se o crime de ocultação ou dissimulação do capital ilícito um delito instantâneo de efeitos permanentes, a conduta acima não seria típica. Conforme Badaró e Bottini:

> (...) parece mais adequada do ponto de vista político criminal a caracterização do crime como *instantâneo de efeitos permanentes*. Nessa hipótese, o injusto estará consumado com o ato de *ocultação*, e sobre ele incidirão as normas vigentes à época dos fatos, da conduta e do *dolo*. As alterações legislativas posteriores não abarcam esse comportamento pretérito (a não ser as favoráveis ao réu) mesmo que permaneçam os efeitos do escamoteamento inicial.[54]

Logo, segundo esses autores, se o agente tivesse cometido um crime de sonegação fiscal e tivesse lavado seu dinheiro antes de 10 de julho de 2012, não haveria crime. Ressalve-se que os próprios autores supramencionados sustentam que qualquer outro ato de ocultação ou dissimulação posterior àquela data acarretaria o cometimento do crime de lavagem de dinheiro.[55]

---

[54] BADARÓ, Gustavo Henrique; BOTTINI, Pierpaolo Cruz, *Lavagem de Dinheiro, aspectos processuais e penais*, cit. p. 79.
[55] BOTTINI, op. cit., p. 79/80.

Em contrapartida, a outra corrente sustenta que o crime de reciclagem de dinheiro é permanente, e, em sendo assim, naqueles casos de ocultação ou dissimulação de patrimônio ilícito obtido de qualquer infração penal, ainda que anterior à data de vigência da Lei n° 12.683/12, haveria o respectivo delito.

Lima narra esse segundo entendimento:

> Compreendida a lavagem de capitais como espécie de crime permanente, mesmo que a infração penal antecedente tenha sido cometida em momento anterior à entrada em vigor da Lei nº 12.683/12 (10 de julho de 2012), responderá o agente normalmente pelo crime do art. 1º da Lei 9.613/98 caso a ocultação venha a se protrair no tempo após a vigência das alterações da Lei de lavagem. Neste sentido é o teor da Súmula nº 711 do STF, segundo a qual *a lei penal mais grave aplica-se ao crime continuado ou ao crime permanente, se a sua vigência é anterior à cessação da continuidade ou da permanência.* Destarte, por mais que, à época da prática delituosa, a infração antecedente não constasse do rol de precedentes (v.g. crimes tributários), o crime de lavagem de capitais restará tipificado na hipótese de a ocultação desses valores ser mantida na vigência da Lei nº 12.683/12, pouco importando o fato de a infração antecedente estar prescrita, vez que a extinção da punibilidade em relação a tal crime não afeta a lavagem de capitais a ele relacionada.[56]

Da mesma forma, conforme referido anteriormente, Maia entende que os crimes de lavagem de dinheiro são permanentes. Ainda menciona especificamente os efeitos desse entendimento no que tange à sucessão de leis penais no tempo:

> No que se refere à sucessão de leis penais no tempo, na hipótese da edição de lei penal nova mais severa, será esta aplicável ao crime permanente cujo processo executivo iniciou-se na vigência da lei anterior mas cuja consumação ainda se prolongou já na vigência da *novatio legis in pejus?* A questão deve ser enfocada levando-se em conta a relevância constitucional do *favor libertatis,* expresso na regra geral da irretroatividade da lei penal e no conceito jurídico-penal de tempo do crime (art. 4º do Código Penal).
> (...)
> Leciona a doutrina brasileira, na hipótese de edição de *lex gravior* (*e.g. a* que exacerba a reprimenda anteriormente prevista ou cria novas hipóteses de agravação da pena), aos moldes do que ocorre também com o crime continuado, que "aplica-se a lei nova, pois sob seu império continuou sendo praticada a ação" (Fragoso, 1986:108); e que a cada momento de tal permanência está presente e militando, por ação ou omissão, a vontade do agente (ao contrário do que ocorre nos crimes instantâneos, com efeitos permanentes), nada importando assim que o "estado de permanência" se haja iniciado no regime da lei antiga, ou que esta incriminasse, ou não, o fato (Hungria, 1963:121).[57]

Embora a questão dos efeitos da Lei supressora do rol taxativo dos crimes antecedentes na lei de reciclagem de capitais ainda não tenha chegado aos tribunais, é interessante analisar uma situação que é análoga a essa: a incidência da lei de combate ao branqueamento de dinheiro

---

[56] LIMA, Renato Brasileiro de. *Legislação criminal especial comentada,* cit. p. 337.
[57] MAIA, Rodolfo Tigre, *Lavagem de Dinheiro (lavagem de ativos provenientes de crime), Anotações às disposições criminais da Lei n. 9.613/98,* cit. p. 84/85

(n° 9.613/98), com sua redação original, em relação a fatos anteriores a sua vigência, que se deu em 04 de março de 1998.

Em relação à jurisprudência, o Supremo Tribunal Federal, no já mencionado Inquérito 2471, entendeu por receber denúncia contra Deputado Federal, na data de 29 de setembro de 2011, por atos de lavagem de dinheiro praticados antes da vigência da Lei n° 9.613/98 (04 de março de 1998), cujos valores ilícitos estariam ocultos no exterior. Frise-se que, conforme já referido, nessa mesma decisão, a Suprema Corte, embora tenha recebido a exordial acusatória, não definiu qual corrente adotaria em relação ao tempo da consumação do crime de lavagem de capitais.[58]

No que concerne às demais Cortes do país, há julgados dos Tribunais Regionais Federais da 3ª e da 5ª Regiões reconhecendo o crime de lavagem de dinheiro como permanente, aplicando, por esse fundamento, a Lei n° 9.613/98 mesmo a fatos pretéritos da entrada em vigor da citada norma.[59]

No primeiro julgado informado, do Tribunal Regional Federal da 3ª Região, cujo crime antecedente foi o tráfico de drogas, o réu havia adquirido patrimônio considerável antes da vigência da Lei n° 9.613/98. Sobre isso a relatora se manifestou da seguinte forma:

> Entretanto, a par disso, verifica-se que na situação em apreço, as provas pré-constituídas constantes dos autos, dão conta da presença de indícios de que, embora as condutas penalmente imputadas ao paciente tenham tido início antes do advento da Lei nº 9.613/98 (março de 1998), teria ocorrido sua protração no tempo.
> É que, conforme já mencionado no presente voto, em Abril e Maio de 1998, o paciente ainda contava com uma renda incompatível e injustificável, consoante denunciam seus extratos bancários e as operações e negócios realizados, a evidenciar, em princípio, que nesse mesmo período o paciente somava, em seu orçamento financeiro, gastos de consideráveis valores, e por conseguinte, o caráter permanente dos crimes ora realizados.
> (...)
> "E é justamente essa natureza permanente que se pode verificar nos tipos penais da Lei nº 9.613/98, mais especificamente aqueles elencados no artigo primeiro, como é o caso de ocultação e dissimulação, cujas ações podem protrair-se no tempo e perpetuar a periclitação do bem jurídico precipuamente protegido, e, em consequência, podem caracterizar, justamente, a hipótese de crime permanente.
> (...)
> "Assim é que não há nos autos prova cabal de que a atividade criminosa imputada ao paciente tenha sido levada a efeito, tão somente, em período anterior à vigência da Lei 9.613/98.
> "Portanto, pelas novas provas trazidas neste *habeas corpus* não é dado afirmar que os princípios da reserva legal e da anterioridade da lei penal tenham sido violados, posto não constar dos autos, de modo indubitável, que as condutas penalmente puníveis imputadas

---

[58] LIMA, Renato Brasileiro de. *Legislação criminal especial comentada*, cit. p. 338.
[59] TRF-3ª, Habeas Corpus n° 1999.03.00.016717-9/MS, Relatora: Suzana Camargo, 2000; TRF-5°, Apelação Criminal n° 5502 – RN (2007.84.00.006633-0), Relator Cesar Carvalho, 2008.

ao paciente não tenham se protraído no tempo, após a vigência da lei 9.613/98, sendo que, para um exame pleno da questão, indispensável seria a ocorrência de dilação probatória, inviável nessa sede sumária.

Note-se que, embora em sede de *habeas corpus*, a tese defendida pela julgadora foi a de que o crime de lavagem de dinheiro é permanente, não ferindo o princípio da anterioridade penal a incriminação de condutas que, embora tenham se iniciado antes da vigência da Lei n° 9.613/98, protraíram-se no tempo até meses após a produção de efeitos da norma em questão.

Da mesma forma se posicionam os julgadores do segundo acórdão referido, do Tribunal Regional Federal da 5ª Região, neste caso, em sede de apelação em pedido de restituição de bens sequestrados:

> É que o crime de lavagem de dinheiro possui natureza de delito permanente, de modo que, ainda que os bens tenham sido adquiridos antes da vigência daquela lei, desde que tenham sido usados permanentemente com vistas ao branqueamento (ocultação e dissimulação), como ocorreu no caso em tela, incidem os termos daquele diploma legal

Em sentido contrário, há acórdão do Tribunal Regional Federal da 4ª Região, citando ainda precedente da 3ª Região, embora reconhecendo o caráter de crime permanente do art. 1° da Lei n° 9.613/98, afirmou que a lei não poderia retroagir, já que as condutas criminosas teriam se dado antes de 1998.[60] Nesse julgado, o crime antecedente, previsto no artigo 22, parágrafo único, da Lei n° 7.492/86 se deu em 1996, já que as remessas ilegais de divisas para o exterior ocorreram na mesma data. Esse foi o entendimento dos julgadores, no presente caso:

> Por outro lado, denota-se a verossimilhança da tese referente à irretroatividade da *lex gravior*. Se é certo que o referido tipo penal, nas condutas representadas pelos verbos nucleares "ocultar" ou "dissimular", pode ser considerado de natureza "permanente", não menos correto é que tal ocultação ou dissimulação só passou a ser crime a partir da entrada em vigor da Lei 9.613/98. Na espécie, todas as operações noticiadas na exordial se deram antes de março de 1998. O último fato descrito na peça acusatória ocorreu no dia 17 de dezembro de 1996, com a aquisição da área de terras nº 10.521. Diante disso, na época da compra, embora já existisse o crime antecedente, o ato de adquirir bens com dinheiro proveniente do ilícito não configurava lavagem de dinheiro, revelando-se penalmente atípico. Portanto, o decreto condenatório ofende o preceito insculpido no art. 5º, XL, da Magna Carta, bem como no art. 2º do Código Penal. Assim, embora o referido crime seja de caráter "permanente", protraindo-se no tempo a sua consumação, tal entendimento só é aplicável para os fatos ocorridos após a vigência da Lei nº 9.613/98, sob pena de afronta ao princípio constitucional da irretroatividade da norma penal mais severa.

Com o devido respeito, a decisão acima não se mostra a mais adequada, pois, embora reconheça que o crime de lavagem de dinheiro, nas modalidades de ocultação e dissimulação, seja permanente, no caso con-

---

[60] TRF-4ª, Apelação Criminal n° 2000.71.10.003347-0/RS, Relator: Élcio Pinheiro de Castro, 2000.

creto, tratou os fatos como se fossem crimes instantâneos. Ora, se os bens oriundos do crime de evasão de divisas permanecem ocultos e/ou dissimulados após a vigência da Lei n° 9.613/98, já se ingressou na esfera de tipicidade penal do seu artigo 1°, *caput*. E, nesse caso, não se feriu o princípio da irretroatividade penal justamente pela natureza do crime permanente. Outra seria a situação se entendido o crime de lavagem de capitais como instantâneo.

Pelo que se vê, a jurisprudência é controversa a respeito da incidência da Lei de Lavagem de Dinheiro em relação a fatos que se deram ou se iniciaram antes de 1998. Concordamos, pois, com os posicionamentos que entendem incidir os tipos incriminadores da Lei n° 9.613/98 caracterizados pela permanência, naquelas condutas que tiveram início antes de 04 de março 1998, mas que se protraíram no tempo, chegando ao período de vigência da Lei de reciclagem de valores.

Nossa posição é a de que a Lei n° 12.683/12, no tocante à supressão do rol taxativo dos crimes antecedentes, é *lex gravior*, tratando-se de norma que agrava a situação do sujeito ativo do crime de lavagem de dinheiro. Assim, em relação àqueles tipos penais previstos na Lei n° 9.613/98 classificados como permanentes (*v.g.* o *caput* do artigo 1°, que trata da ocultação ou dissimulação do capital ilícito), ainda que o ato de ocultação ou dissimulação tenha se iniciado em data anterior à da vigência da Lei n° 12.683/12 – 10 de julho de 2012 –, e que a infração penal antecedente não constasse no rol taxativo, agora suprimido, haverá o crime de lavagem de capitais.

É evidente que esse entendimento deve ser aplicado somente naqueles crimes previstos na Lei n° 9.613/98 que tenham, de fato, natureza permanente, conforme análise anteriormente feita. São eles: art. 1°, *caput*; art. 1°, § 1°, inciso II nas modalidades de guardar e ter em depósito; art. 1°, § 2°, inciso I, a depender da maneira com que é utilizado o capital ilícito na atividade econômica ou financeira; art. 1°, §2°, inciso II.

5. Conclusão

Em geral, toda a lei nova cria, inicialmente, controvérsias acerca de sua aplicação. Não poderia ser diferente no tocante ao complexo tema da lavagem de dinheiro. Porém, tem-se sempre que procurar conformar um novo texto legislativo ao ordenamento jurídico de modo a lhe dar a máxima eficácia visando à proteção da sociedade, porém respeitando direitos e garantias fundamentais da pessoa.

A intenção de elaborar esse singelo trabalho é, mais que trazer conclusões herméticas, oportunizar o debate sobre esse tema que envolve a aplicação das alterações trazidas pela Lei nº 12.683/12 à 9.613/98, no tocante à supressão do rol taxativo dos crimes antecedentes frente ao direito intertemporal, especificamente em relação ao princípio da irretroatividade penal.

Assim, de acordo com o que foi analisado, adotam-se as seguintes conclusões:

a) É importante, para fins de verificação da incidência da Lei nº 12.683/12, no que concerne à supressão do rol taxativo dos crimes antecedentes que originam o crime de lavagem de dinheiro, estudar os institutos de aplicação da lei penal no tempo;

b) Especificamente, a fim de saber se é aplicável a Lei Antilavagem, com sua nova redação trazida pela Lei nº 12.683/12, em relação ao capital ilícito oriundo de infrações penais antecedentes que não constavam no rol taxativo previsto na redação original da Lei nº 9.613/98 e que se deram antes de 10 de julho de 2012 (data em que passou a ter vigência a Lei nº 12.683/12), deve-se responder se os crimes previstos na Lei de Lavagem de Dinheiro são permanentes ou instantâneos;

c) Os crimes previstos na Lei nº 9.613/98, no art. 1º, *caput*; art. 1º, §1º, inciso II nas modalidades de guardar e ter em depósito e art. 1º, §2º, inciso II, são permanentes. Assim, praticadas tais condutas mesmo antes da vigência da Lei nº 12.683/12, se perdurando após a entrada em vigor desta, incorrem os agentes nos crimes previstos nas normas citadas. Em relação ao art. 1º, §2º, inciso I, ter-se-á de analisar a maneira com que é utilizado o capital ilícito na atividade econômica ou financeira, a fim de verificar se a conduta ingressou na esfera da tipicidade delitiva.

Referências

BADARÓ, Gustavo Henrique; BOTTINI, Pierpaolo Cruz. *Lavagem de Dinheiro, aspectos processuais e penais*. São Paulo. Revista dos Tribunais, 2012.

BALTAZAR JUNIOR, José Paulo. *Crimes Federais*. 7. ed. Porto Alegre: Livraria do Advogado, 2011.

BARROS, Marco Antônio de. *Lavagem de Capitais e Obrigações Civis Correlatas*: com comentários artigo por artigo, à Lei nº 9.613/98. 2. ed. Paulo: Revistas dos Tribunais, 2007.

BARROSO, Luís Roberto. *Curso de Direito Constitucional Contemporâneo*. 3. ed. São Paulo: Saraiva, 2011.

BITENCOURT, Cezar Roberto. *Tratado de Direito Penal, Parte Geral*, vol. 1. 19. ed. São Paulo. Saraiva, 2013.

BLANCO CORDERO, Isidoro. *El Delito de Blanqueo de Capitales*. 3. ed. Pamplona: Thomson Reuters Aranzadi, 2012.

BRASIL. Constituição Federal de 03 de outubro de 1988. *Planalto*. Disponível em: www.planalto.gov.br/ccivil_03/Constituicao/Constituicao.htm. Acessado em 14.12.2013.

———. Lei nº 9.613/98, de 03 de março de 1998. *Planalto*. Disponível em: http://www.planalto.gov.br/ccivil_03/Leis/L9613.htm. Acessado em 13.12.2013.

———. STF. Súmula 711. Sessão plenária de 24.09.2003. DJ de 9/10/2003, p. 6; DJ de 10/10/2003, p. 6; DJ de 13/10/2003, p. 6. Disponível em http://www.stf.jus.br/portal/jurisprudencia/listarJurisprudencia.asp?s1=%28%28%22crime+permanente%22%29%29+NAO+S%2EFLSV%2E&base=baseSumulas&url=http://tinyurl.com/kzlnp63 . Acesso em 14.12.2013.

———. STF. Inq 2471, Relator(a): Min. RICARDO LEWANDOWSKI, Tribunal Pleno, julgado em 29/09/2011. Disponível em: http://www.stf.jus.br/portal/jurisprudencia/listarJurisprudencia.asp?s1 %282471%2ENUME%2E+OU+2471%2EACMS%2 %29&base=baseAcordaos&url=http://tinyurl.com/b36kma5. Acesso em 13 dez. 2013.

———. STJ, HC 97.826/SP, Rel. Ministro FELIX FISCHER, QUINTA TURMA, julgado em 17/06/2008, DJe 01/09/2008. Disponível em https://ww2.stj.jus.br/revistaeletronica/ita.asp?registro=200703102032&dt_publicacao=01/09/2008 . Acesso em 13 dez. 2013.

———. STJ, REsp 900.509/PR, Rel. Ministro FELIX FISCHER, QUINTA TURMA, julgado em 26/06/2007, DJ 27/08/2007. Disponível em: https://ww2.stj.jus.br/revistaeletronica/ita.asp?registro=200602245931&dt_publicacao=27/08/2007. Acesso em 13 dez. 2013.

———. STJ, HC 57.971/SP, Rel. Ministro FELIX FISCHER, QUINTA TURMA, julgado em 15/08/2006, DJ 20/11/2006, p. 348. Disponível em: https://ww2.stj.jus.br/revistaeletronica/ita.asp?registro=200600860022&dt_publicacao=20/11/2006. Acesso em 13 dez. 2013.

———. STJ, HC 28.837/PB, Rel. Ministro FELIX FISCHER, QUINTA TURMA, julgado em 16/03/2004, DJ 10/05/2004, p. 312. Disponível emhttps://ww2.stj.jus.br/revistaeletronica/ita.asp?registro=200301010674&dt_publicacao=10/05/2004. Acesso em 13 dez. 2013.

———. STJ, RHC 12.439/SP, Rel. Ministro FELIX FISCHER, QUINTA TURMA, julgado em 02/05/2002, DJ 03/06/2002, p. 217. Disponível em:https://ww2.stj.jus.br/revistaeletronica/ita.asp?registro=200200164710&dt_publicacao=03/06/2002. Acesso em 13 dez. 2013.

———. STJ, RHC 4.642/SP, Rel. Ministro CID FLAQUER SCARTEZZINI, QUINTA TURMA, julgado em 21/06/1995, DJ 21/08/1995, p. 25380. Disponível em: https://ww2.stj.jus.br/processo/ita/listarAcordaos?classe=&num_processo=&num_registro=199500278081&dt_publicacao=21/08/1995 Acesso em 13 dez. 2013.

———. TRF-3ª, Habeas Corpus nº 1999.03.00.016717-9/MS, Relatora: Suzana Camargo, 2000. Disponível em http://web.trf3.jus.br/acordaos/Acordao/PesquisarDocumento?processo=199903000167179. Acesso em 13 dez. 2013.

———. TRF-4ª, Apelação Criminal nº 2000.71.10.003347-0/RS, Relator: Élcio Pinheiro de Castro, 2000. Disponível em http://jurisprudencia.trf4.jus.br/pesquisa/inteiro_teor.php?orgao=1&numeroProcesso=200071100033470&dataPublicacao=10/01/2007. Acesso em 13 dez. 2013.

———. TRF-5º, Apelação Criminal nº 5502 – RN (2007.84.00.006633-0), Relator Cesar Carvalho, 2008. Disponível em http://www.trf5.gov.br/archive/2008/08/200784000066330_20080818.pdf. Acesso em 13 dez. 2013.

DE CARLI, Carla Veríssimo; DE MORAES (org.). *Lavagem de Dinheiro: Prevenção e Controle Penal*. Porto Alegre, Verbo Jurídico, 2011.

LIMA, Renato Brasileiro de. *Legislação Criminal Especial Comentada*. Niterói, RJ: Impetus, 2013.

MAIA, Rodolfo Tigre. *Lavagem de Dinheiro (lavagem de ativos provenientes de crime). Anotações às disposições criminais da Lei n. 9.613/98*. 2. ed. São Paulo: Malheiros, 2007.

MENDRONI, Marcelo Batlouni. *Crime de Lavagem de Dinheiro*. 2. ed. São Paulo, Atlas, 2013.

MIRABETE, Julio Fabbrini. *Manual de Direito Penal*, vol. 1. 10. ed. São Paulo: Atlas, 1996.

MORO, Sérgio Fernando. *Crime de Lavagem de Dinheiro*. São Paulo. Saraiva, 2010.

NUCCI, Guilherme de Souza. *Leis penais e processuais penais comentadas*. 2. ed. São Paulo: Revista dos Tribunais, 2007.

REZENDE, Bruno Titz de. *Lavagem de Dinheiro*. São Paulo: Saraiva, 2013.

TOLEDO, Francisco de Assis. *Princípios Básicos de Direito Penal*. 5. ed. São Paulo: Saraiva, 1994.

— 4 —

Direito penitenciário: reflexões e noções preliminares

VANESSA CHIARI GONÇALVES[1]

Sumário: 1. Introdução; 2. Problematizando o conceito de direito penitenciário ou direito de execução penal do ponto de vista de sua natureza jurídica; 3. Principais incidentes da execução penal; 3.1. Incidentes qualitativos; 3.1.1. Progressão de regime; 3.1.2. Regressão de regime; 3.1.3. Livramento condicional; 3.2. Incidentes quantitativos; 3.2.1. Comutação de pena; 3.2.2. Remição; 3.2.3. Detração; 3.2.4. Unificação de penas; 3.3. Incidentes extintivos; 3.3.1. Indulto; 3.3.2. Graça; 3.3.3. Anistia; 4. Política criminal e superlotação carcerária; 5. Conclusão; Bibliografia.

1. Introdução

O direito penitenciário, também chamado de direito de execução penal, é um ramo autônomo do direito, que não se confunde com o direito penal nem como o direito processual penal, uma vez que integra aspectos de direito material, direito processual e direito administrativo. Inúmeras são as questões polêmicas que envolvem o seu estudo, a começar pela sua natureza jurídica. O presente artigo não possui a pretensão de esgotar o tema, mas apenas de apresentar algumas noções básicas sobre a sua amplitude, dando destaque aos incidentes mais importantes da execução penal. Tais incidentes representam a máxima expressão da natureza jurisdicional da execução. No entanto, na rotina de uma penitenciária, é inegável o peso que as decisões da autoridade administrativa, dos funcionários e dos técnicos possuem na vida do condenado.

Ao lado da expressiva atuação da direção da casa prisional, que pode definir os rumos do cumprimento da pena, existem códigos de

---

[1] A autora é Doutora em Direito pela Universidade Federal do Paraná, Mestre em Ciências Criminais pela Pontifícia Universidade Católica do Rio Grande do Sul e Professora Adjunta de Direito Penal e de Criminologia da Universidade Federal do Rio Grande do Sul e do Centro Universitário Metodista IPA. Foi conselheira penitenciária do Rio Grande do Sul entre 2003 e 2007. Atua também como pesquisadora e advogada em Porto Alegre.

conduta implícitos e não escritos. Muitos deles definidos por autoridades paralelas: as lideranças de dentro da própria massa carcerária e de facções criminosas. A execução de uma pena privativa de liberdade, portanto, é muito mais complexa do que se pode imaginar. É sobre uma parte dessa complexidade que nos debruçamos neste ensaio, desejando iniciar uma reflexão sobre as reais condições de cumprimento das penas de reclusão e de detenção no Brasil. Salienta-se que muitas das informações referidas no decorrer do texto foram observadas empiricamente, nas vistorias ao sistema prisional gaúcho e na análise dos processos de execução criminal, durante o período de quatro anos em que a autora atuou como conselheira penitenciária do Estado do Rio Grande do Sul. Há muito mais conteúdo decorrente da experiência prática do que de revisão bibliográfica.

2. Problematizando o conceito de direito penitenciário ou direito de execução penal do ponto de vista de sua natureza jurídica

O direito penitenciário ou direito de execução penal pode ser definido como o conjunto de normas jurídicas e de princípios que regulam a execução das penas e das medidas de segurança, como também as relações entre o condenado e o Estado. No entanto, não existe unanimidade na doutrina no que tange à melhor nomenclatura para esse ramo específico do direito, que não se confunde nem com o direito penal nem com o direito processual penal devido à sua natureza jurídica. Observa-se no item 9 da Exposição de Motivos à Lei de Execução Penal – LEP (Lei 7.210/84), que se optou, naquela época, pela expressão Direito de Execução Penal.[2] O importante, na opinião dos juristas que estruturaram

---

[2] Seguem na íntegra os itens da Exposição de Motivos mencionados: "7. Foi essa a posição que sustentamos no Relatório da Comissão Parlamentar de inquérito instituída em 1975 na Câmara dos Deputados para apurar a situação penitenciária do País. Acentuávamos, ali, que a doutrina evoluíra no sentido da constitucionalidade de um diploma federal regulador da execução, alijando, assim, argumentos impugnadores da iniciativa da União para legislar sobre as regras jurídicas fundamentais do regime penitenciário. Com efeito, se a etapa de cumprimento das penas ou medidas de segurança não se dissocia do Direito Penal, sendo, ao contrário, o esteio central de seu sistema, não há como sustentar a idéia de um Código Penal unitário e leis de regulamentos regionais de execução penal. Uma lei específica e abrangente atenderá a todos os problemas relacionados com a execução penal, equacionando matérias pertinentes aos organismos administrativos, à intervenção jurisdicional e, sobretudo, ao tratamento penal em suas diversas fases e estágios, demarcando, assim, os limites penais de segurança. Retirará, em suma, a execução penal do hiato de legalidade em que se encontra (Diário do Congresso Nacional, Suplemento ao n. 61, de 04.06.1976, p. 9). 8. O tema relativo à instituição de lei específica para regular a execução penal vincula-se à autonomia científica da disciplina, que em razão de sua modernidade não possui designação definitiva. Tem-se usado a denominação Direito Penitenciário, à semelhança dos penalistas franceses, embora se restrinja essa expressão à problemática do cárcere. Outras, de sentido mais abrangente, foram propostas, como Direito Penal Executivo por Roberto LYRA (As execuções penais no Brasil. Rio de Janeiro, 1963, p. 13) e Direito Executivo Penal por Ítalo LUDER (El princípio de legalidad en la ejecución de la pena, in Revista del

a LEP, independentemente do nome que se queira dar, era que houvesse uma lei federal equacionando os problemas específicos da execução das penas, o que permitiu que esse ramo do direito fosse contemplado pelo princípio da legalidade.

No que se refere à natureza jurídica do direito penitenciário, são apontadas três correntes de opinião ou sistemas de execução penal: o administrativo (doutrina francesa), o jurisdicional (doutrina alemã) e o sistema misto (doutrina italiana). Na visão de Fernando de Albuquerque Prado, a dificuldade reside na distinção entre atos de administração e atos de jurisdição. Isso porque o administrador age espontaneamente, sem necessidade de ser provocado, adota medidas preventivas para evitar violações da lei e cria situações jurídicas novas, enquanto o juiz deve ser provocado para agir, apenas reprime violações da lei já ocorridas e não cria situações jurídicas novas, mas decide sobre uma situação jurídica preexistente. O mesmo autor posiciona-se no sentido de que a natureza jurídica da execução penal

> é ato de administração porém, principalmente, pelo fato de que nela o Estado age como poder soberano para a realização dos seus próprios interesses. Se, ao contrário, a execução penal fosse um ato jurisdicional, o órgão executivo estaria vinculado aos interesses de outros. A execução pode por esse motivo ser encarada como uma segunda fase do processo, que se inicia com o trânsito em julgado da sentença e se realiza através de determinadas normas legais, as quais, no seu conjunto, constituem o direito de execução penal.[3]

Desse modo, pode-se afirmar que no sistema administrativo a execução penal restringe-se a uma atividade discricionária do Poder Executivo com a finalidade de atingir os objetivos da condenação. A administração penitenciária define os rumos da execução penal após o trânsito em julgado da sentença penal condenatória. Já no sistema jurisdicional, todas as decisões relativas à execução da pena devem necessariamente passar por apreciação do Poder Judiciário. A partir dessas duas premissas extremas, observa-se que o sistema adotado pela LEP não se enquadra em qualquer um desses dois sistemas. Isso porque, ainda que se admita que nenhum sistema é puro, numa instituição total, como uma penitenciária, ocorrem situações inesperadas que exigem uma atuação cautelar, por parte da administração, o que impõe certa autonomia na atuação do Poder Executivo. De outro lado, a decisão quanto à concessão dos incidentes de execução penal, tais como livramento condicional e pro-

---

Centro de Estudios Criminológicos, Mendoza, 1968, p. 29 e ss.). 9. Em nosso entendimento pode-se denominar esse ramo Direito de Execução Penal, para abrangência do conjunto das normas jurídicas relativas à execução das penas e das medidas de segurança (cf. CALÓN, Cuello. Derecho Penal. Barcelona, 1971. v. II, tomo I, p. 773; DIAS, Jorge de Figueiredo. Direito Processual Penal. Coimbra, 1974. p. 37)". EXPOSIÇÃO DE MOTIVOS À LEI DE EXECUÇÃO PENAL, 213, DE 09 DE MAIO DE 1983.
[3] PRADO, Fernando de Albuquerque. *Estudos e Questões de Processo Penal*. São Paulo: Max Limonad, 1954, p. 160-164.

gressão de regime, é judicial. Além disso, havendo a suspeita de prática de falta disciplinar de natureza grave, o procedimento disciplinar para a sua apuração é administrativo, sendo submetido à homologação judicial, apenas ao seu término. Por tudo isso, parece vigorar na prática um sistema misto, no qual a execução penal é tanto administrativa quanto jurisdicional.

Salo de Carvalho pontua que, de acordo com a tradição, o direito penitenciário é autônomo, destinado a organizar e determinar "regras disciplinares capazes de ordenar a vida do apenado durante o cumprimento da pena", sendo exercido pelos órgãos do Serviço Penitenciário. No entanto,

> a ampla discricionariedade no trato das questões internas à ordem penitenciária gerou um subproduto trágico característico das instituições totais, qual seja, a disfunção da atividade pelo arbítrio e pela lesão constante dos direitos dos presos, estabelecendo o que se conhece como crise da execução da pena.[4]

O mesmo autor destaca que o princípio da legalidade dos atos administrativos é diferente do princípio da legalidade penal, pois a ação executiva é regida pelos princípios da disciplina e da ordem, e sob esses argumentos, historicamente, foram justificadas, por parte da administração penitenciária, restrições e violações de direitos dos condenados, os quais não foram limitados pela sentença condenatória. Para diminuir tais violações, a Lei 7.210/84, Lei de Execuções Penais (LEP), normatizou a jurisdicionalização da execução da pena. Assim,

> o processo de jurisdicionalização, disposto pela LEP nos arts. 1º (que fixa o conteúdo jurídico da execução penal), 2º (que refere a jurisdição e o processo), 66 (que detalha a competência do juiz de execução penal) e 194 (que fixa o procedimento judicial), objetiva tornar eficaz o princípio da legalidade, assegurando aos reclusos seus direitos básicos.[5]

Com certeza a opção por jurisdicionalizar a execução penal brasileira representou um grande avanço, especialmente no que tange à necessidade de que o Judiciário acompanhe e fiscalize a execução das penas e decida sobre questões importantes, tais como a concessão ou não dos incidentes de execução, sobre os quais trataremos a seguir. Ocorre que a proposta declarada da LEP, no sentido de que o condenado seja sujeito de direitos e não mero objeto da execução penal, não se implementa concretamente por inúmeras razões.

Apenas a título de ilustração, a LEP estabelece, em seu artigo 53, cinco modalidades de sanções disciplinares, incluindo a suspensão de direitos, o isolamento celular (castigo) e a inclusão do preso no regime disciplinar diferenciado. Somente esta última sanção é de competência

---

[4] CARVALHO, Salo. *Pena e Garantias: Uma Leitura do Garantismo de Luigi Ferrajoli no Brasil*. Rio de Janeiro: Lumen Juris, 2001, p. 181-182.

[5] Idem, p. 182-183.

do juízo da execução. Todas as demais são aplicadas por ato motivado do diretor do estabelecimento prisional, que é a autoridade administrativa do local. Ainda que a LEP preveja que deva ser instaurado um Procedimento Administrativo Disciplinar após a suposta prática de falta por parte do condenado, permite, em seu artigo 60, que a autoridade administrativa decrete o isolamento preventivo do faltoso pelo prazo máximo de dez dias. Para corroborar a demonstração da ausência de jurisdicionalidade, neste caso, e de garantia da ampla defesa para o condenado, o Supremo Tribunal Federal editou a Súmula Vinculante 5 que assim dispõe: "A falta de defesa técnica por advogado no processo administrativo disciplinar não ofende a Constituição". Ainda que se reconheça que conceber a execução penal como atividade inteiramente administrativa é uma posição já superada, pois sua natureza é complexa, também não se pode afirmar que ela seja jurisdicional, tendo em vista o amplo poder exercido pela autoridade administrativa dentro de uma instituição total.

A atuação do Poder Judiciário acaba restringindo-se à apreciação dos incidentes da execução. Dentre eles, selecionamos os mais expressivos para apresentar suas principais características.

3. Principais incidentes da execução penal

Os incidentes da execução penal estão previstos tanto no Código Penal quanto na Lei de Execuções Penais e se dividem em incidentes qualitativos, incidentes quantitativos e incidentes extintivos. É importante referir, como já foi abordado anteriormente, que os incidentes constituem direitos públicos subjetivos do condenado, podendo ser concedidos, em regra, de ofício pelo juízo de execução e peticionados pelo próprio condenado, independentemente de advogado.

3.1. Incidentes qualitativos

Os incidentes qualitativos modificam as condições de cumprimento da pena, alterando-as para situações mais benéficas, com a conquista de maior liberdade, ou mais gravosas, como a restrição do espaço de liberdade anteriormente concedida, dependendo do tempo de cumprimento da pena e do comportamento carcerário do apenado. São eles: Progressão de regime, regressão de regime e livramento condicional.

3.1.1. Progressão de regime

A Lei de Execuções Penais adotou o sistema progressivo entre regimes penais, com a finalidade de atender ao princípio da individualização da execução penal, mencionado no artigo 5º da Lei 7.210/84. Desse modo, na fase executória, considera-se a trajetória do indivíduo durante o cumprimento de pena para a conquista da progressão para uma regime penal menos severo, bem como para a conquista da liberdade condicional.

A progressão de regime pressupõe a constatação de bom comportamento carcerário, atestado pela direção da casa prisional. Ao lado do requisito de ordem subjetiva está o tempo de cumprimento de pena. O artigo 112 da Lei 7.210/84 estabelece que o condenado deve cumprir ao menos um sexto da pena no regime anterior, independentemente de ser primário ou reincidente. No entanto, o artigo 2º da Lei 8.072/90 vedava, na sua origem, a concessão de progressão de regime para os condenados por crime hediondo, tráfico de drogas, tortura e terrorismo, uma vez que o regime originalmente estabelecido para esses delitos seria o integralmente fechado. Tal dispositivo legal foi considerado inconstitucional pelo Supremo Tribunal Federal – STF –, por ferir o princípio da individualização da pena. Em seu voto o Ministro Cezar Peluso mencionou a abrangência do referido princípio nos seguintes termos:

> Evidente, assim, que, perante a Constituição, o princípio da individualização da pena compreende: a) proporcionalidade entre o crime praticado e a sanção abstratamente cominada no preceito secundário da norma penal; b) individualização da pena aplicada em conformidade com o ato singular praticado por agente em concreto (dosimetria da pena); c) individualização da sua execução, segundo a dignidade humana (art. 1º, III), o comportamento do condenado no cumprimento da pena (no cárcere ou fora dele, no caso das demais penas que não a privativa de liberdade) e à vista do delito cometido (art. 5º, XLVIII). Logo, tendo predicamento constitucional o princípio da individualização da pena (em abstrato, em concreto e em sua execução), exceção somente poderia ser aberta por norma de igual hierarquia nomológica. (HC 82.959 – DJ 1.9.2006)

O referido julgado deu origem à Súmula Vinculante 26 do STF, que dispõe:

> Para efeito de progressão de regime no cumprimento de pena por crime hediondo, ou equiparado, o Juízo da Execução observará a inconstitucionalidade do art. 2º, da Lei 8072, de 25 de julho de 1990, sem prejuízo de avaliar se o condenado preenche, ou não, os requisitos objetivos e subjetivos do benefício, podendo determinar, para tal fim, de modo fundamentado, a realização de exame criminológico.

Diante da declaração de inconstitucionalidade do regime integralmente fechado, no caso de crimes hediondos e equiparados, os juízos de execução começaram a conceder a progressão de regime, com base nos critérios do artigo 112 da Lei 7.210/84. Cedendo à pressão midiática, o Congresso Nacional reuniu-se para aprovar a Lei 11.464, de 28 de março de 2007, que determinou nova redação para os §§ 1º e 2º do artigo 2º da Lei 8.072/90. Assim, ficou determinado o regime inicialmente fechado para os crimes hediondos e equiparados e novos requisitos objetivos para a progressão de regime nesses casos. Estabeleceu-se a necessidade de cumprimento de dois quintos da pena no regime anterior para condenados primários e de três quintos para condenados reincidentes.

É importante referir que a progressão de regime não acontece aos "saltos", ou seja, direto do regime fechado para o regime aberto. O condenado que esteja cumprindo pena no regime fechado só poderá progredir para o regime imediatamente mais brando, que será o semiaberto. Havendo solicitação de realização de exame criminológico, manifestam-se individualmente sobre a conduta carcerária do apenado os seguintes funcionários: diretor da casa prisional, agentes penitenciários responsáveis pela segurança e pelo trabalho, psicólogo e assistente social.

3.1.2. Regressão de regime

O sistema progressivo leva em consideração a conduta do apenado durante todo o cumprimento da pena, a fim de assegurar a sua individualização. Desse modo, a Lei 7.210/84 estabelece a possibilidade de regressão para o regime imediatamente mais gravoso em virtude da prática de falta disciplinar de natureza grave por parte do condenado, conforme disposição do artigo 118 da LEP. As faltas disciplinares graves estão previstas no artigo 50 da Lei de Execuções Penais.[6]

É importante referir que o juiz de execução não está obrigado a determinar a regressão de regime no caso de prática de falta disciplinar de natureza grave, devidamente apurada por Procedimento Administrativo Disciplinar, homologado judicialmente. Deve-se avaliar o caso concreto, a fim de impedir que o princípio da proporcionalidade seja violado por uma decisão precipitada. Uma situação muito comum acontece entre os apenados dos regimes aberto e semiaberto. Eles não retornam para o estabelecimento prisional no horário devido, atrasam-se, ou retornam para a casa de familiares e deixam para se apresentar espontaneamente um ou dois dias depois. São enquadrados como foragidos e, em muitos casos, mesmo com a apresentação espontânea, recebem a regressão para um mais gravoso. Ora, há muita diferença entre um foragido que foi

---

[6] O artigo 50 da Lei 7.210/84 assim dispõe: Comete falta grave o condenado à pena privativa de liberdade que: I – incitar ou participar de movimento para subverter a ordem ou a disciplina; II – fugir; III – possuir, indevidamente, instrumento capaz de ofender a integridade física de outrem; IV – provocar acidente de trabalho; V – descumprir, no regime aberto, as condições impostas; VI – inobservar os deveres previstos nos incisos II e V, do artigo 39, desta Lei. VII – tiver em sua posse, utilizar ou fornecer aparelho telefônico, de rádio ou similar, que permita a comunicação com outros presos ou com o ambiente externo. Parágrafo único. O disposto neste artigo aplica-se, no que couber, ao preso provisório. Art. 51. Comete falta grave o condenado à pena restritiva de direitos que: I – descumprir, injustificadamente, a restrição imposta;II – retardar, injustificadamente, o cumprimento da obrigação imposta;III – inobservar os deveres previstos nos incisos II e V, do artigo 39, desta Lei.

capturado pela polícia e um indivíduo que refletiu melhor e resolveu se apresentar espontaneamente na casa prisional ou na Vara de Execuções Criminais, por isso a penalidade para os dois casos não poderia ser idêntica. Normalmente, nessas situações, o indivíduo está na casa da família e é a própria família que o incentiva a retornar para a casa prisional a fim de cumprir o que lhe resta de pena.

3.1.3. Livramento condicional

O Livramento Condicional constitui-se em direito público subjetivo do condenado mais benéfico do que o cumprimento de pena em regime aberto, mesmo em relação à modalidade de prisão domiciliar. Trata-se de uma situação de liberdade, condicionada ao cumprimento de algumas exigências. O instituto está regulado entre os artigos 83 e 90 do Código Penal, bem como entre os artigos 131 a 146 da Lei 7.210/84. Para a obtenção do livramento condicional, o condenado deve ostentar bom comportamento carcerário, atestado pela direção da casa prisional, e ter cumprido certo lapso temporal. Nos crimes que não são hediondos nem equiparados a tais, o condenado primário deve ter cumprido mais de um terço da pena; já o condenado reincidente deve ter cumprido mais da metade da sua pena. Já, no caso de condenado por crime hediondo ou equiparado, o tempo de cumprimento de pena exigido para a conquista do direito será de mais de dois terços da pena.

As condições a que fica submetido o condenado, durante o livramento condicional, estão estabelecidas no artigo 32 da Lei 7.210/84. Havendo descumprimento injustificado de uma das condições impostas pelo juízo de execução, poderá ser revogado o livramento condicional. É importante ressaltar que a acusação da prática de novo delito durante o período de liberdade condicional, autoriza a suspensão do livramento até que o novo processo chegue ao seu fim. A suspensão, prevista no artigo 145 da Lei 7.210/84, deve-se dar especialmente se houve decretação de prisão provisória em virtude da nova acusação, o que inviabilizaria a permanência do acusado em liberdade. Caso o condenado seja absolvido no novo processo, o livremente condicional será restabelecido. No entanto, havendo condenação definitiva pelo novo delito, praticado durante o período de prova, o livramento condicional será necessariamente revogado. Nessa última hipótese, o tempo de liberdade não contará como tempo de cumprimento de pena, devido à quebra da confiança depositada no condenado.

Outra modalidade de revogação do livramento acontece quando sobrevêm condenações por crimes praticados antes do período de prova do livramento condicional e o resultado da soma ou unificação das penas não permite que o condenado permaneça em liberdade. Tal situação ocorre quando o condenado não atende mais ao requisito de ordem objetiva, ou seja, ao tempo exigido de cumprimento da nova pena total, que está definido no artigo 83 do Código Penal. Nesse tipo de revogação não há quebra de confiança, por isso o tempo de liberdade é computado como tempo de pena efetivamente cumprido. Além disso, o livramento poderá ser novamente pleiteado assim que a fração de pena exigida seja efetivamente cumprida.

3.2. Incidentes quantitativos

Os incidentes quantitativos tem o condão de reduzir o tempo de cumprimento de pena do condenado e estão condicionados ao cumprimento dos requisitos legais. São eles a comutação de pena, a remição e a detração.

3.2.1. Comutação de pena

A comutação de pena vem prevista em Decreto Presidencial, o chamado decreto natalino, uma vez que é publicado anualmente, sempre no mês de dezembro. Implica no desconto de um percentual de pena do condenado. Via de regra, o artigo 1º do referido decreto regula as condições para a obtenção de indulto, e o artigo 2º apresenta os requisitos para a obtenção da comutação de pena, que é sempre residual ao indulto, isto é, só pode ser aplicada quando não estiverem presentes os requisitos para a concessão do indulto natalino. Não se concede comutação de pena para condenados por crimes hediondos ou equiparados. Normalmente, além de ostentar bom comportamento carcerário, o condenado primário deve ter cumprido um quarto da pena até a data do Natal do ano da publicação do decreto, para ter direito de comutar um quarto do remanescente de sua pena. Já o condenado reincidente deve ter cumprido um terço da pena até a mesma data de referência para ter direito a comutar um quinto do remanescente de sua pena.

3.2.2. Remição

A remição de pena está regulada no artigo 126 da Lei 7.210/84. Tal dispositivo estabelece que o condenado que cumpre pena no regimes fechado e semiaberto poderá remir, por tempo de trabalho ou de estudo, parte do tempo de execução da pena. Assim, poderá remir ou abater um dia de pena a cada doze horas de frequência escolar ou a cada três dias de trabalho. O trabalho que dá direito à remição pode ser tanto o trabalho nas atividades internas da Penitenciária, tais como cozinha, faxina ou atividades administrativas, como também, o trabalho remunerado a partir da uma parceria público-privada com uma empresa que emprega a mão de obra carcerária.

Uma questão polêmica, que merece destaque, é a discussão sobre a possibilidade ou não de perda dos dias já remidos após a prática de falta disciplinar de natureza grave, conforme previsão do artigo 127 da LEP. Entendemos que a perda de dias remidos, quando a decisão que concedeu a remição já transitou em julgado, é inconstitucional, uma vez que ela violaria o direito adquirido e a coisa julgada. Tal entendimento tem sido corroborado pela jurisprudência. Renato Marcão, entretanto, discorda desse entendimento. Para ele "a perda dos dias remidos é consequência obrigatória" da prática de falta disciplinar grave. Argumenta, citando parte de um acórdão de 1997 do Tribunal de Alçada de São Paulo, que

> o benefício da remição foi criado como forma salutar de política criminal, para retirar os condenados da ociosidade do cárcere, premiando os bons presos e funcionando como um termômetro na disciplina interna dos presídios. Portanto, não é inconstitucional o art. 127 da Lei 7210/84 ao determinar a perda dos dias remidos quando o condenado cometer falta considerada como grave, pois seria injusto tratar com igualdade os desiguais, remindo os dias trabalhados tanto dos faltosos como daqueles que se portam com boa conduta.[7]

É importante destacar que a remição é concedida sempre em relação ao tempo de efetivo trabalho ou de estudo já realizado, refere-se, portanto, ao passado. Pretender que após a concessão da remição, esse direito adquirido seja retirado do apenado por falta disciplinar posterior, certamente viola a coisa julgada. Além disso, a participação ativa do apenado em atividades de trabalho e de estudo devem ser sempre estimuladas. Sabe-se que o ambiente prisional brasileiro é um lugar de extrema tensão e de violações constantes aos direitos fundamentais dos encarcerados, por isso os conflitos são previsíveis. A remição não é um benefício, mas sim um direito público subjetivo para quem já o conquistou, independente do comportamento futuro no cárcere. Lembramos que as atividades laborativas sequer são remuneradas, a não ser quando executadas em parceria com a iniciativa privada e, mesmo neste caso, a remuneração percebida é de três quartos do salário mínimo, nos termos do artigo 29 da LEP.

3.2.3. Detração

O direito à detração, previsto no artigo 42 do Código Penal, assegura ao condenado a compensação do tempo em que esteve preso provisoriamente no Brasil ou no exterior, como também do tempo de eventual internação provisória, na pena privativa de liberdade definitivamente aplicada. A detração pode ser própria e imprópria. A detração própria

---

[7] MARCÃO, Renato. *Curso de Execução Penal*. 9. ed. São Paulo: Saraiva, 2011, p. 231.

ocorre quando a prisão provisória se deu em razão do mesmo delito que levou à condenação do agente. Já a detração imprópria ocorre quando há condenação por crime praticado após o cumprimento de prisão provisória por outra acusação, que não resultou em condenação ao final. Neste caso, a detração funcionaria como uma forma de compensar eventual direito indenizatório do condenado.

Marco Antonio Scapini entende que nem sempre se poderia conceder o direito à detração imprópria. Ela só se justificaria quando, com o desconto do tempo de prisão provisória, ainda sobrasse tempo de pena a ser cumprido pela condenação definitiva. A preocupação seria com a "chamada conta-corrente" de tempo de prisão provisória. O mesmo autor explica que:

> Diante desse conflito, na hierarquia dos valores, deve prevalecer, como regra, o direito à detração, mas com limites e distinções. Em primeiro lugar, é concebível que o cômputo do tempo de prisão provisória torne inócua a pena imposta pela prática de crime cometido posteriormente. Se for torná-la, o pedido deverá ser indeferido e só restará ao agente a busca da reparação do dano pela prisão no processo em que acabou absolvido; caso contrário, será possível a detração, mas com o cômputo do tempo de prisão mediante desconto do total da pena (não como pena cumprida). Com o tratamento diferenciado para a situação excepcional, evitando a alteração da natureza e da finalidade da pena por fato estranho, persistindo a exigência de o condenado cumprir a sanção pelo tempo necessário (embora, obviamente, inferior) para a obtenção de benefícios.[8]

Discordamos do posicionamento acima por duas razões fundamentais. A primeira é que as prisões provisórias são medidas de exceção, que só devem ser decretadas quando existem razões muito fortes que as justifiquem, para além dos requisitos legais. Infelizmente, quase metade da massa carcerária brasileira são de presos provisórios, o que demonstra que a exceção tornou-se a regra. O tempo de liberdade suprimida não pode ser quantificado pecuniariamente, por ser de valor inestimável. O Estado não pode se eximir da sua responsabilidade por uma prisão provisória mal apreciada e injusta. Em segundo lugar, porque a LEP elegeu, como principal finalidade declarada da pena, a prevenção especial positiva ou ressocialização do condenado, e não a simples retribuição do mal. Assim, não é razoável que se pretenda recuperar alguém, que já esteve preso provisoriamente de forma abusiva num processo, tanto que obteve a absolvição, negando o seu direito à detração imprópria. A situação parece ainda mais grave pelo argumento anunciado, no sentido de que com a compensação do tempo de privação de liberdade, a pena referente à nova condenação definitiva já estaria cumprida. Apenas a título de ilustração, o instituto da prescrição de pretensão punitiva prevê a perda do direito de punir do Estado pelo decurso de tempo, em virtude da demora

---

[8] SCAPINI, Marco Antonio Bandeira. *Prática de Execução das Penas Privativas de Liberdade.* Porto Alegre: Livraria do Advogado, 2009, p. 42.

ou da inércia do Estado, independente de ter havido prisão provisória ou não. Isto é, se a prescrição decorre de uma falha do Estado que beneficia o acusado, não há razão para que a detração imprópria não possa beneficiá-lo com a extinção da sua pena. O controle total é uma ilusão.[9]

3.2.4. Unificação de penas

A unificação das penas fixadas em diferentes processos contra a mesma pessoa pode-se dar em fase de execução criminal. Trata-se da hipótese de crime continuado, em que os crimes em série enquadram-se nas situações previstas no artigo 71 do Código Penal. Nesse caso, as penas estabelecidas individualmente não serão apenas somadas, como ocorre no concurso material de crimes. A maior pena, dentre as aplicadas, será acrescida de uma fração de um sexto a dois terços, sempre em benefício do condenado. Caso a aplicação da regra da continuidade delitiva resultar numa pena maior do aquela que resultaria do cúmulo material (soma das penas), opta-se pelo resultado mais favorável ao condenado. Após a redefinição da pena total a ser cumprida pelo condenado, em virtude do conjunto de crimes praticados, o juízo de exceção terá que redefinir também o novo regime penal e rever eventual livramento condicional anteriormente concedido.

O instituto da unificação de penas também é utilizado no caso das penas somadas ultrapassarem o limite de trinta anos. Isso porque o artigo 75 do Código Penal dispõe que "o tempo de cumprimento das penas privativas de liberdade não pode ser superior a 30 (trinta) anos". Nesse caso, as penas deverão ser unificadas para atender ao limite máximo. Caso, após o início do cumprimento da pena unificada, sobrevenha condenação pela prática de novo delito, far-se-á nova unificação, desprezando-se o período de pena já cumprido. É importante referir, no entanto, que a Súmula 715 do STF esclarece que "a pena unificada para atender ao limite de trinta anos de cumprimento, determinado pelo art. 75 do Código Penal, não é considerada para a concessão de outros benefícios, como o livramento condicional ou regime mais favorável de execução". Marco Antonio Sacapini exemplifica a situação:

> Se o condenado à pena de 100 (cem) anos, depois de cumprir 10 (dez) anos, pratica novo crime e sofre condenação à pena de 5 (cinco) anos, terá ainda a cumprir 25 (vinte e cinco) anos, resultado da unificação do saldo da pena limitada (20 anos) com a da condenação

---

[9] Salienta-se que o Projeto de Novo Código Penal (PLS 236/2012) que tramita no Senado Federal, propõe um § 1º no artigo 59, o que define a detração, nos seguintes termos: "A detração não poderá ser concedida em processo diverso daquele em que foi decretada a prisão provisória, salvo se o crime foi praticado em momento anterior à prisão provisória decretada no processo em que se deu a absolvição ou a extinção da punibilidade". Tal disposição configura verdadeiro retrocesso em relação à parte significativa da jurisprudência brasileira.

que sobreveio (5 anos). E os prazos para benefícios serão calculados sobre os 95 (noventa e cinco) anos, resultado da soma do saldo do total da pena anterior (90 anos), com a nova pena imposta (5 anos). A data-base será a da prática do último crime ou da recaptura. O regime será o fechado, por força da reincidência e do tempo a cumprir.[10]

Salientamos que a regra que determina que se proceda à unificação de penas, para que o limite máximo de trinta anos de privação de liberdade seja respeitado, é um direito público subjetivo do condenado, e não um mero benefício ou liberalidade. Tanto isso é verdade que a unificação é realizada de ofício pelo Juízo de Execução. Ocorre que os demais incidentes de execução, que exigem certo lapso temporal de cumprimento para serem conquistados, devem ser calculados tomando como referência a pena total do condenado, e não a pena que foi unificada para respeitar ao limite de 30 anos. Isso se dá para que o princípio da proporcionalidade seja respeitado, uma vez que há muita diferença entre um condenado por vários homicídios em série, a pena total de mais de cem anos de reclusão, e um condenado por um único crime de homicídio ou de latrocínio, cuja pena total de se aproximou de trinta anos de reclusão. Não se pode tratar de maneira igual os desiguais.

3.3. Incidentes extintivos

Os incidentes extintivos da execução promovem o esquecimento jurídico do ilícito ou a extinção da pena. Constituem "emanações da soberania do Estado",[11] sendo eles: o indulto, a graça e a anistia.

3.3.1. Indulto

Os requisitos para a obtenção de indulto são definidos anualmente e publicados no mês de dezembro, mediante decreto presidencial. Trata-se do chamado decreto natalino, por consistir em um direito concedido pelo Presidente da República. Os requisitos são variáveis e as situações diversas, mas como regra geral, nos decretos natalinos dos últimos anos, tem-se exigido bom comportamento carcerário (sempre atestado pelo diretor da casa prisional) e o cumprimento de metade da pena até a data do Natal, do ano da publicação do Decreto, para os condenados reincidentes e o cumprimento de um terço da pena, até a mesma data de referência, para os condenados primários. Não se admite a concessão de indulto para condenados por crimes hediondos e equiparados. Salienta-se que o indulto é coletivo e pode ser concedido de ofício, mas extingue somente

---

[10] SCAPINI, Marco Antonio Bandeira. *Prática de Execução das Penas Privativas de Liberdade*. Porto Alegre: Livraria do Advogado, 2009, p. 64-65.
[11] MARCÃO, Renato. *Curso de Execução Penal*. 9.ed. São Paulo: Saraiva, 2011, p. 358.

a pena, embora esteja equivocadamente arrolado como causa de extinção da punibilidade no artigo 107 do Código Penal.

3.3.2. Graça

Embora mencionada na Constituição da República, artigo 5º, XLIII, a graça não foi regulada na Lei de Execuções Penais, razão pela qual se entende que a graça seria uma espécie de indulto individual condicionado à solicitação prévia do interessado. A competência para a concessão da graça é do Presidente da República, por meio da publicação de Decreto de "indulto individual", após tramitar o pedido no Ministério da Justiça. O procedimento completo para a solicitação da graça está previsto entre os artigos 734 e 742 do Código de Processo Penal. A graça é um instituto previsto em lei, porém pouco utilizado na prática, justamente por ser individual, e não coletiva, o que dificulta a construção de argumentos sólidos para a sua obtenção. Os casos de condenados portadores de doenças graves, normalmente já estão contemplados pelos requisitos do indulto, e para os crimes hediondos e equiparados a graça não é permitida.

3.3.3. Anistia

A anistia consiste no esquecimento jurídico do ilícito e normalmente é concedida em casos de crimes políticos, eleitorais e militares. Compete ao Congresso Nacional, por meio de lei ordinária, estabelecer os requisitos para a concessão da anistia a todos os indivíduos que se enquadrem nas condições exigidas. A anistia é coletiva, por isso direciona-se a fatos, e não a pessoas determinadas. Por atingir o direito de punir do Estado, extingue todas as consequências penais do fato, não permanecendo qualquer registro de condenação. Trata-se de importante mecanismo de política criminal. A anistia não alcança, entretanto, os efeitos extrapenais da conduta, como a obrigação de reparar o dano na esfera civil.[12] Como exemplo, temos a Lei 6.683, de 28 de agosto de 1979, que concedeu anistia a todos que, no período compreendido entre 02 de setembro de 1961 e 15 de agosto de 1979, cometeram crimes políticos ou eleitorais e crimes conexos com estes e que tiveram seus direitos políticos cassados, com base em Atos Institucionais e Complementares. Essa lei tem sido constantemente contestada, por beneficiar também os membros das Forças Armadas que praticaram delitos graves durante o regime autoritário. Discussão essa que extrapola os objetivos deste trabalho.

É importante problematizar, neste momento, algumas peculiaridades da atual política criminal brasileira, visivelmente voltada ao aumen-

---

[12] MARCÃO, Renato. *Curso de Execução Penal*. 9.ed. São Paulo: Saraiva, 2011, p. 359.

to expressivo dos índices de encarceramento, bem como refletir sobre as consequências dessa aposta na privação da liberdade.

4. Política criminal e superlotação carcerária

A Lei de Execução Penal, em seu artigo 1º, estabelece como objetivo principal do cumprimento das penas e das medidas de seguranças a integração social harmônica do condenado e do internado, respectivamente. Em vários dispositivos legais da referida lei, encontram-se previstos mecanismos para a efetivação desses objetivos, tais como o acesso dos condenados ao ensino fundamental, ao trabalho, à assistência social, jurídica e religiosa, bem como o contato com os seus familiares. Observa-se, entretanto, que a realidade do sistema penitenciário brasileiro não permite que os objetivos declarados na LEP sejam alcançados por uma série de problemas não apenas estruturais, mas de fundamento da política criminal adotada no Brasil.

O Brasil possui a quarta maior massa carcerária do mundo, mais de quinhentos mil presos, atrás apenas dos Estados Unidos, da Rússia e da China. Esse dado revela uma aposta do nosso sistema de justiça criminal na aplicação de penas privativas de liberdade. No âmbito da criminalização primária (momento da elaboração das leis penais), observa-se a proibição da aplicação de penas alternativas para crimes praticados mediante violência à pessoa ou grave ameaça, como o roubo, bem como aos delitos equiparados a hediondos, como o tráfico de drogas. No plano da criminalização secundária (sistemas de investigação e processo de conhecimento), a abordagem é seletiva e visivelmente mais severa com as populações mais pobres que vivem nas periferias. Populações essas que, em regra, não possuem acesso sequer à defesa técnica qualificada, uma vez que a Defensoria Pública não foi implementada em muitos municípios brasileiros. No tocante à criminalização terciária (efeitos do encarceramento sobre o apenado e estigmatização), a completa falta de investimento público em novos modelos de estabelecimentos prisionais, que possuam espaço adequado para as atividades laborativas, e a consequente superlotação carcerária, geram problemas que extrapolam as tradicionais mazelas de uma instituição total.

Erving Goffman, na década de sessenta do século XX, definia uma instituição total como um "local de residência e trabalho onde um grande número de indivíduos com situação semelhante, separados da sociedade mais ampla por considerável período de tempo, levam uma vida fechada e formalmente administrada. As prisões servem como exemplo claro disso...". Na vida social o indivíduo tende a dormir, trabalhar e ter atividades de lazer em lugares diferentes e com coparticipantes diferentes. Assim, o aspecto central das instituições totais pode ser descrito

> com a ruptura das barreiras que comumente separam essas três esferas da vida. Em primeiro lugar, todos os aspectos da vida são realizados no mesmo local e sob uma única autoridade. Em segundo lugar, cada fase da atividade diária do participante é realizada na companhia imediata de um grupo relativamente grande de outras pessoas, todas elas tratadas da mesma forma e obrigadas a fazer as mesmas coisas em conjunto. Em terceiro lugar, todas as atividades diárias são rigorosamente estabelecidas em horários, pois uma atividade leva, em tempo pré-determinado à seguinte, e toda a seqüência de atividades é imposta de cima, por um sistema de regras formais explícitas e um grupo de funcionários. Finalmente, as várias atividades obrigatórias são reunidas num plano racional único, supostamente planejado para atender aos objetivos oficiais da instituição.[13]

As penitenciárias brasileiras são instituições totais que fogem a qualquer tipo de teorização formal. A evidente superlotação impede que os agentes do Estado exerçam com certa exclusividade a autoridade sobre os apenados. Dentro das celas e galerias impera a lei do mais forte sem qualquer imposição de limites externos, num retorno ao estado de natureza. Os líderes de facções criminosas gozam de certos privilégios, impõem a sua autoridade sobre a imensa maioria dos presos, realizam negociações com a administração carcerária, exploram economicamente os demais detentos por meio de extorsões, da cobrança de vantagens em troca de proteção ou do endividamento dos dependentes químicos, que são abastecidos de drogas por essas mesmas lideranças. Da porta da cela ou da galeria para fora vale a autoridade da administração carcerária (em certas penitenciárias e presídios os presos dormem nos corredores das galerias, por ausência de vagas nas celas). Os presos brasileiros são submetidos, assim, tanto à autoridade dos agentes do Estado como à autoridade do líder da galeria, que impõe as suas próprias regras aos demais.

Quanto às atividades de trabalho para ocupar o tempo, as vagas são reduzidas, porque a arquitetura das penitenciárias não é pensada para facilitar o deslocamento para oficinas de trabalho. Sequer espaços de trabalho são construídos. As instituições funcionam como um depósito de pessoas "indesejáveis" que passam o tempo na ociosidade e sem acesso aos direitos fundamentais mais básicos. O produto desse sistema não é diferente daquele denunciado por Michel Foucault: a transformação do infrator em delinquente. O delinquente seria aquele condenado que, ao passar pelo sistema prisional, passa a internalizar a identidade desviante e que, naturalmente, tende a reincidir. Ainda sobre o trabalho prisional, Mássimo Pavarini afirma que ele é visto como "um prêmio, que é negado ou suspenso a quem não colabora com o processo educativo". Toma

---

[13] GOFFMAN, Erving. *Manicômios, Prisões e Conventos*. 7.ed. Tradução de Dante Moreira Leite. São Paulo: Perspectiva, 2007, p. 11, 17-18.

a feição de uma recompensa, cuja privação é interpretada como punição. Nesse contexto, o trabalho se torna "a única alternativa possível à inércia, ao ócio forçado. É de fato a única tábua de salvação para escapar da loucura, que, de outra forma, parece inevitável".[14] Ocorre que nem mesmo esta tábua de salvação é oferecida à imensa maioria dos encarcerados no Brasil. Existem listas de espera por vagas de trabalho, uma vez que as vagas disponibilizadas são ínfimas.

Para além dessa situação específica, a criminologia crítica ou radical já havia denunciado os graves problemas que envolvem a aposta estatal no encarceramento em massa de pessoas, bem como a evidente seletividade do sistema de justiça criminal. A contribuição do pensamento macroeconômico, de Karl Marx, para a criminologia radical direciona-se para a percepção desse sistema como um mecanismo de controle social, capaz de contribuir de forma significativa para a manutenção do sistema capitalista. Nessa perspectiva o estudo parte de duas premissas: a) a demonstração de que o maior rigor da punição estatal direciona-se aos comportamentos característicos das massas marginalizadas do mercado de trabalho e de consumo; b) a verificação de que o sistema carcerário funciona como aparelho reprodutor das desigualdades nas relações sociais, reforçando os rótulos criminógenos desses mesmos marginalizados, com a finalidade de contribuir para a manutenção das desigualdades estruturais da sociedade capitalista.

Pelo olhar da criminologia radical a análise empírica das estatísticas oficiais demonstra claramente a "natureza classista da definição legal de crime e da atividade dos aparelhos de controle e repressão social, como a polícia, a justiça e a prisão, concentradas nos pobres, os membros das classes e categorias sociais marginalizadas e miserabilizadas pelo capitalismo". As estatísticas criminais seriam, assim, produtos da luta dos estratos sociais no âmbito das sociedades capitalistas. Nesse sentido, haveria uma super-representação dos crimes de natureza econômica e violenta, comumente praticados pelos desempregados crônicos e marginalizados sociais. De outro lado, a criminalidade dos estratos dominantes, como o abuso do poder econômico e político, que constituem os chamados crimes do colarinho branco estariam excluídas dessas mesmas estatísticas criminais.[15]

Os dados mais detalhados e recentes do Departamento Penitenciário Nacional – DEPEN sobre o percentual de indivíduos cumprindo penas no Brasil, disponíveis para consulta, são do ano de 2009. Tais índices

---

[14] MELOSSI, Dario e PAVARINI, Massimo. *Cárcere e Fábrica: As origens do sistema penitenciário (séculos XVI – XIX)*. Tradução de Sérgio Lamarão. Rio de Janeiro: Revan: 2006, p. 223.

[15] SANTOS, Juarez Cirino dos. *A Criminologia Radical*. 2.ed. Rio de Janeiro: Lumen Juris, 2006, p. 11-14.

revelam a correção da tese da criminologia crítica como se observa a seguir:[16] Ao todo, em dezembro de 2009, os homens eram 442.225 presos e as mulheres 31.401. Dentre os homens, os índices mais expressivos quanto aos tipos penais infringidos são os seguintes: 29% cumpriam pena por roubo, 20% por crimes relacionados ao tráfico de drogas, 16% por furto e 12% por homicídios, 6% por crimes do Estatuto de Desamamento e 6% por crimes contra a liberdade sexual. Já entre as mulheres, 57% cumpriam pena por crimes relacionados ao tráfico de drogas, 11% por roubo, 9% por furto e 7% por homicídio.

No que se refere à Escolaridade, 178.540 pessoas, entre homens e mulheres, tinham ensino fundamental incompleto. Quanto à faixa etária, 32% dos indivíduos tinham entre 18 e 24 anos e 27% deles entre 25 e 29 anos. A repressão do sistema de justiça criminal estaria, portanto, especialmente direcionada aos estratos excluídos da economia formal e com baixa escolaridade, embora se saiba, empiricamente, que as infrações penais sejam praticadas por indivíduos de todos os estratos sociais. A hipótese acima acaba confirmada, uma vez que os crimes comumente selecionados pelos aparelhos de repressão penal do Estado são, de fato, os delitos de tráfico de drogas e contra o patrimônio privado (roubos e furtos).

Já os dados do DEPEN relativos ao ano de 2013, demonstram que 48,57% dos encarceramentos foram motivados por crimes patrimoniais; 26,29% foram motivados por crimes da Lei de Drogas, 12,21% de crimes contra a pessoa; 5,76% Estatuto do Desarmamento, 4,15% crimes sexuais e outros delitos representam apenas 3,02%. Assim, os delitos patrimoniais e os relativos à Lei de Drogas representam juntos 74,86% dos encarceramentos e são delitos que visam à obtenção de vantagem econômica partir de atividades ilícitas, portanto, fora do mercado formal de trabalho. Atividades que rompem com o ciclo da venda da força de trabalho com remuneração, conforme o tempo de trabalho efetivo.

Os dados acima apontam para o tráfico de drogas como o principal delito selecionado pelo sistema de justiça criminal. Certas limitações legislativas reforçam a superlotação carcerária na medida em que impedem ou restringem a concessão de certos direitos da execução. Isso ocorre, por exemplo, com o tráfico de drogas que, por ser considerado um delito equiparado a hediondo, sofre uma série de restrições. Não se pode conceder indulto, graça e comutação de pena para esse tipo de delito. O regime inicial é sempre o fechado. Além disso, o tempo de cumprimento de pena necessário, para que o condenado por tráfico obtenha livramento condicional e progressão de regime, é muito maior do que aquele exigido para delitos comuns, conforme foi abordado anteriormente.

---

[16] Disponível em: portal.mj.gov.br. Acesso em 15/03/2014.

5. Conclusão

O direito penitenciário, por si só, envolve marcantes atividades tanto jurisdicionais como administrativas. Os incidentes da execução penal, que por serem concedidos pelo juízo de execução, representam a face mais jurisdicional da execução, dependem sempre de manifestação do diretor da casa prisional e, em alguns casos, da equipe técnica da casa (agentes penitenciários, psicólogos e assistentes sociais) sobre o comportamento carcerário do condenado. Além disso, as faltas disciplinares são apuradas mediante Procedimento Administrativo, sem a garantia da ampla defesa, uma vez que a participação de advogado não é indispensável. Ainda que o PAD seja submetido à homologação pelo juiz de execução, uma série de medidas disciplinares já foram aplicadas "cautelarmente" pela autoridade administrativa, tais como o isolamento celular. Desse modo, é inegável que a realidade da execução criminal implica num constante exercício de poder pela direção da casa prisional.

De outro lado, preocupa a forma como as penitenciárias brasileiras foram organizadas ou se deixaram organizar diante da situação de superlotação. As constantes apostas no encarceramento de condenados por tráfico de drogas e crimes patrimoniais, em detrimento de penas alternativas à prisão, colaboram para um quadro desastroso, de abuso de poder, corrupção e violação da dignidade humana de milhares de apenados e de seus familiares. Grupos de presos assumem o controle das galerias, submetendo a maioria às suas próprias regras. Regras estas aceitas sem questionamentos, tanto pelos presos como pelos funcionários das casas prisionais, como imperativo de sobrevivência no caos do sistema. Vive-se em verdadeiro estado de natureza, mas o discurso oficial teima em declarar a importância da ressocialização dos condenados e da sua reinserção social. Ignorância ou hipocrisia? Provavelmente ambas estão presentes na atual política criminal brasileira. O resultado dessa ausência da capacidade de pensar, de maneira racional, sobre esse gravíssimo problema é ainda mais preocupante.

Bibliografia

CARVALHO, Salo. *Pena e Garantias*: uma Leitura do Garantismo de Luigi Ferrajoli no Brasil. Rio de Janeiro: Lumen Juris, 2001.

GOFFMAN, Erving. *Manicômios, Prisões e Conventos*. 7.ed. Tradução de Dante Moreira Leite. São Paulo: Perspectiva, 2007.

MARCÃO, Renato. *Curso de Execução Penal*. 9. ed. São Paulo: Saraiva, 2011.

MELOSSI, Dario e PAVARINI, Massimo. *Cárcere e Fábrica: As origens do sistema penitenciário (séculos XVI – XIX)*. Tradução de Sérgio Lamarão. Rio de Janeiro: Revan: 2006.

PRADO, Fernando de Albuquerque. *Estudos e Questões de Processo Penal*. São Paulo: Max Limonad, 1954.

SANTOS, Juarez Cirino dos. *A Criminologia Radical*. 2. ed. Rio de Janeiro: Lumen Juris, 2006.

SCAPINI, Marco Antonio Bandeira. *Prática de Execução das Penas Privativas de Liberdade*. Porto Alegre: Livraria do Advogado, 2009.

Parte II

CRIMINOLOGIA

── 5 ──

As medidas socioeducativas e apelo punitivo na apuração de atos infracionais

ANA PAULA MOTTA COSTA[1]

Sumário: Dificuldades na interpretação da natureza jurídica das medidas socioeducativas; O processo como limite ao poder punitivo e a observação acerca da prática processual no âmbito da Justiça juvenil; Considerações finais; Referências bibliográficas.

A ordem social contemporânea caracteriza-se pela descrença nas promessas feitas na modernidade e pela renúncia às regras e limites tidos como condição para a evolução da civilização.[2] Frente a essa realidade, observa-se uma tendência mundial de diminuição do estado social e de ampliação do estado penal. Ou seja, o estado vem deslocando sua função de segurança coletiva e bem-estar social para a segurança penal; ao mesmo tempo em que a responsabilidade pelos infortúnios gerados pela exclusão do trabalho torna-se individual e privatizada.[3]

Trata-se de uma sociedade centrada no consumo, e não na produção, em que a criminalidade não é produto de seu mau funcionamento, mas o meio encontrado pelo contingente de excluídos do mercado consumidor para acessar diretamente aos bens e valores sociais. De acordo com Robert Castel, esta é a alternativa que resta ao enorme contingente de "sobrantes", antes considerados como de responsabilidade coletiva, corporificada pelo estado social, hoje definidos como criminosos individuais, frente à tendência de criminalização de seus comportamentos característicos.[4]

---

[1] Advogada, Socióloga, Mestre em Ciências Criminais e Doutora em Direito (PUC/RS). Professora da Faculdade de Direito da UFRGS.

[2] BAUMAN, Zigmunt. *O mal-estar da pós-modernidade*, p. 8-10.

[3] WACQUANT, Loïc. *As prisões da miséria*, p.7.

[4] CASTEL, Robert. As armadilhas da exclusão. In: WANDERLEY, Mariângela; BÒGUS, Lúcia; YAZBEK, Maria Carmelita. *Desigualdade e a Questão Social*. p. 29-40.

Em meio à complexidade que caracteriza a violência, a criminalidade cresce e ganha espaço o discurso justificador do estado punitivo, como forma eficiente de garantir a segurança da população a partir do encarceramento. Parece ser esta a única solução encontrada, não apenas para a violência concreta, mas para o sentimento de insegurança que é gerado na opinião pública pelos meios de comunicação de massa.

Dessa forma, amplia-se o aparelho repressivo do estado em detrimento ao modelo de Estado Democrático de Direito, que tem em seu conteúdo o respeito às garantias individuais frente a tal poder punitivo. Portanto, a legitimidade estatal ganha terreno não no pacto social de respeito aos direitos individuais e sociais, mas simplesmente na tarefa de repressão e segregação, os quais são propagados como solução diante do "sonho da sociedade perfeita isenta de conflitos".

De modo especial, a criminalidade e a violência são atribuídas em maior medida à população juvenil. Conforme Mario Volpi, trata-se de um mito constituído socialmente que não encontra respaldo nos dados oficiais sobre a periculosidade ou no número de crimes cometidos por esta parcela da população.[5]

É certo que a juventude das periferias das grandes cidades brasileiras tem sido protagonista de episódios de violência, mas também tem se constituído em sua maior vítima. Luis Eduardo Soares tem apontado que tal violência envolve, especialmente, jovens pobres, do sexo masculino, negros ou pardos.[6] Conforme os dados do Relatório das Nações Unidas sobre a violência contra a criança no Brasil, no ano de 2000, dezesseis crianças e adolescentes foram assassinados, em média, por dia. Entre tais mortos, quatorze estavam entre quinze e dezoito anos, e nesta faixa etária, o grupo era composto por 70% de negros. Vê-se, portanto, que a maior vítima da violência é a juventude, alvo diário de mortes por causas externas, caracterizadas, em geral, por crimes praticados por armas de fogo, ou outras formas agressivas de interação social como, por exemplo, os acidentes de trânsito.

Os dados de mortalidade na adolescência e juventude, em especial na faixa entre 15 e 19 anos têm se mostrado importantes indicadores sociais, da mesma forma que os indicadores de mortalidade infantil (número de mortos até um ano de idade a cada 1000 nascidos vivos). Assim, segundo o Núcleo de Estudos da Violência (NEV) da Universidade de São Paulo, que analisou um intervalo de 22 anos e comparou estados e capitais brasileiras, constatando que jovens entre 15 e 19 anos são as

---

[5] VOLPI, Mário. *Sem Liberdades, Sem Direitos*. p. 15-16.
[6] SOARES, Luiz Eduardo; MILITO, Cláudia ; SILVA, Hélio R. S. Homicídios dolosos praticados contra crianças e adolescentes do Rio de Janeiro. In: —— e colaboradores. *Violência e Política no Rio de Janeiro*. p. 190-192.

maiores vítimas de homicídios no País, correspondendo a 87,6% dos casos. Essas mortes ocorrem essencialmente onde há uma superposição de carências e de violação de direitos.

Na mesma direção apontam os dados do Ministério da Saúde, os quais demonstram que as violências têm sido as principais causas de óbito na faixa etária de 10 a 19 anos (52,9%). Entre os adolescentes, de 15 a 19 anos, 58,7% dos óbitos, no período analisado, foram por violências (DATA SUS -2006-2010).

De forma complementar, a Secretaria Nacional de Direito Humanos instituiu o Índice de Homicídios na Adolescência (IHA). De acordo com os dados publicados, tal índice permite estimar-se o risco de mortalidade por homicídios de adolescentes em um determinado território. Os levantamentos para coleta de dados foram realizados nas cidades com mais de 100 mil habitantes e apontam que cerca de 33 mil adolescentes serão vitimados por homicídio até o final de 2011, caso as condições permaneçam as mesmas. Deste montante, 15 mil são habitantes das capitais do país. Os homicídios já correspondem a 45% das mortes nesta faixa etária; além disso, a análise do risco relativo indica que o risco de morte para os jovens do sexo masculino é 12 vezes maior do que para as meninas. Quanto à distribuição de riscos em relação à condição racial, vê-se que os negros possuem 2,6 vezes mais probabilidade de serem assassinados e as armas de fogo aparecem como o principal instrumento utilizado, com uma incidência 3 vezes maior dos que os demais instrumentos.

Para Simone de Assis, as causas desse tipo de violência são dinâmicas e complexas, perpassando por explicações estruturais, psicossociais e individuais, vistas em caráter complementar.[7] Diante desse contexto, parece evidente que a alternativa que cabe à sociedade brasileira é a ampliação do estado social, por meio da oferta de políticas públicas voltadas a este seguimento populacional e etário. Em vez disso, vê-se que acabam por justificarem-se socialmente as decisões judiciais que, em detrimento ao respeito às garantias individuais, aplicam de forma indiscriminada a medida socioeducativa de internação.[8]

Vê-se que, embora a importância conceitual e doutrinária do Estatuto da Criança e do Adolescente – enquanto Lei brasileira que inaugura a "Doutrina da Proteção Integral", propagada pela "Convenção Internacional dos Direitos da Criança" (1989), – esta Lei tem sido pouco efetiva em sua aplicação. Independente da concepção doutrinária garantista, a aplicação de medidas segregatórias e institucionalizantes nem sempre tem obedecido ao princípio da excepcionalidade, sendo utilizada como solução corriqueira para administração de conflitos de natureza social.

---

[7] ASSIS, Simone Gonçalves de. *Traçando caminhos em uma sociedade violenta.* p. 22-24.

[8] COSTA, Ana Paula. *As Garantias Processuais e o Direito Penal Juvenil.* p. 62.

Tal constatação demonstra que sobrevive, ainda nos dias de hoje, a cultura jurídico-penal característica da "doutrina da situação irregular".

De outra parte, a aplicação inadequada da medida socioeducativa internação ocorre em função da confusão na interpretação do Estatuto da Criança e do Adolescente,[9] em relação à natureza sancionatória das medidas socioeducativas.

Dificuldades na interpretação da natureza jurídica das medidas socioeducativas

A Lei estatutária, além de regulamentar os princípios fundamentais contidos na Constituição Federal de respeito à dignidade da pessoa humana, pela primeira vez na história de nossas legislações, introduziu no texto legal o princípio da legalidade penal, estendendo-o para a infância e a juventude. Trata-se de um princípio limitador da intervenção estatal punitiva, portanto, de garantia do indivíduo perante o estado.[10]

Para Cláudio Brandão, o Direito Penal não pode ser dissociado da realidade política. O princípio da legalidade foi criado em função de responder politicamente ao modelo de estado totalitário. Não reconhecer a relação que o Direito Penal tem com o mundo político é afastar-se da realidade. Ao identificar-se o modelo de Direito Penal vigente, pode-se visualizar o modo de uso estatal da violência em cada sociedade.[11]

Segundo o autor, nos modelos de estado e sociedade anteriores ao Iluminismo, nos períodos de estado teocrático ou absolutista, a pena servia como forma divina de castigo, ou como meio ilimitado de subjugar os súditos. Somente no Estado de Direito o poder foi limitado por princípios abstratos e ideais. Um Estado Democrático de Direito é um modelo que une e supera o estado liberal e o estado social, entendendo estado social como garantidor dos amplos direitos sociais a toda a população. Portanto, a partir dessa configuração, a intervenção estatal submete-se aos limites formais e materiais do Estado Social e Democrático de Direito.

Observa-se, no entanto, que, ainda nos dias atuais, persistem dúvidas entre alguns doutrinadores ou aplicadores da Lei quanto à natureza penal da legislação juvenil,[12] o que conduz a desconsiderar todo o sistema

---

[9] MENDEZ, Emílio Garcia. Adolescentes e Responsabilidade Penal: um debate latino-americano. In: *Por uma reflexão sobre o Arbítrio e o Garantismo na Jurisdição Socioeducativa.* p. 16.

[10] FERRAJOLI, Luigi. Prefácio. In: MENDÉZ, Emílio Garcia e BELOFF, Mary. *Infância, Lei e Democracia na América Latina.* p. 8.

[11] BRANDÃO, Cláudio. *Introdução ao Direito Penal: análise do sistema penal à luz do princípio da legalidade*, p. 43-44.

[12] Um exemplo neste sentido é a visão de GARRIDO de PAULA, Paulo Afonso. *Direito da Criança e do Adolescente e Tutela Jurisdicional Diferenciada.* p. 43-45.

correspondente de garantias constitucionais e de princípios aplicáveis de Direito Penal, resultando, paradoxalmente, em prejuízo e desvantagem dos adolescentes perante os adultos.

Nesse sentido, Miguel Cilleno Bruñol afirma tratar-se da necessidade do reconhecimento de uma culpabilidade especial dos adolescentes perante o sistema penal juvenil contido na legislação especial, o que representa opção contrária ao que historicamente tem sido feito, seja por parte dos chamados modelos de proteção ou dos que defendem a aplicação às pessoas menores de idade de um modelo punitivo especial, que não contempla sanções. Conforme o autor, tais modelos não têm sido eficientes em controlarem o poder punitivo do estado, e, historicamente, as crianças e os adolescentes, declarados sem discernimento ou incapazes, têm sido alvo de severos castigos, justificados pelo eufemismo de um sistema de proteção.[13]

Aos adolescentes, portanto, não se pode imputar responsabilidade frente à legislação penal comum – o que não quer dizer que não respondam pelos atos infracionais praticados.

Para Antônio Fernando Amaral e Silva, a diferença da medida socioeducativa em relação à pena, diz respeito ao tipo de resposta que imputada ao adolescente, não a sua própria responsabilização, a qual se dá, em nosso sistema, perante a legislação especial.[14] Os adolescentes, portanto, respondem pelos delitos que praticam, submetendo-se a medidas socioeducativas de caráter penal especial. Tal caráter justifica-se, especialmente, porque as referidas medidas são impostas aos sujeitos em decorrência da prática de atos infracionais, ou crimes tipificados na lei penal e, ainda, porque é indiscutível o caráter aflitivo dessas medidas, especialmente tratando-se da privação de liberdade.

O reconhecimento da existência de um Direito Penal juvenil, contido no Estatuto, tem por consequência a identificação da necessidade de respeito às garantias processuais penais destinadas ao mesmo público, presentes no conjunto da legislação pátria. Nesse caso, o respeito ao devido processo é um instrumento de garantia da aplicação da Lei especial, de acordo com sua concepção doutrinária, pois é uma forma de efetivar-se o modelo previsto de "direito penal mínimo" nela contido. É possível, portanto, buscar a efetivação das garantias individuais que estão previstas no ordenamento jurídico, todas, as quais, de origem constitucional.

---

[13] CILLENO BRUÑOL, Miguel. Nulla Poena Sine Culpa. Um Limite necesario al castigo penal in Justicia y Derechos Del Niño. In: *Justicia y Derechos del Niño*. p. 70-71.

[14] AMARAL e SILVA, Antônio Fernando. O mito da inimputabilidade penal e o Estatuto da Criança e do Adolescente. In: *Revista da Escola Superior de Magistratura do Estado de Santa Catarina*. p. 263-264.

Nessa direção, cabe citar a manifestação de Luigi Ferrajoli sobre o tema:

> O paradigma escolhido (...) é do direito penal mínimo, que é incomparavelmente menos grave e mais respeitoso em relação ao adolescente que o velho sistema "pedagógico" das chamadas "sanções" leves impostas informal e arbitrariamente. (...) Segundo, pelo rigoroso respeito de todas as garantias penais e processuais – da taxatividade dos delitos à comprovação da ofensa e da culpabilidade, da carga da prova ao contraditório e ao direito de defesa – imposto ao sistema de responsabilidade penal juvenil, mesmo reconhecendo-os (os adolescentes) como inimputáveis.[15]

A compreensão da natureza jurídica das medidas socioeducativas, especialmente durante o processo judicial que resultará em sua aplicação, tem por finalidade, ou estratégia, estabelecer limites concretos e legais para sua imposição por parte do Poder Judiciário, visto que as sanções somente podem ser impostas aos adolescentes, nas situações autorizadas pela Lei, considerando os limites e circunstâncias previstas.

Essa estratégia tem razão de ser histórica, visto que a cultura de "compaixão repressão", que se consolidou na prática estatal vigente no tempo do antigo Código de Menores, prevalece até os dias de hoje no Brasil e na América Latina, conforme repetidamente ensina Emílio Garcia Mendez.[16] Afirma o autor que se tornou comum utiliza-se de forma "eufemista" a justificativa de que a intervenção de controle é social e em nome da proteção, quando, em realidade está-se a praticar controle penal sobre os sujeitos. Portanto, afirmar o caráter penal, sancionatório da intervenção é uma estratégia de resposta à sociedade punitiva que, por interesse ideológico ou por desconhecimento da realidade, considera que a intervenção socioeducativa, de cunho supostamente protetivo, não seria suficiente frente ao mal cometido pelo adolescente. Da mesma forma é estratégico em relação aos operadores do Direito, que diante de uma intervenção sancionatória, necessitam estabelecer limites mais objetivos, sob pena de ausência de legitimidade.

No contexto do processo, portanto, cabe utilizar-se de toda a construção legal, doutrinária e jurisprudencial, como limitador do poder punitivo destinado aos adultos. Tratam-se de limites jurídicos para a intervenção do Estado na vida e na liberdade dos sujeitos.

Com isso, não se deixa de conhecer que o Direito Penal, embora seus objetivos declarados desde a Modernidade, arcabouço normativo e doutrinário em direção a limitar o poder punitivo do Estado, na prática, ao longo dos séculos, tornou-se legitimador da intervenção de controle punitivo. A pena, embora proporcional e dentro de limites legais, cons-

---

[15] FERRAJOLI, Luigi. Prefácio. In: MENDEZ, Emílio Garcia e BELOFF, Mary. *Infância, Lei e Democracia na América Latina*, p. 8.

[16] MÉNDEZ, Emílio Garcia. *Infância e Cidadania na América Latina*. São Paulo: HUCITEC, 1996.

tituiu-se em instrumento reprodutor da estratificação social capitalista.[17] Porém, sem tais limites, provavelmente os efeitos do controle social seriam piores, a exemplo do tempo de vigência do Código de Menores (desde 1927 até a Constituição de 1988) em que a legislação tutelar legitimou a intervenção discricionária sobre a população pobre de crianças e adolescentes, considerados em situação irregular.

Portanto, a que se reconhecer a natureza sancionatória da intervenção socioeducativa, naquilo que importa estrategicamente: constituir uma nova cultura jurídica, em que, para que seja imposta a intervenção sancionatória, requer que seja limitada, caso contrário será ausente sua legitimidade.

O processo como limite ao poder punitivo e a observação acerca da prática processual no âmbito da Justiça juvenil

Em matéria doutrinária no campo do Processo Penal, historicamente é possível identificar dois modelos processuais: o modelo processual inquisitório e o modelo processual acusatório.[18] Para Juan Monteiro Aroca, o modelo inquisitório não pode ser considerado um verdadeiro processo, pois tal conceito pressupõe a instalação de uma relação triangular em que, frente a um terceiro imparcial, compareçam duas partes parciais, em pé de igualdade e em contradição, demonstrando um conflito que deve ser solucionado através do direito objetivo.[19]

Na concepção de Jacinto Coutinho, a diferença entre os modelos diz respeito à essência dos princípios formuladores dos modelos processuais. No caso, entende ele, que a diferença entre os modelos está no princípio da responsabilidade na gestão da prova. No modelo processual inquisitório a responsabilização pela produção das provas está diluída entre o próprio juiz e a acusação. Já, no caso do modelo processual acusatório, tal responsabilidade cabe à acusação, o que permite a clara separação de atividades e responsabilidades no curso do processo.[20]

O fato é que a concepção cognitiva de processo e o modelo de sistema acusatório são aquisições afirmativas da modernidade, da mesma forma que o princípio de estrita legalidade penal. O princípio acusatório exige que o juízo se desenvolva com garantias processuais em matéria de

---

[17] BARATTA, Alessandro. *Criminologia Crítica e Crítica do Direito Penal. Introdução à Sociologia do Direito.* 2ª ed. Rio de Janeiro: Freitas bastos, 1999, p. 207.
[18] COUTINHO, Jacinto Nelson Miranda. Introdução aos Princípios Gerais do Direito Processual Penal Brasileiro. In: *Revista de Estudos Criminais*, 28-29.
[19] AROCA, Juan Montero. *Principios Del proceso penal* – uma explicación basada em la razón, p. 28-29.
[20] COUTINHO, Jacinto Nelson Miranda. Idem, p.28.

prova e de defesa e que se torne possível a obtenção da verdade processual, baseada na verificação e na refutação.[21]

A situação do sistema processual previsto no Estatuto da Criança e do Adolescente é de um modelo processual confuso, referenciado nos princípios constitucionais de orientação acusatória, mas com elementos essencialmente inquisitivos. Tal situação agrava-se porque a Lei especial incorporou elementos do Processo Civil, o que permite agilidade de procedimentos em certos momentos,[22] mas que contribui para reforçar a concepção de que o Direito da Criança e do Adolescente não contém um Processo Penal e, portanto, na sua aplicação, são dispensáveis as observações de garantias processuais reconhecidas para o conjunto da população.

Constata-se que o legislador brasileiro estendeu todas as garantias processuais constitucionais aos adolescentes, especialmente quanto ao direito ao devido processo legal. Na legislação estatutária foram regulamentados os dispositivos processuais contidos na Constituição e foi criado um rito de procedimentos específicos, que pode ser aplicado, quando couber, em combinação com a legislação processual vigente no País. Portanto, não existe justificativa para que os operadores jurídicos não respeitem as garantias processuais sob o argumento de ausência de legislação.

De outra parte, existem imprecisões, lacunas e problemas na Lei estatutária em matéria penal e processual, que possibilitam sua interpretação discricionária. Nesta direção costuma manifestar-se Emílio Garcia Mendez:

> (...) a ausência de regras nunca é tal; a ausência de regras é sempre a regra do mais forte. No contexto histórico das relações do Estado e dos adultos com a infância, a discricionariedade tem sempre funcionado de fato e de direito, no médio e no longo prazo, como um mal em si mesmo. Além de incorreta, a visão subjetiva e discricional é miopemente imediatista e falsamente progressista.[23]

Uma das deficiências maiores do Estatuto está no art. 122, quando trata dos requisitos para internação, que, em função de sua redação vaga, permite interpretação subjetiva. Assim, "grave ameaça à pessoa" é uma expressão que não vincula, necessariamente, ao capítulo do Código Penal, que trata dos crimes contra a pessoa. Quanto ao outro requisito, "reiteração de atos infracionais graves", permite diversas leituras do que seja

---

[21] LOPES JUNIOR, Aury. *Introdução Crítica ao Processo Penal* (Fundamentos da Instrumentalidade Constitucional), p. 67.

[22] SARAIVA, João Batista Costa. *Direito Penal Juvenil*: Adolescente e ato infracional, garantias processuais e medidas socioeducativas. p. 86-89.

[23] MENDEZ, Emílio Garcia. Adolescentes e Responsabilidade Penal: um debate latino-americano. In: *Por uma reflexão sobre o Arbítrio e o Garantismo na Jurisdição Socioeducativa*, p. 82.

a gravidade dos atos infracionais. Em realidade, a dificuldade está na falta de previsão legal que relacione os atos infracionais praticados com o tipo de medida a ser aplicada. Não existe na Lei, portanto, nenhum parâmetro preciso de relação entre os tipos penais, que estão descritos na Lei Penal, e as diferentes possibilidades de sanção previstas na Lei especial, nem quanto à gravidade da medida a ser aplicada, nem em relação ao tempo de sua aplicação.

Embora a evidente falta de taxatividade legal, o Superior Tribunal de Justiça tem se manifestado no sentido da definição de critérios para limitação da intervenção punitiva nestes casos, como se pode ver nos julgados a seguir:

> ESTATUTO DA CRIANÇA E DO ADOLESCENTE – ECA. HABEAS CORPUS. ATO INFRACIONAL EQUIPARADO *A TRÁFICO DE ENTORPECENTES. ROL TAXATIVO DO ART. 122 DO ECA. INEXISTÊNCIA DE GRAVE AMEAÇA OU VIOLÊNCIA A PESSOA. NÃO-OCORRÊNCIA DE REITERAÇÃO.* APLICAÇÃO DA MEDIDA SOCIOEDUCATIVA DE INTERNAÇÃO POR PRAZO INDETERMINADO. CABIMENTO DO *WRIT*. CONSTRANGIMENTO ILEGAL CARACTERIZADO. ORDEM CONCEDIDA.
> 1. Nos termos da legislação de regência, a medida de internação só poderá ser aplicada quando se tratar de ato infracional cometido mediante grave ameaça ou violência a pessoa, por reiteração no cometimento de outras infrações graves ou por descumprimento reiterado e injustificável de medida anteriormente imposta.
> 2. O caso dos autos – em que a representação é pela prática de ato infracional análogo ao tráfico de entorpecentes – não se enquadra em nenhuma das hipóteses taxativamente previstas no art. 122 do Estatuto da Criança e do Adolescente.
> 3. *A reiteração é caracterizada quando cometidos, ao menos, 3 (três) atos infracionais.* A prática de 2 (duas) infrações gera reincidência, não prevista como fundamento a ensejar aplicação da medida socioeducativa de internação.
> 4. Ordem concedida para anular a sentença, apenas no que se refere à medidas socioeducativa de internação a fim de que outra seja aplicada ao paciente, que deverá aguardar a nova decisão em liberdade assistida.
> (HC 62.294/RJ, Rel. Ministro ARNALDO ESTEVES LIMA, QUINTA TURMA, julgado em 13/02/2007, DJe: 12/03/2007) (Grifou-se).

> ATO INFRACIONAL: IMPOSIÇÃO DE MEDIDA SÓCIO-ECONÔMICA DE INTERNAÇÃO: AUSÊNCIA DOS SEUS PRESSUPOSTOS (ECA, ART. 122, I E II). 1. O regime da medida de internação pressupõe a tipicidade estrita das hipóteses legais que a autorizam. 2. A condenação imposta ao paciente, contudo, amolda-se à conduta descrita como tráfico de entorpecentes (L. 6.368/76, art. 12), na comissão do qual, no caso, não se utilizou de violência ou grave ameaça (art. 122, I, do ECA). 3. *Também não configurada a hipótese do art. 122, II, do ECA: por "reiteração no cometimento de outras infrações graves", à incidência da qual não é suficiente a mera existência de outros processos por fatos anteriores, mas a pré-existência de sentença transitada em julgado, reconhecendo a efetiva prática de pelo menos 2 duas infrações.* 4. Ademais, a "remissão não implica necessariamente o reconhecimento ou comprovação da responsabilidade, nem prevalece para efeito de antecedentes (...)" (ECA, art. 127). 5. Habeas corpus: deferimento para cassar a sentença, na parte em que impôs a medida de internação ao paciente, a fim de que outra seja aplicada. Extensão dos efeitos da decisão ao outro menor também condenado.

(HC 88748/SP – SÃO PAULO *HABEAS CORPUS* Relator(a): Min. SEPÚLVEDA PERTENCE Julgamento: 08/08/2006. Órgão Julgador: Primeira Turma)

Outro aspecto relevante, no que se refere às deficiências da Lei, diz respeito ao tema da gestão da prova. De um lado, conta-se com o avanço que significa a exclusiva titularidade da representação por parte do Ministério Público, enquanto uma característica acusatória do Processo Penal previsto no Estatuto. No entanto, de outra parte, a Lei especial deixou de prever competência probatória restrita à acusação, na medida em que não constitui como requisito, enquanto elemento da peça inicial, a necessidade de demonstração da materialidade e dos indícios de autoria. Portanto, a representação oferecida pelo Ministério Público, como instrumento de acusação do adolescente, em uma interpretação restrita da Lei, pode ser admitida mesmo sem os requisitos necessários à denúncia, prevista para mesma finalidade no sistema adulto.

Constata-se, ainda, a existência de outras impropriedades evidentes na Lei, como a falta de previsão específica de defesa em vários momentos processuais.[24] Entre estes momentos, estão a audiência com o promotor de justiça para transação pré-processual, o rito de decisão para a decretação da regressão pelo não cumprimento de medida em meio aberto ou a audiência de apresentação, em que não está expressa a necessidade de nomeação de defensor em caso de ato infracional não grave.

Na observação a cerca da prática processual, verifica-se que, em função da competência atribuída ao Ministério Público do zelo pelos direitos difusos e coletivos e pela legalidade, este órgão algumas vezes não assume claramente seu papel de acusação. Em consequência, confundem-se, durante o processo, as funções a serem exercidas pela defesa, pelo promotor ou mesmo pelo juiz. É comum observar-se os operadores jurídicos atuando como se todos tivessem interesses convergentes e suas intervenções expressassem sempre a busca do "bem-estar" dos adolescentes. Tal comportamento, ou prática processual, leva a cotidiana interpretação de que não é necessária a presença e atuação da defesa, como requisito de validade processual.

Para além dos limites contidos na Lei com relação à atuação da defesa, na observação dos processos judiciais, verifica-se fragilidade nas defesas técnicas e a presença de uma tendência à desconsideração da autodefesa,[25] gerando um efetivo desequilíbrio entre as partes processuais. Vê-se que a ausência de defesa material, algumas vezes, corrobora para a condenação de adolescentes pelo cometimento de atos infracionais em

---

[24] SARAIVA, João Batista Costa. Direito Penal Juvenil: Adolescente e ato infracional, garantias processuais e medidas socioeducativas, p. 59-60.

[25] COSTA, Ana Paula Motta. O Direito à Defesa de Adolescentes em Processos Judiciais: Limites e Possibilidades. In: *Juizado da Infância e da Juventude (Porto Alegre)*, v. VIII, p. 09-26, 2012.

que há forçoso enquadramento de seus comportamentos como fatos típicos. Em realidade, mesmo quando existe defesa material, é comum constatar-se que não são realizadas defesas técnicas, de acordo com os instrumentos previstos e disponíveis no Estatuto da Criança e do Adolescente.

De outra parte, embora toda a fragilidade das defesas, portanto, a desconsideração na prática desta garantia, muitos processos não deixam de resultar na aplicação da medida socioeducativa mais gravosa prevista na Lei estatutária, ou mesmo não é comum a anulação de processos, em sede de segundo grau, pela ausência do respeito ao direito constitucional de ampla defesa. Portanto, a fragilidade está na atuação geral dos operadores do sistema e na predominância de uma cultura processual que não costuma considerar a importância de um processo de partes, em que, efetivamente, seja considerado o contraditório.

Outrossim, vê-se que a atuação da defesa, a partir do aprofundamento técnico e da qualificação geral de sua intervenção, pode constituir-se em um caminho instrumental para a evolução no respeito às garantias processuais na área do Direito Penal juvenil. Nesse sentido, o papel estatal ganha relevância na medida da necessidade de ampliação e qualificação do papel das Defensorias Públicas.[26]

Constata-se que a forma com que se explicitam as decisões judiciais permite a compreensão de como foi o desenvolvimento dos processos a que se referem. Nesse sentido, pode-se dizer que as decisões judiciais refletem que nos processos em geral não há clara separação entre a atividade de julgar e acusar; não costuma ser respeitada a garantia do contraditório; é comum criminalizar-se comportamentos que não são aceitos em determinados contextos sociais; não há total respeito à legalidade; e predomina a compreensão equivocada acerca da natureza da medida socioeducativa.[27]

Nas palavras de Antônio Magalhães Gomes Filho, a garantia de motivação representa a última manifestação do contraditório, na medida em que permite o controle sobre as demais garantias e a necessidade de justificação das decisões judiciais com base nos fatos e no Direito que constam do processo, limitando, portanto, a possibilidade de decisões pessoais e a não observância da legalidade.[28]

---

[26] FERRAJOLI, Luigi. *Derecho y Razón: teoria del garantismo penal*. Madri: Trotta, p.613-615..

[27] Neste sentido, foi possível a comprovação da afirmação aqui feita em pesquisa realizada sobre este tema na dissertação de mestrado defendida pela autora. COSTA, Ana Paula Motta. *As garantias processuais como limite à violência estatal na aplicação da medida sócio-educativa de internação*. Diss. (Mestrado) – Fac. de Direito, PUCRS. Porto Alegre, 2004.

[28] GOMES FILHO, Antônio Magalhães. *A motivação das Decisões Penais*. São Paulo: Revista dos Tribunais, p. 241,242.

Da mesma forma, as circunstâncias em que estão inseridos os processos influenciam diretamente nas decisões judiciais, seja em função do apelo da comunidade para a privação de liberdade de algum dos adolescentes, ou mesmo em função da grande repercussão na opinião pública de um crime cometido.

Ocorre que os juízes, na tarefa de decidir nos processos, por mais distantes que estejam das partes na estrutura processual (o que não é a realidade do modelo processual, ou procedimental brasileiro), conforme afirma Jacinto Coutinho[29], não são neutros em suas intervenções e decisões, atuam vinculados ao contexto em que estão inseridos ao mesmo tempo em que são construtores da realidade, na medida em que suas decisões repercutem e alteram as condições objetivas dessa mesma realidade.

Rui Portanova afirmar que é imperioso afastar-se a premissa da justiça neutra. Diz o autor que as motivações sentenciais variam conforme a classe, a formação, a idade e a ideologia do juiz. "O juiz que não tem valores e diz que o seu julgamento é neutro, na verdade está assumindo valores da conservação".[30] O primeiro passo para a modificação da mentalidade processualista tradicional é a superação do mito da neutralidade e a constituição de uma magistratura comprometida socialmente, no entanto vinculada a mecanismos sociais de controle.[31]

Abordando o tema sob outro aspecto, Carlos Roberto Bacila afirma que "algumas sombras interferem no momento de aplicação das regras jurídicas".[32] Essas sombras o autor denomina estigmas. Há regras não escritas que são fundamentais para decidir o que deverá ocorrer quando da interpretação das leis. Os estigmas atuam como se fossem "metarregras"[33], "regras que estão além das regras jurídicas, que influenciam as leis penais da mesma forma que uma sombra impede o alcance da luz".[34] A consciência sobre a existência das metarregras e de sua influência sobre os processos é um caminho na busca, que deve ser constante, por uma maior imparcialidade judicial, como fundamento, inclusive, da legitimidade da atuação do Poder Judiciário.[35]

---

[29] COUTINHO, Jacinto Nelson Miranda. *Introdução aos Princípios Gerais do Direito Processual Penal Brasileiro*. In: Revista de Estudos Criminais, p. 32-34.

[30] PORTANOVA, Rui. *As Motivações Ideológicas da Sentença*, p. 74.

[31] Idem, p. 104-105.

[32] BACILA, Carlos Roberto. *Estigmas. Um estudo sobre preconceitos*, p. 12.

[33] Este tema está abordado com maior profundidade em COSTA, Ana Paula. As "Metaregras" como "Sistema de Valoração de Provas" nos Processos Penais Juvenis. In: *Revista Ciência em Movimento*. p. 11-22.

[34] BACILA, Carlos Roberto. Idem, p. 13.

[35] GOMES FILHO, Antônio Magalhães. *A motivação das Decisões Penais*. São Paulo: Revista dos Tribunais, p. 75-105.

Outra tendência geral dos processos e, em especial, das decisões judiciais, está em não estarem fundamentadas nas provas sobre os fatos imputados, mas sim na personalidade dos adolescentes. Isso demonstra um retorno à concepção de Direito Penal do autor, e não do fato, prática processual característica do modelo processual inquisitório, e não acusatório, identificada com o que no campo da criminologia costuma-se chamar de "paradigma etiológico".

A identidade das teorias decorrentes dessa matriz de pensamento, segundo afirma Eugênio Zaffaroni, é sua central atenção nas condutas criminais, analisadas com independência em relação ao conceito jurídico do delito e buscando sua explicação para além do sistema penal, visando à eficácia preventiva, ou seja, à eliminação do delito.[36]

Segundo Elena Larrauri, a característica central da criminologia tradicional está em seu objeto estar focalizado no sujeito criminoso e seu comportamento, buscando identificar as causas de tal comportamento, as quais seriam explicativas da criminalidade. Sua visão é do sujeito criminoso com comportamento determinado, a partir das diferenças que o constituem em relação aos demais sujeitos sociais.[37]

Na área da infância e da juventude, vê-se que a criminologia tradicional constitui a base do pensamento manifesto em muitas motivações judiciais.[38]

A justificativa para a qualificação da personalidade do agente muitas vezes é feita na abordagem do adolescente como pessoa em condição peculiar de desenvolvimento, na aplicação da medida mais adequada ao autor, ou na própria individualização da medida socioeducativa a ser aplicada. Trata-se, mais uma vez, de uma interpretação distorcida da doutrina da proteção integral e do próprio Estatuto da Criança e do Adolescente, utilizando-se dos princípios norteadores da aplicação das medidas socioeducativas, só que em prejuízo dos adolescentes, e não em seu benefício.

Para Emílio Garcia Mendez, a palavra-chave está no conceito de proteção construído histórica e culturalmente, o qual se constitui em um eufemismo para legitimar as práticas e o discurso da discricionariedade.[39] Segundo o autor, a incapacidade política da criança, que está contextualizada em sua cidadania incompleta, constrói e legitima sua incapacidade

---

[36] ZAFFARONI, Eugenio Raúl. *Criminologia, aproximación desde um margen*, p. 177-248.
[37] LARRAURI, Elena. *La herencia de la criminología crítica*, p. 17-29.
[38] Cabe transcrever a citação feita na dissertação de mestrado defendida pela autora (antes já referida): "A leitura dos autos dá a exata dimensão da frieza e da completa ausência de valores éticos e morais desta mãe, que não demonstrou qualquer afeto por aquele serzinho que dela foi gerado", p.309.
[39] MÉNDEZ, Emílio García. *Infância e Cidadania na América Latina*, p. 200.

civil, e esta passa a legitimar sua incapacidade de fato. "Em termos culturais, políticos e jurídicos, é com esse sistema de compaixão-repressão e de discricionariedade que qualquer sistema de garantias deve confrontar-se".[40]

Considerações finais

O Direito Penal constituiu-se ao longo da modernidade em uma promessa que acabou realizando-se em seu sentido contrário. Os ideais de respeito à liberdade da pessoa humana como decorrência do contrato social acabaram por legitimar um sistema de reprodução das desigualdades sociais e da manutenção da estrutura social. O sistema penal atualmente cumpre a função de criminalização da pobreza e de manutenção da estrutura vertical da sociedade, voltando-se para o isolamento dos indivíduos provenientes de estratos sociais mais fracos.[41]

A partir de um modelo penal garantista, entende-se que a opção correta está em minimizar a incidência do Direito Penal, utilizando a legalidade como instrumento de redução do poder punitivo, e não de legitimação do sistema vigente. Isso pode ser feito através da preservação das conquistas da modernidade, enquanto respeito às garantias da pessoa humana.[42]

Tendo como referência o contexto histórico da infância e da juventude, a tradicional informalidade como são tratados seus direitos conquistados no ordenamento jurídico e a prática de violação da legalidade a que estão sujeitos, o adequado é reconhecer e efetivar o Direito Penal Juvenil, e com isto, ampliar e legitimar o efetivo respeito às garantias processuais como forma de limitar a atuação punitiva, buscando reduzir os danos decorrente da aplicação indevida da medida socioeducativa de internação.

Por outro lado, sua aplicação de acordo com a legalidade ganha relevância no contexto político de incertezas que se vive na contemporaneidade da sociedade brasileira. A demonstração social de que existe um sistema punitivo para os adolescentes que cometem atos de violência, e que sua utilização de acordo com os parâmetros legais vigentes não legitima a impunidade, pode constituir-se em um importante argumento político contrário à tendência de ampliação da legislação punitiva. De outra parte, o estado direito só tem possibilidade de recuperar legitimidade

---

[40] MÉNDEZ, Emílio García. *Infância e Cidadania na América Latina*, p. 200.
[41] BARATTA, Alessandro. *Criminologia Crítica e Crítica do Direito Penal*, p. 176.
[42] BARATTA, Alessandro. *Introdução Crítica ao Processo Penal* (Fundamentos da Instrumentalidade Constitucional). 4ª ed. Rio de Janeiro: Lumen Juris, 2006.

perante a população em geral e à juventude, em particular, na medida em que se efetiva como democrático. A forma de garantia da legalidade atual, enquanto rol de garantias fundamentais, parece ser a aplicação da própria legalidade, enquanto um instrumento.

Referências bibliográficas

AROCA, Juan Montero. *Principios Del proceso penal – una explicación basada en la razón*. Valencia: Tirant lo blanch, 1997.

ASSIS, Simone Gonçalves de. *Traçando caminhos em uma sociedade violenta*. Rio de Janeiro: FIOCRUZ, 1999.

AMARAL e SILVA, Antônio Fernando. O mito da inimputabilidade penal e o Estatuto da Criança e do Adolescente. In: *Revista da Escola Superior de Magistratura do Estado de Santa Catarina*, v. 5, AMC, Florianópolis, 1998.

BAUMAN, Zigmunt. *O mal-estar da pós-modernidade*. Rio de Janeiro: Jorge Zahar Editor, 1998.

BARATTA, Alessandro. *Criminologia Crítica e Crítica do Direito Penal*. Coleção Pensamento Criminológico. 2. ed. Rio de Janeiro: Freitas Bastos Editora, 1999.

——. Infância e Democracia. In: MÉNDEZ, Emílio Garcia e BELOFF, Mary orgs. *Infância, Lei e Democracia na América Latina*. Blumenau: Edifurb, v. 1, p. 47-78, 2001.

BACILA, Carlos Roberto. *Estigmas. Um estudo sobre preconceitos*. Rio de Janeiro: Lumen Juris, 2005.

BELOFF, Mary. Os Sistemas de Responsabilidade Penal juvenil na América Latina. In: MÉNDEZ, Emílio Garcia e BELOFF, Mary. *Infância, Lei e Democracia na América Latina*, vol. 1. Blumenau: Edifurb, 2001.

BECK, Ulrich. *La sociedad Del Riesgo. Hasta uma nueva modernidad*. Buenos Aires, Paidós, 1998.

BRANDÃO, Cláudio. Introdução ao Direito Penal: análise do sistema penal à luz do princípio da legalidade. Rio de Janeiro: Forense, 2002.

CARVALHO, Salo de. *Penas e Garantias: uma leitura do Garantismo de Luigi Ferrajoli*. Rio de Janeiro: Lumen Juris, 2001.

CASTEL, Robert. As armadilhas da exclusão. In: WANDERLEY, Mariângela; BÒGUS, Lúcia; YAZBEK, Maria Carmelita. *Desigualdade e a Questão Social*. São Paulo: EDUC, 1997.

CILLENO BRUÑOL, Miguel. Nulla Poena Sine Culpa. Um Limite necesario al catigo penal in Justicia y Derechos Del Niño. In: *Justicia y Derechos del Niño*. Buenos Aires: UNICEF, Fundo de las Naciones Unidaspara la Infancia, Oficina de Área para Argentina, Chile y Uruguay, nº 3, 2001, p. 65-75.

COUTINHO, Jacinto Nelson Miranda. Introdução aos Princípios Gerais do Direito Processual Penal Brasileiro. In: *Revista de Estudos Criminais*. Porto Alegre: ITEC, vol. 1. 2001.

COSTA, Ana Paula Motta. *As garantias processuais como limite à violência estatal na aplicação da medida socioeducativa de internação*. Diss. (Mestrado). Fac. de Direito, PUCRS. Porto Alegre, 2004.

——. *As garantias Processuais e o Direito Penal Juvenil*. Porto Alegre: Livraria do Advogado, 2005.

——. As "Metaregras" como "Sistema de Valoração de Provas" nos Processos Penais Juvenis. In: Revista Ciência em Movimento. Porto Alegre: Editora Universitária Metodista, ano VIII- n° 16, 2006. p. 11-22.

——. O Direito à Defesa de Adolescentes em Processos Judiciais: limites e possibilidades. Juizado da Infância e da Juventude (Porto Alegre). v. VIII, p. 09-26, 2012.

FERRAJOLI, Luigi. *Derecho y Razón*: teoria del garantismo penal. Madri: Trotta, 1995.

——. Prefácio. In: MENDÉZ, Emílio Garcia e BELOFF, Mary. *Infância, Lei e Democracia na América Latina*. Trad. Eliete Ávila Wolff. v. 1. Blumenau: Edifurb, 2001.

GOMES FILHO, Antônio Magalhães. *A motivação das Decisões Penais*. São Paulo: Revista dos Tribunais, 2001.

KARAN, Maria Lúcia. *De Crimes, Penas e Fantasia*. 2. ed. Rio de Janeiro: Luam, 1993.

LARRAURI, Elena. *La Herencia de la criminogía crítica*. 2. ed. Madrid: Siglo XXI de España Editores, 1991.

LOPES JUNIOR, Aury. *Introdução Crítica ao Processo Penal* (Fundamentos da Instrumentalidade Constitucional). 4. ed. Rio de Janeiro: Lúmen Júris, 2006.

MÉNDEZ, Emílio García. *Infância e Cidadania na América Latina*. São Paulo: Ed. HUCITEC, 1996.

——; BELOFF, Mary (orgs.). *Infância, Lei e Democracia na América Latina*. V. 1. Blumenau: Edifurb, 2001.

——. In: CURY, Munir; AMARAL e SILVA, Antônio Fernando e MENDEZ, Emílio Garcia org. *Estatuto da Criança e do Adolescente Comentado – Comentários jurídicos e sociais*. São Paulo: Malheiros Editores, 1992.

——. Adolescentes e Responsabilidade Penal: um debate latino-americano. In: *Por uma reflexão sobre o Arbítrio e o Garantismo na Jurisdição Socioeducativa*. Porto Alegre: AJURIS, Escola Superior do Ministério Público, FESDEP, 2000.

SARAIVA, João Batista Costa. *Direito Penal Juvenil*: Adolescente e ato infracional, garantias processuais e medidas socioeducativas. 2. ed. Porto Alegre: Livraria do Advogado editora, 2002.

SOARES, Luiz Eduardo; MILITO, Cláudia ; SILVA, Hélio R. S. Homicídios dolosos praticados contra crianças e adolescentes do Rio de Janeiro. In: —— e colaboradores. *Violência e Política no Rio de Janeiro*. Rio de Janeiro: Relume Dumará, ISER, 1996, p. 189-215.

VOLPI, Mário. *Sem Liberdades, Sem Direitos*. São Paulo: Cortez, 2001.

WACQUANT, Loïc. *As prisões da miséria*.Rio de Janeiro: Jorge Zahar Editor, 2001.

——. Crime e castigo nos Estados Unidos: de Nixon a Clinton. *Revista Sociologia e Política*, Curitiba: n° 13, p. 39-49, nov. 1999.

ZAFFARONI, Eugenio Raul. *Criminologia, aproximacìon desde um margen*. Bogotá: Temis, 1998.

— 6 —

Os limites do direito internacional frente aos atos de terrorismo

ELISA MOREIRA THOMÉ[1]

Sumário: 1. Introdução; 2. A guerra contra o terrorismo; 3. O estado de exceção e a USA patriot act; 3.1. O estado de exceção; 4. Conclusão; Referências.

1. Introdução

Embora o terrorismo exista desde a época da Revolução Francesa, foi com os ataques de 11 de setembro de 2001 que o termo tomou uma proporção inimaginável, passando a ser considerado um fenômeno moderno, denominado então de "terrorismo contemporâneo".

Ainda não se chegou a um significado concreto de terrorismo, talvez por se tratar de um fenômeno complexo e, ao mesmo tempo, ainda desconhecido, é difícil conceituá-lo de maneira estrita. Outra problemática enfrentada são as distintas definições encontradas nas legislações internas de cada Estado, dificultando a elaboração de um conceito único.

No caso dos Estados Unidos, há um conceito proposto pelo próprio Congresso Estadunidense, que identifica o terrorismo como sendo:

Qualquer atividade que:
a) envolva um ato violento ou uma séria ameaça à vida humana que seja considerado delito pelos Estados Unidos ou qualquer outro Estado, ou que seja delito assim reconhecido, se praticado dentro do território jurisdicional americano ou de qualquer outro Estado; e

b) aparente (i) ser uma intimidação ou coerção à população civil (ii) influencie a política governamental por meio de intimidação ou coerção, ou (iii) ameace a conduta de um governo por um assassinato ou sequestro.[2]

---

[1] Pós-graduada no Curso de Pós-Graduação *Lato Sensu* Direito Penal e Política Criminal: Sistema Constitucional e Direitos Humanos (UFRGS). Advogada.
[2] *United States Code Congressional and Administrative News*. 98º. Congresso, Segunda Sessão, 19 de outubro de 1984, vol. 2, parágrafo 3077, 98 STAT. 2707 (West Publishing Co. 1984). Retirado de: CHOMSKY, Noan. *11 de setembro*. Rio de Janeiro: Bertrand Brasil, 2002, p.17.

Consideram-se os atentados de 11 de setembro de 2001 como marco histórico desta nova espécie de terrorismo, seja pela dimensão dos danos causados, nunca antes presenciados, pelos métodos empregados ou mesmo pela repercussão mundial dos ataques.

Segundo Almino,[3] o terrorismo contemporâneo se caracteriza por se organizar em redes, o que o autor justifica como sendo, possivelmente, um resultado da globalização.

Ademais, nesse "novo terrorismo", os próprios terroristas não têm um objetivo político, almejando apenas a destruição em massa, de impacto global, e, como consequência, impondo medo sobre a população, visto que os meios utilizados atingem civis completamente desprotegidos e desprevenidos.

Partindo dos ataques ocorridos em Nova Iorque e Washington em 11 de setembro de 2001, este trabalho visa a analisar as consequências de tais atos, bem como as medidas tomadas pelos Estados Unidos, que violaram inúmeros princípios consolidados do Direito Internacional e do Direito Internacional Humanitário, ultrapassando inclusive os limites impostos pelas normas previstas para os conflitos armados.

2. A guerra contra o terrorismo

Como se é sabido, a guerra, atualmente denominada conflito armado, é regida por normas previstas nas quatro Convenções de Genebra e nos Protocolos adicionais a esta convenção, bem como nas Convenções de Haia.

As normas previstas nestas convenções são consideradas, hoje em dia, um catálogo de princípios do Direito Internacional Humanitário, dispondo, inclusive, acerca dos crimes de guerra, tais como: atacar os civis, atentar indiscriminadamente contra a população, etc.

Destarte, percebe-se facilmente o evidente descumprimento destes preceitos pelos Estados Unidos, quando da resposta aos ataques de 11 de setembro de 2001.

Em um primeiro momento, foi declarado que o disposto nas Convenções não correspondia aos acontecimentos da época, uma vez que se tratava de um acordo antigo, em que não estavam previstos atos terroristas daquele porte.

---

[3] ALMINO, João. O Terrorismo Internacional como Ato de Guerra: A Violência Utilizada como Instrumento de Expressão Política. In: BRANT, Leonardo Nemer Caldeira. *Terrorismo e direito: os impactos do terrorismo na comunidade internacional e no Brasil*. 2003, p. 323.

Por outro lado, a partir da decretação do estado de emergência e a consequente suspensão dos direitos e garantias constitucionais, os Estados Unidos elaboraram o *Patriot Act*, uma lei antiterrorista que visava a suprir as lacunas existentes na legislação a despeito do tema em questão.

Logo após os ataques ocorridos no território americano, George W. Bush declarou "guerra ao terrorismo", uma guerra que teria início com Al Qaeda, mas, no entanto, não teria fim até que todo e qualquer grupo terrorista fosse derrotado.

No dia 17 de setembro daquele ano, Bush[4] alegou que defender a Nação dos inimigos é o primeiro e o mais importante compromisso do governo. Salientou, ainda, que as redes terroristas são capazes de causar caos e sofrimento no país, gastando menos do que vale um tanque de guerra sozinho. Enfatizou que os grupos terroristas são treinados para se integrar nas sociedades e, com isso, utilizar-se da tecnologia disponível contra os cidadãos. Asseverou que para se defender desta ameaça era necessário fazer uso de todas as ferramentas disponíveis, ou seja, a força armada, a melhoria da segurança nacional, da legislação em vigor, do sistema de inteligência, bem como o esforço de interromper o financiamento do terrorismo. Por último, afirmou que a guerra ao terrorismo deve ser um objetivo global e de duração incerta.

Nas palavras de Mezzanotti, a "guerra ao terrorismo" foi assim justificada por George W. Bush em um de seus discursos:

> O presidente George W. Bush afirmou acreditar em direitos humanos e na liberdade dos povos, valores que não seriam apreciados pelos terroristas. Afirmou que a intenção dos terroristas é destruir os Estados Unidos da América por meio de atentados que atinjam crianças e mulheres. Apontou para a falência do Afeganistão como nação como um exemplo das conseqüências da atuação terrorista, já que aquele país estava dominado por grupo fundamentalista que oferecia cobertura aos terroristas da Al Queda. Afirmou, por fim, que em 11 de setembro de 2001, os terroristas deixaram claro que sua intenção era fazer com que os Estados Unidos da América se retraíssem por detrás de um senso falso de segurança, a fim de possibilitar novos ataques. Entretanto, sua escolha como presidente não seria a retratação, pois decidira que seu país não esperaria ser atacado novamente.[5]

Assim, uma vez declarada a "guerra ao terrorismo", não se poderia ignorar os tratados, hoje considerados consuetudinários, que regulam *jus in bello* (direito de guerra).

Nessa esteira, Pellet[6] assevera que, a partir do dia em que os Estados Unidos responderam aos ataques de 11 de setembro de 2001, já deveria

---

[4] *War on Terror*. In: Discover the Networks. Disponível em: <http://www.discoverthenetworks.org/guideDesc.asp?catid=91&type=issue>. Acesso em 27.09.2011

[5] MEZZANOTTI, Gabriela. *Direito, guerra e terror*. 2007, p. 115.

[6] PELLET, Alain. Terrorismo e Guerra. O que fazer das Nações Unidas?. In: BRANT, Leonardo Nemer Caldeira. *Terrorismo e direito: os impactos do terrorismo na comunidade internacional e no Brasil*. 2003, p. 179.

ter sido aplicado o direito de guerra, considerando-se as convenções de Haia e de Genebra, cujos princípios gerais devem se impor aos beligerantes, pois, como são considerados tratados consuetudinários, devem ser aplicados mesmo quando os Estados beligerantes não os tiverem ratificado.

Diante disso, evidente que o conflito bélico atual, provocado pelos EUA como reação defensiva aos ataques sofridos, além de ofender os princípios do Direito Humanitário Internacional, violou também as normas dos conflitos armados.

A reflexo dos ataques em Nova Iorque e Washington, a ONU criou o Comitê Antiterrorista (CAT), bem como editou a Resolução 1368. Assim nos explica Velloso:

> No dia 12 de setembro de 2001, os 15 Países-membros do Conselho de Segurança das Nações Unidas se reúnem em conselho extraordinário. O objetivo do encontro é votar a Resolução 1.368 que, diante dos "terríveis ataques terroristas ocorridos no dia 11 de setembro de 2001 em Nova Iorque, Washington e Pensilvânia", verdadeira "ameaça à paz e à segurança internacionais", "reconhece o direito natural à legítima defesa individual ou coletiva". Em outras palavras, autoriza a resposta armada americana aos atentados terroristas de 11 de setembro do mesmo ano, em nome do direito da legítima defesa.[7]

Diante de tal resolução, os Estados Unidos, apoiados pela Aliança do Norte, Reino Unido, Canadá, França, Austrália e Alemanha, amparados na legítima defesa, invadiram o Afeganistão e, posteriormente, o Iraque, bem como se fixaram em solo estrangeiro por tempo indeterminado, visto que até hoje, passados mais de 10 anos, ainda não houve a retirada integral das tropas dos países.

Nesse sentido, Mezzanotti aponta as consequências de tais atos, *in verbis*:

> Os problemas que envolvem a questão do terrorismo internacional e a doutrina Bush da guerra preventiva, como se vê, dizem respeito ao estado atual do Direito Internacional Público, seus institutos fundamentais e o lugar, dentro dessa estrutura, em que pode ser enquadrado o terrorismo. Enquanto não há argumento capaz de outorgar legalidade aos ataques sofridos pelos Estados Unidos da América em 11 de setembro de 2001, também a legalidade do ataque ao Iraque ou do exercício de legítima defesa contra atos de terror não são diretamente revestidos de legalidade *prima facie*. Isso se deve às dificuldades que a comunidade internacional vem demonstrando no tratamento do problema, o que enseja um retardamento na adoção de soluções adequadas e universalmente válidas. Veja-se, nesse sentido, que o terrorismo não foi definido como crime contra a humanidade ou como mero crime internacional. Ele é visto, via de regra, como ato criminal a ser julgado pela jurisdição interna dos Estados.[8]

---

[7] VELLOSO, Ana Flávia. *O Terrorismo Internacional e a Legítima Defesa no Direito Internacional: O Artigo 51 da Carta das Nações Unidas*. In: BRANT, Leonardo Nemer Caldeira. *Terrorismo e direito: os impactos do terrorismo na comunidade internacional e no Brasil*. 2003, p. 184 e 205.

[8] MEZZANOTTI, Gabriela. *Direito, guerra e terror*. 2007, p. 124-130.

Anteriormente, a legítima defesa era definida como o uso moderado dos meios necessários, isto é, que provoquem o menor dano possível, sem deixar de defender o direito violado ou proteger o ameaçado, a fim de evitar ou responder a uma agressão injusta, fosse esta atual ou iminente.

A legítima defesa se encontra prevista no art. 51 da Carta das Nações Unidas, que assim dispõe:

> Nada na presente Carta deverá impedir o direito natural à legítima defesa individual ou coletiva em caso de um ataque armado contra um Estado-Membro das Nações Unidas, até que o Conselho de Segurança tenha tomado as medidas necessárias para manter a paz e a segurança nacionais. Medidas tomadas pelos Membros no exercício da legítima devesa deverão ser imediatamente comunicadas ao Conselho de Segurança e não deverão de nenhuma forma afetar a autoridade e a responsabilidade concedidas por essa presente Carta ao referido órgão de tomar, a qualquer momento, as providências que julgar necessárias para manter ou restaurar a paz e a segurança internacionais.

No entanto, a Resolução nº 1368 traz um texto inovador, em razão dos atentados de 11 de setembro de 2001. Neste sentido, conforme elucidou Ana Flávia Velloso,[9] a resolução passou a autorizar o uso da força armada nos casos de legítima defesa, ao mesmo tempo em que passou a qualificar os atentados terroristas como ameaças à paz e à segurança internacional, abrindo caminho para que os Estados Unidos alegassem, portanto, estar agindo em legítima defesa.

Diante disso, os Estados Unidos justificaram a legitimidade para invadir o Afeganistão, amparados pela escusa de legítima defesa, tendo em vista a evidente ameaça à paz e à segurança do Estado norte-americano.

Não obstante a invasão ao Afeganistão, os Estados Unidos cumpriram o que foi reiterado por Bush em seus discursos e partiram para o Iraque. A invasão ao Iraque, conforme esclarece Mezzanotti, não foi autorizada pela ONU, *in verbis*:

> No ano de 2003, os Estados Unidos da América tentaram convencer as autoridades da ONU, em especial o Conselho de Segurança, de que o Iraque mantinha relações próximas com a rede Al Qaeda e que possuía armas de destruição em massa. Nesse sentido, em várias oportunidades, mencionaram a existência do "eixo do mal" envolvendo vários países ligados ao terrorismo e solicitaram a adoção de resolução do Conselho de Segurança para que este condenasse tais circunstâncias e autorizasse a intervenção no Iraque. Argumentando no sentido de que o Iraque ameaçava a segurança e a paz internacionais, em razão de possuir armas de destruição em massa, o governo Bush declarou que o regime autoritário e descompromissado de Saddam Hussein deveria ser deposto, com ou sem

---

[9] VELLOSO, Ana Flávia. O Terrorismo Internacional e a Legítima Defesa no Direito Internacional: O Artigo 51 da Carta das Nações Unidas. In: BRANT, Leonardo Nemer Caldeira. *Terrorismo e direito: os impactos do terrorismo na comunidade internacional e no Brasil*. 2003, p. 205.

autorização do Conselho de Segurança da ONU. Esclareceu que estava se preparando para os ataques, os quais ocorreram de fato em março de 2003.[10]

Por sua vez, Al Gore[11] salienta a falta de evidências que justificassem o ataque ao Iraque, mencionando, inclusive, as falhas nas palavras de George W. Bush, que alegou não ser possível fazer distinção entre Osama Bin Laden e Saddam Hussein, sendo que é sabido que jamais houve conexão alguma entre eles, tratando-se apenas de uma manobra do governo para manter o medo presente nos cidadãos, de forma que pudesse prosseguir com os ataques e invasões com o apoio da população.

Para justificar a invasão, os argumentos utilizados pelos Estados Unidos foram dos mais variados. Primeiramente, afirmaram que o Iraque possuía armas nucleares, as quais, diga-se de passagem, jamais foram encontradas em solo iraquiano. Depois, asseveraram que Saddam Hussein tinha conexões com redes terroristas islâmicas, o que tampouco foi comprovado.

Como consequência, a "guerra contra o terrorismo" instaurou um novo método de governo, qual seja, o do "estado de emergência", onde todas as garantias e direitos constitucionais foram suspensos por tempo indeterminado, e o governo passou a lançar mão de Decretos que permitem não apenas ofender todo e qualquer princípio de direito humanitário internacional, como também violar as normas e princípios elencados nas Convenções primordiais do direito de guerra.

A declaração do "estado de emergência", como será visto adiante, faz-se necessária, nos casos onde é imprescindível, uma resposta defensiva imediata. Portanto, diante da insegurança gerada a partir dos atentados de 2001, os Estados Unidos se serviram de uma circunstância nunca antes enfrentada: em primeiro lugar, porque o inimigo não era, e continua não sendo, facilmente identificado; e segundo, por se tratar de um inimigo desconhecido, toda e qualquer forma de prevenção pode não ser suficiente, visto que os próprios atentados demonstraram que não se sabe o que esperar dele.

3. O estado de exceção e o *USA patriot act*

3.1. *O estado de exceção*

Com os ataques ocorridos no território americano, os Estados Unidos declararam o "Estado de Exceção", também chamado de "Estado de

---

[10] MEZZANOTTI, Gabriela. *Direito, guerra e terror.* 2007, p. 116.
[11] GORE, Al. *O Ataque à Razão.* 2008, p. 35.

Emergência", definido por Agamben[12] como uma tentativa de incluir na ordem jurídica a própria exceção.

O estado de exceção se caracteriza por suspender as leis e garantias constitucionais para que os impasses presentes naquele momento possam ser resolvidos com maior agilidade, bastando, portanto, os decretos promulgados pelo Poder Executivo, sem a fiscalização ou aprovação do Poder Legislativo, visto que tal procedimento retardaria a solução para uma situação considerada emergencial.

No entendimento de Miranda,[13] o estado de defesa visa a conservar ou restaurar, de forma imediata, a ordem pública ou a paz social, quando ameaçadas ou atingidas por catástrofes de grandes proporções.

O estado de exceção difere-se do estado de direito, pois este último se caracteriza pela Carta Constitucional, que garante os direitos e deveres de cada cidadão. No caso do estado de emergência, estes direitos encontram-se suspensos.

Nesse sentido, Borges elucida, *in verbis*:

> O Estado de Emergência esquiva-se da ordem jurídica. Guantánamo, a prisão para a qual são destinados alguns dos "suspeitos" simboliza uma forma de ruptura com as conquistas da vida política e com todas as regras consuetudinariamente consagradas em termos de direito de guerra. Assim, também, as ruas das cidades em estado de alerta estão se transformando em campos de batalhas. E se assim o é, e se assim é preciso para combater o terrorismo, a única possibilidade de evitarmos o retorno ao Estado de Natureza ou aos moldes das guerras anteriores à Solferino, é clamar pelo respeito à pessoa humana, clamando pela aplicação das regras de proteção aos direitos humanos e do Direito Internacional Humanitário.[14]

Agamben indica que, desde que o estado de emergência perdeu seu papel de medida excepcional e passou a ser regra geral, o mesmo apresenta-se como uma técnica de governo, caracterizado pela natureza de paradigma constitutivo da ordem jurídica. Justificando, assim, que:

> O estado de exceção, enquanto figura da necessidade, apresenta-se pois – ao lado da revolução da instauração de fato de um ordenamento constitucional – como uma medida "ilegal", mas perfeitamente "jurídica e constitucional", que se concretiza na criação de novas normas (ou de uma nova ordem jurídica).[15]

A partir dessa nova forma de governo, os Estados Unidos, amparados pela declaração do "estado de emergência", elaboraram o *USA Patriot*

---

[12] AGAMBEN, Giorgio. *Estado de Exceção*. 2003, p. 61 e 63.

[13] MIRANDA, Jorge. Os Direitos Fundamentais perante o Terrorismo. In: BRANT, Leonardo Nemer Caldeira. *Terrorismo e direito: os impactos do terrorismo na comunidade internacional e no Brasil*. 2003, p. 64.

[14] BORGES, Rosa Maria Zaia; PIRES JUNIOR, Paulo Abrão. *Guerra contra o terrorismo*. In: III Congresso Brasileiro de Direito Internacional, 2005, Curitiba. Estudos de Direito Internacional – Vol. III – Anuais do 3º Congresso Brasileiro de Direito Internacional. Curitiba: Juruá, 2005.

[15] AGAMBEN, Giorgio. *Estado de Exceção*. 2003, p. 44.

Act, sigla para *"Uniting and Strengthening America by Providing Appropriate Tools Required to Intercept and Obstruct Terrorism Act of 2001"*, em outras palavras, unindo e fortalecendo a America através de ferramentas apropriadas necessárias para interceptar e obstruir o ato terrorista de 2001.

A lei do *Patriot Act*, elaborada na administração Bush, embora tenha como finalidade assegurar a segurança nacional e, ao mesmo tempo, preencher as lacunas jurídicas no tangente ao tratamento de terroristas, se deu diante de um "estado de emergência", declarado por Bush logo após os atentados de Nova Iorque e Washington, o que permitiu que a legislação ora em vigor, colidisse com direitos e garantias dos cidadãos, comprometendo a ordem jurídica constitucional do país, em razão das novas ameaças apresentadas.

A legislação antiterrorista estava presente no ordenamento jurídico estadunidense desde antes da elaboração do *Patriot Act*, já na administração de Clinton, cinco anos antes do governo Bush, havia sido construída uma política nesse sentido. Foi em 1996 que Bill Clinton lançou o *"Anti-Terrorism and Effective Death Penalty Act of 1996"*, uma legislação instituída como resposta ao ataque ocorrido em Oklahoma, de autoria de Timothy McVeigh's, em abril de 1995.

Todavia, nas semanas seguintes aos ataques de 11 de Setembro, a fim de suprir a lacuna existente na legislação americana em termos de segurança, criou-se o *USA Patriot Act*, assinado pelo então presidente George W. Bush em 26 de outubro de 2001 e aprovado pelo Senado, com apenas um voto contrário, e pela Câmara de Deputados, com 66 votos contrários, do total de 435 votos.

O *USA Patriot Act* tornou-se fundamental no programa de segurança interna dos EUA. Por um lado, removeu restrições que tinham sido impostas por Bill Clinton enquanto presidente, tal como o impedimento de que os funcionários de inteligência e policiais compartilhassem informações entre si, a fim de colaborar nas investigações.

O documento não apenas ampliou o poder do Departamento do Tesouro Nacional, permitindo que o mesmo pudesse interromper o financiamento de redes aliadas ao terrorismo, como também do Procurador-Geral, o qual passou a ter autoridade para deter e deportar estrangeiros suspeitos de terrorismo, permitindo também a expedição de um mandado de busca único, modificando a previsão anterior, de que cada local deveria ter um mandado de busca expedido em separado.

A nova legislação aumentou também as penas para aqueles que fossem condenados por crime de terrorismo ou por abrigar terroristas

Nesse contexto, Agamben elucida:

> Já o *USA Patriot Act*, promulgado pelo Senado no dia 26 de outubro de 2001, permite ao *Attorney general* "manter preso" o estrangeiro (*alien*) suspeito de atividades que ponham

em perigo "a segurança nacional dos Estados Unidos"; mas, no prazo de sete dias, o estrangeiro deve ser expulso ou acusado de violação da lei sobre a imigração ou de algum outro delito. A novidade da "ordem" do presidente Bush está em anular radicalmente todo estatuto jurídico do indivíduo, produzindo, dessa forma, um ser juridicamente inominável e inclassificável. Os talibãs capturados no Afeganistão, além de não gozarem do estatuto de POW [prisioneiro de guerra] de acordo com a Convenção de Genebra, tampouco gozam daquele de acusado segundo as leis norte-americanas. Nem prisioneiros nem acusados, mas apenas *detainees*, são objeto de uma pura dominação de fato, de uma detenção indeterminada não só no sentido temporal mas também quanto à sua própria natureza, porque totalmente fora da lei e do controle judiciário.[16]

Corroborando o entendimento do autor, Chris Matz[17] explicou que, seguido dos ataques de 2001, o Congresso prontamente aprovou o *USA Patriot Act*, o qual foi ratificado 45 dias após os ataques, sem ter passado pelo correto processo de deliberação. O autor esclarece, ainda, as mudanças advindas desta lei, como por exemplo, o fato de que o Ministério da Justiça teve seus poderes ampliados, o que possibilitou a comunicação e troca de informações entre a polícia federal e o serviço de inteligência, bem como enrijeceu os controles da fronteira, imigração e lavagem de dinheiro.

Por sua vez, Ridge[18] manifesta-se a favor desta legislação, afirmando que a partir dessa comunicação entre o serviço de inteligência e a polícia federal, torna-se possível prever os planejamentos das redes terroristas, o que permite antecipar-se aos ataques, ou seja, prevenir-se. O autor enfatiza que esta comunicação entre os órgãos é vital para a segurança nacional dos EUA.

Por outro lado, Thorne e Kouzmin, contrários ao *USA Patriot Act*, discutem acerca da prisão e tortura dos detentos de Guantánamo, que, por não serem considerados prisioneiros de guerra pelos Estados Unidos, não são amparados pelos direitos previstos nas Convenções de Genebra e da Haia. Os autores citam o Senador Richard Durbin,[19] que disse:

> Se eu estivesse lendo isso para vocês, e vocês não soubessem que se trata de um agente do FBI descrevendo como nós, Americanos, tratamos estes prisioneiros, vocês muito provavelmente acreditariam que esse tratamento teria sido dado pelos Nazistas, Soviéticos ou algum outro regime radical.

---

[16] AGAMBEN, Giorgio. *Estado de Exceção*. 2003, p. 14.
[17] MATZ, Chris. *Libraries and the USA PATRIOT Act: Values in Conflict*. In: Journal of Library Administration. Disponível em: Library, Information Science & Technology Abstracts with full Text: 2008, Vol. 47 Issue 3/4, p69-87, 19p. Retirado de: EBSCOhost. Acesso em 01.10.2011.
[18] RIDGE, Thomas J. *Using the PATRIOT Act to Fight Terrorism*. In: Congressional Digest; Nov2004, Vol. 83 Issue 9, p. 266-268, 3p. Disponível em: Academic Search Complete. Retirado de: EBSCOhost. Acesso em 01.10.2011.
[19] THORNE, Kym e Alexander Kouzmin. *The USA PATRIOT Acts (et al.): Convergent Legislation and Oligarchic Isomorphism in the "Politics of Fear" and State Crime(s) Against Democracy (SCADs)*. In: Sage Journals Online. Disponível em: <http://abs.sagepub.com/content/53/6/885.full.pdf+html?>

Na tentativa de demonstrar as ilegalidades do *USA Patriot Act*, Wong[20] se manifesta:

> No dia 11 de setembro de 2001, terroristas atacaram a America sem aviso prévio, matando 2752 civis somente na cidade de Nova Iorque. O Presidente declarou "guerra contra o terrorismo" e afirmou que faria uso de todos os recursos disponíveis no país para combater o inimigo. No dia 26 de outubro de 2001, o Presidente Bush assinou a lei do *USA Patriot Act*, ampliando os poderes da polícia e dos agentes de segurança nacional, aumentando seus recursos para combater o terrorismo, no território nacional e estrangeiro.

O autor salienta que o *USA Patriot Act* não seguiu o correto procedimento legislativo previsto para a aprovação do decreto em lei, asseverando que o mérito desta lei nunca chegou a ser discutida pelo Congresso ou pela Administração do governo de Bush. Salientou, inclusive, o fato de que não houve questionamento por parte da população, como tampouco da mídia, ao governo, de forma que o *USA Patriot Act* passou a vigorar sem nenhum obstáculo.

Nesse sentido, Vervaele[21] explica:

> O *Patriot Act* é uma lei extensa e complexa que introduz modificações substanciais em 15 leis federais e que confere extraordinários poderes executivos a estruturas operativas de controle e aos serviços de inteligência. Não obstante, apesar da complexidade de muitas de suas normas e sua incidência sobre valores constitucionais, foi aprovada pelo Congresso através de um procedimento de urgência, sem debate nem emendas dignas de destaque. Embora o documento tenha incorporado propostas anteriores a 11 de setembro, estas assumiram um papel claramente secundário no debate do Congresso, sobretudo porque uma ampla maioria as considerava letais para os direitos civis e, inclusive, colocavam em dúvida sua compatibilidade com a Constituição. Na realidade, a proposta foi negociada pelo Governo e um grupo heterogêneo de membros do Congresso em três semanas. O Attorney General Ashcroft solicitou ao Congresso sua aprovação imediata e incondicional, alegando a iminência de novos ataques que foram anunciados pelo FBI em 11 de outubro.

O Senador Russ Feingold foi o único a votar contra o *USA Patriot Act*, e fundamentou suas razões no fato de acreditar que se deve respeitar a Constituição Federal, bem como os direitos civis nela dispostos.

Paralelamente, devido à grande repercussão do *USA Patriot Act* no Reino Unido, por exemplo, entrou em vigor, no dia 14 de dezembro de 2001, a lei antiterrorista denominada *"The Anti-terrorism, Crime and Security Act 2001"* (ATCSA) e, em 2005, foi substituída pelo *"The Prevention*

---

[20] WONG. Kam C. *The making of the USA Patriot Act I: The legislative process and dynamics.* In: Science Direct. Disponível em: <http://www.sciencedirect.com/science/article/pii/S0194659506000475>. Acesso em: 01.10.2011.

[21] VERVAELE, John A. E. *A legislação antiterrorista nos Estados unidos: um direito penal do inimigo?.* In: Revista Eletrônica de Direitos Humanos e Política Criminal. Disponível em: <www6.ufrgs.br/direito/wp-content/uploads/2010/08/1_2.pdf>. Acesso em: 01.10.2011.

of Terrorism Act" (PTA).[22] Já em 2004, foi a vez da Espanha, que aderiu à ideia de ter um plano de prevenção e proteção ao terrorismo e instituiu o Plano Especial de Segurança[23] (PES).

Os princípios gerais que norteiam a lei antiterrorista são comuns para os países que a elaboraram. Trata-se de aumentar o poder do governo para proteger eventuais futuras ameaças terroristas que possam vir a abalar a segurança nacional.

No caso do Reino Unido, a ATCSA somou capacidade ao governo para que este pudesse cortar os fundos de financiamentos de redes terroristas, e assim como o *Patriot Act*, passou a permitir a comunicação entre as autoridades policiais e outras autoridades estatais, quando da sua substituição em março de 2005. A lei ainda previu que o Secretário de Estado, com a finalidade de prevenir as atividades terroristas, pudesse emitir uma ordem de controle que impusesse qualquer restrição aos indivíduos.

Vislumbra-se um enfraquecimento da eficácia das Convenções de Genebra e das Convenções da Haia, que nitidamente se viram comprometidas pela elaboração destas novas leis, pois apesar de objetivarem manter a segurança nacional, o seu texto violava diversos princípios consolidados no direito internacional. Além disso, havia o perigo das consequências que pode vir a ter o "estado de emergência", visto que visivelmente foram suprimidos os direitos e garantias constitucionais no corpo das leis antiterroristas.

Não obstante, uma vez que os Estados Unidos instauraram a política do medo e invadiram o Afeganistão e Iraque, sem sequer uma tentativa prévia de solucionar o conflito de forma pacífica, outros tantos princípios e normas constituídas ao longo dos anos foram violados, especialmente no tangente à Carta das Nações Unidas – inclusive ratificada pelo governo estadunidense – que prevê a necessidade de solucionar as controvérsias de forma pacífica, assim como também dispõe acerca dos princípios da não intervenção, da territorialidade e soberania, todos claramente violados, quando da resposta aos ataques de 11 de setembro.

4. Conclusão

Em uma era de globalização, onde os impactos de uma Nação tem o condão de atingir repercussões mundiais, não era de se esperar resultado

---

[22] PORTELA, Irene Maria. *A segurança e a escolha do inimigo: o efeito Double-blind do 11-S. uma análise comparada da legislação terrorista*, Santiago de Compostela: USC, 2008, p. 442-450. Disponível em: <http://books.google.com.br/books?id=_21w-n4P-EoC&printsec=frontcover&source=gbs_ge_summary_r&cad=0#v=onepage&q&f=false>. Acesso em 12.10.2011.
[23] Ibid., p. 669.

diferente do terrorismo contemporâneo, marcado na história pelos atentados de 11 de setembro de 2001 ocorridos em Washington e Nova Iorque.

Os atentados tiveram um impacto inimaginável. As imagens dos ataques se dissiparam em segundos ao redor do mundo e, a partir de então, todos os Estados viram sua segurança nacional ameaçada e concordaram em passar de uma cultura de reação a uma cultura de prevenção.

Apesar de a cultura de prevenção ter como objetivo central proteger o país de futuros ataques terroristas, as regulamentações advindas deste ideal enfrentam princípios consuetudinários do direito internacional. Ao mesmo tempo, por se tratar de normas decretadas sob o escudo do "estado de exceção", elas suspendem a Carta Constitucional do país, colocando em risco a proteção individual dos cidadãos, que se veem diante de uma situação em que seus direitos e garantias constitucionais não podem ser assegurados, a fim de que a segurança do Estado possa ser protegida.

Como se vislumbrou ao longo deste trabalho, o "estado de exceção" delegou amplos poderes ao Executivo, que pode elaborar inúmeros decretos que forem prontamente aprovados pelo Legislativo, visto que nos casos em que o Estado se encontrar em estado de "emergência", as novas leis não passam pelo processo que usualmente enfrentariam antes de serem aprovadas.

E não foi diferente com o *USA Patriot Act*, o qual, como se pôde ver, se tratava de um decreto lançado pelo poder executivo como forma de oficializar a declaração da "guerra ao terrorismo" e, concomitantemente, formalizar as formas de prevenção e proteção contra o terrorismo.

Um dos grandes problemas do *Patriot Act* enfrentados no cenário mundial é o fato de não exigir transparência por parte do governo, que tem a liberdade de agir sigilosamente. De certa forma, pode-se afirmar que as conquistas políticas advindas da época do Iluminismo e da Revolução Francesa se viram perdidas diante da política antiterrorista.

Para piorar a situação, os Estados Unidos foram alvo de inúmeras críticas em 2007, quando foram revelados os relatórios do FBI sobre o tratamento dado aos detentos da prisão de Guantánamo, que admitiu as torturas físicas e psíquicas que vários prisioneiros sofreram.

Descobriu-se, ainda, naquela época, que a CIA possuía centros de detenção secretos espalhados ao redor do globo, especializados em técnicas de tortura e técnicas "alternativas" de interrogatório.

Destarte, com o surgimento do terrorismo contemporâneo e, posteriormente, com os posicionamentos adotados pós-11 de setembro de

2001, entende-se que a estrutura do direito internacional público e humanitário restou claramente afetada.

Em primeiro lugar, até o presente momento não há argumento capaz de outorgar legalidade aos ataques ao Iraque, os quais, inclusive não foram autorizados pela ONU, como tampouco há para justificar o fato de não ter havido a tentativa de solucionar o problema de forma pacífica, instaurando-se a política do medo e partindo-se diretamente às invasões ao Afeganistão e Iraque.

Em segundo lugar, não há plausibilidade nas explicações apresentadas pelo governo norte-americano para justificar o tratamento dado aos "detentos" que, por não serem considerados prisioneiros de guerra, não estão sujeitos as garantias previstas nas Convenções de Genebra e seus protocolos adicionais.

Em terceiro lugar, tampouco há argumentos capazes de abonar as condutas do Estado americano ao longo desses anos que, como já foi esclarecido anteriormente, violou os preceitos do direito de guerra, do direito internacional público e dos direitos humanos, bem como enfraqueceu o órgão responsável pela manutenção da ordem internacional, a ONU, porquanto descumpriu todas as normas pactuadas e, apesar do caráter recomendatório da organização, que não tem o poder de impor obrigações aos Estados, considerados soberanos, não sofreu uma penalização por seus atos.

E agora o mundo se vê diante do desejo de reestruturar a ordem jurídica internacional e, na tentativa de alcançar esta meta, os demais Estados propõem como solução o resgate da "responsabilidade de proteger" e a criação da "Comissão da Construção da Paz".

Todavia, embora seja notório que o direito internacional vem enfrentando novos obstáculos e desafios após os atentados de 11 de setembro, ainda não há nenhuma forma de impor aos Estados, soberanos, o cumprimento daquilo que fora ratificado, o que torna ambas as soluções um tanto quanto débeis.

Evidente é que o papel da ONU é essencial para garantir o cumprimento do disposto na Carta das Nações Unidas, porém, para tanto, será necessário que a organização seja soberana perante os Estados, isto é, o que deve prevalecer é a ordem jurídica internacional, composta por seus tratados e convenções, e não a soberania estatal.

Portanto, conclui-se que a lei internacional apenas terá uma eficácia absoluta quando todos os Estados se sintam na obrigação de cumprir as normas internacionais que um dia ratificaram e entendam que a soberania do Estado não deve prevalecer sobre os acordos firmados e os direitos consuetudinários.

Referências

AGAMBEN, Giorgio. *O Estado de Exceção*. São Paulo: Boitempo Editorial, 2003.

BORGES, Rosa Maria Zaia; PIRES JUNIOR, Paulo Abrão. *Guerra contra o terrorismo*. In: III Congresso Brasileiro de Direito Internacional, 2005, Curitiba. Estudos de Direito Internacional – Vol. III – Anuais do 3º Congresso Brasileiro de Direito Internacional. Curitiba: Juruá, 2005.

BRANT, Leonardo Nemer Caldeira. Terrorismo e direito: os impactos do terrorismo na comunidade internacional e no Brasil. Rio de Janeiro: Forense, 2003.

BOUCHET-SAULNIER, Françoise. *Dicionário Prático do Direito Humanitário*. Lisboa: Instituto Piaget, vol. 5, 1998.

BORELLI, Silvia. Echar luz sobre um vacío jurídico: el derecho internacional y las detenciones extraterritoriales em el marco de la "guerra contra el terrorismo. In: International Review of the Red Cross. In: *Revista Internacional de la Cruz Roja*. CIRC, 2005.

CARTA das Nações Unidas. In: Centro Regional de Informações das Nações Unidas; Disponível em: <http://www.unric.org/pt/informacao-sobre-a-onu/12>. Acesso em 12.10.2011.

CONVENÇÃO de Genebra. In: International Red Cross. Disponível em: <http://www.icrc.org/web/por/sitepor0.nsf/htmlall/genevaconventions>. Acesso em 10/09/2011.

CHOMSKY, Noam. *My Reaction to Osama bin Laden's Death*. In: Revista Guernica. Disponível em: <http://www.guernicamag.com/blog/2652/noam_chomsky_my_reaction_to_os/>. Acesso em: 07.05.2011.

DOEBBLER Curtis Francis J. *Introduction to International Humanitarian Law*. Washington: CD Publishing, 2005. Disponível em: < http://books.google.com.br/books?id=plHYQqlCVn8C&printsec=frontcover#v=onepage&q&f=false>. Acesso em: 12.10.2011.

JUBILUT, Liliana Lyra. *Não Intervenção e Legitimidade Internacional*. São Paulo: Saraiva, 2010.

MATZ, Chris. *Libraries and the USA Patriot Act: Values in Conflict*. In: Journal of Library Administration. Disponível em: Library, Information Science & Technology Abstracts with full Text: 2008, Vol. 47 Issue 3/4, p69-87, 19p. Retirado de: EBSCOhost. Acesso em 01.10.2011.

MEZZANOTTI, Gabriela. Direito, Guerra e Terror – Os novos desafios do Direito Internacional pós 11 de setembro. São Paulo: Quarter Latin, 2007.

PORTELA, Irene Maria. *A segurança e a escolha do inimigo: o efeito Double-blind do 11-S. Uma análise comparada da legislação terrorista*. Santiago de Compostela: Universidade Santiago de Compostela, 2008, p. 442-450. Disponível em: <http://books.google.com.br/books?id=_21w-n4P-EoC&printsec=frontcover&source=gbs_ge_summary_r&cad=0#v=onepage&q&f=false>. Acesso em 12.10.2011.

RIDGE, Thomas J. *Using the Patriot Act to Fight Terrorism*. In: Congressional Digest; Nov2004, Vol. 83 Issue 9, p. 266-268, 3p. Disponível em: Academic Search Complete. Retirado de: EBSCOhost. Acesso em 01.10.2011.

SASSÒLI, Marco. *La "guerra contra el terrorismo", el derecho internacional humanitario y el estatuto de prisionero de guerra*. Lecciones y ensayos. Buenos Aires: Departamento de Publicaciones – Facultad de Derecho, 2003

SCHMITT, Carl. *Teologia Política*. Belo Horizonte: Del Rey: 2006.

SOUSA, Mônica Teresa Costa. *Direito internacional humanitário – Biblioteca de Direito Internacional*. Curitiba: Juruá, 2007. Disponível em: <http://books.google.com.br/books?id=AcqKAJ6bk24C&printsec=frontcover#v=onepage&q&f=false>. Acesso em 12.10.2011.

SWINARSKI, Christophe. *Del Terrorismo en el Derecho Internacional Público*. In: BELOFF, Mary (coord.). *Lecciones y Ensayos*. Buenos Aires: Abeledo Perrot, 2003.

TALKING about terrorism: risks and choices for human rights organizations. International Council on Human Rights Policy. Geneva: ICHRP, 2008.

THORNE, Kym; KOUZMIN, Alexander. The USA Patriot Acts: Convergent Legislation and Oligarchic Isomorphism in the "Politics of Fear" and State Crime(s) Against Democracy (SCADs). In: Sage Journals Online. Disponível em: <http://abs.sagepub.com/content/53/6/885.full.pdf+html?>. Acesso em 01.10.2011.

VERVAELE, John A. E. *A legislação antiterrorista nos Estados unidos: um direito penal do inimigo?*. In: Revista Eletrônica de Direitos Humanos e Política Criminal. Disponível em: <www6.ufrgs.br/*direito*/wp-content/uploads/2010/08/1_2.pdf>. Acesso em: 01.10.2011.

WAR on Terror. In: Discover the Networks. Disponível em: <http://www.discoverthenetworks.org/guideDesc.asp?catid=91&type=issue>. Acesso em 27.09.2011.

WONG. Kam C. *The making of the USA Patriot Act I: The legislative process and dynamics*. In: Science Direct. Disponível em: <http://www.sciencedirect.com/science/article/pii/S0190665906000176>. Acesso em: 01.10.2011.

Parte III

PROCESSO PENAL

—7—

Sobre a processualística universitária: o ensino do direito processual penal no Brasil e seu atual estágio

MAURO FONSECA ANDRADE[1]

Sumário: Introdução; 1. Observações sobre o conservadorismo no ensino jurídico; 2. E surge a nova ordem; 3. Instrumentos difusores da nova ordem; 3.1. A seletividade do que se pretende interdisciplinar; a. História: uma inimiga implacável; a.1. Proposição de uma novidade velha; a.2. Nunca foi, mas tem que ser; a.3. Uma vinculação inexistente; b. Muito prazer, filosofia às suas ordens; 3.2. A doutrina de resultado no país do espelho; a. A visão espelhada da doutrina; b. A visão espelhada da legislação; c. A visão espelhada da jurisprudência; 3.3. Produção massificada e aderência acrítica; 4. A concretização de um objetivo: de guardião da sociedade a agente da repressão; 5. *De omnibus dubitandum est* (é preciso duvidar de tudo); Conclusão; Referências.

Introdução

O título de um escrito diz muito sobre o que o leitor irá encontrar. Não por acaso, vemos autores que se esmeram em apresentar títulos claramente direcionados a mexer com o imaginário de seu público-alvo. Por vezes, eles são construídos para dar uma ideia de quão fantástico é o conteúdo que o leitor irá se deparar; por outras, estão voltados a, subliminarmente, enaltecer o ego de seu autor, passando a ideia de quão *inteligente* é o redator daquelas letras, ao apresentar um título por demais rebuscado ou com variantes linguísticas às vezes ininteligíveis ao leitor leigo.

Essa é a lição que Arthur Schopenhauer deixou em seu texto *Sobre o Ofício do Escritor*, ao tratar de como deveria ser o título de uma obra.[2]

---

[1] Doutor em Direito Processual Penal pela Universidade de Barcelona/Espanha. Professor Adjunto da Universidade Federal do Rio Grande do Sul. Professor da Fundação Escola Superior do Ministério Público do Rio Grande do Sul. Promotor de Justiça/RS. E-mail: mauro.fonsecaandrade@gmail.com.

[2] SCHOPENHAUER, Arthur. *Sobre o Ofício do Escritor*. Tradução de Luiz Sérgio Repa e Eduardo Brandão. São Paulo: Martins Fontes, 2003, p. 13.

Nesta mesma passagem, ele fez uma dura crítica a dois tipos de títulos: os *títulos furtados*, que pertenceriam a outros livros; e os *títulos imitados*, que seriam, nas suas palavras, *roubados em parte*. Plágio foi a palavra usada para representá-los, e, quanto ao conteúdo, ele afirmou que nada de novo poderiam apresentar, dada a falta de imaginação para sequer receberem um título próprio e inédito.

É por isso que, desde o início, alertamos o leitor: o título de nosso texto não é inédito, tampouco representativo de alguma intelectualidade de quem o firma. Na verdade, ele é um título imitado, e de ninguém menos que do próprio Schopenhauer. Mas, ao contrário da opinião de nosso ilustre filósofo, atrevemo-nos a subdividir os títulos imitados em duas categorias: a primeira, que corresponderia àquela intenção mascarada de plágio; e uma segunda – na qual nos encontramos –, em que a intenção do autor não é fazer a imitação pela simples falta de condições de apresentar um título próprio. No caso presente, o que acreditamos haver é um *empréstimo*, voltado não à cópia, mas à mais sincera homenagem.

O título de nosso ensaio nada mais é que uma referência ou *reverência* à obra *Sobre a Filosofia Universitária*,[3] também de Schopenhauer, escrita, justamente, para criticar o estágio em que se encontrava o ensino dessa disciplina no meio universitário de sua época. O seu texto é ácido e duro, e tinha Hegel como alvo. Mas, se deixarmos de lado a rivalidade existente entre eles, e adaptarmos sua crítica exclusivamente ao ponto de vista de como o direito processual penal vem sendo ensinado – seja em sala de aula, seja nas publicações que encontramos por aí –, salta aos olhos a atualidade de suas palavras.

Tudo, absolutamente tudo que ali foi apontado como falha, vício ou deturpação no ensino da Filosofia, é possível encontrar em nosso meio acadêmico, o que nos traz certa decepção com o ser humano, pois nos é jogado na cara que nenhuma evolução interior nos atingiu após mais de um século daquela publicação. Entretanto, para quem procura refúgio nos textos clássicos de nossa antiguidade, essa possível decepção passa a ser vista com certa frieza, pois a humanidade persiste há muito mais tempo em seguir cometendo os mesmos desvios relatados já nos primeiros escritos produzidos pela literatura grega e romana. Estamos falando, portanto, em nada menos que dois mil e setecentos anos da mais pura mesmice.

Esse é o objetivo de nosso ensaio: apontar o que a academia processual penal tem proposto na atualidade, os meios que tem empregado em suas proposições e o resultado que está alcançando com elas. Que

---

[3] SCHOPENHAUER, Arthur. *Sobre a Filosofia Universitária*. Tradução de Maria Lúcia Mello Oliveira Cacciola e Márcio Suzuki. São Paulo: Martins Fontes, 2001. Por mera curiosidade, indicamos a leitura de outro texto, mas que aborda a realidade do ensino da Filosofia no Brasil: CARVALHO, Olavo de. Miséria sem grandeza: a filosofia universitária no Brasil. In: *A Filosofia e seu Inverso & Outros Estudos*. Campinas: Vide Editorial, 2012, p. 129-150.

Schopenhauer nos perdoe, mas a sinceridade e visão de suas palavras fazem com que muito mais que um título emprestado utilizemos de sua obra. Elas serão fonte de inspiração para uma luta que sabemos ser inglória, em razão do tempo que levará para surtir algum efeito: a melhoria de nosso ensino, que refletirá na melhoria de nossos profissionais.

Iniciemos, então. Como disse Erasmo de Rotterdam, "Nunca se principia cedo demais o que jamais tem termo de chegada".[4]

1. Observações sobre o conservadorismo no ensino jurídico

Nenhuma disciplina do Direito é mais suscetível às variações ideológicas que o direito processual penal!

Embora seja – propositalmente – impactante para a abertura de um tópico, essa afirmativa pode ser comprovada não só pelo que representa o processo penal em si, mas também pela forma como ele foi disciplinado ao longo da história. E a comprovação dessa assertiva em muito nos ajudará a compreender alguns *fenômenos* – por assim dizer – que vêm ocorrendo no ensino daquela disciplina.

Já se disse, com razão, que o direito penal é algo estático, que nenhuma alteração provoca no mundo, pois se presta a simplesmente prever condutas proibidas e as consequências que devem ser aplicadas a quem nelas incidir. Praticado o crime, não é o direito penal que *faz as coisas acontecerem*; é preciso, então, que surja ou se instaure algum meio/ambiente/lugar onde as questões relacionadas à infração penal serão discutidas. É ali onde pessoas e condutas serão avaliadas, de modo a se poder chegar à (im)possibilidade da aplicação da pena correspondente ao ilícito penal que se disse haver ocorrido.

Esse meio/ambiente/lugar recebe o nome de *processo penal*, e nele estará materializada a existência de dois conflitos de interesses muito bem identificados: de um lado, temos um sujeito encarregado de buscar a responsabilização de quem, aparentemente, praticou um ilícito penal; de outro, temos o próprio sujeito a quem é imputada a prática daquele ilícito. Em um linguajar mais técnico, o que teremos é o choque entre o *ius puniendi* (ou, mais propriamente, *ius persequendi*) de quem acusa, e o *ius libertatis* de quem é acusado.

As regras aplicáveis aos direitos de perseguição e de liberdade costumam variar segundo o regime político do país onde se manifestam. Apesar de não ser sempre assim, a regra é que, em países de regimes mais austeros, aqueles direitos sofrerão o impacto dessa austeridade,

---

[4] ROTTERDAM, Erasmo. De Pueris (Dos Meninos). Capítulo VIII, 2. In: *De Pueris (Dos Meninos). A Civilidade Pueril*. Tradução de Luiz Feracini. São Paulo: Escala, 2005, p. 100.

havendo um incremento nas possibilidades de exercício do *ius persequendi*, e uma redução nas possibilidades de exercício do *ius libertatis*. Em sentido obviamente inverso vai a lógica do processo penal quando o regime for mais liberal ou democrático. É assim que surge, então, a luta ideológica pelo domínio das regras a serem aplicadas ao processo penal.

O nosso Código de Processo Penal (doravante, CPP) foi apresentado em um momento histórico em que aqui se vivia um período de ditadura. Isso claramente se vê, não só pela sua fonte inspiradora – o Código Rocco, da Itália fascista –, senão também em suas disposições originais, voltadas a restringir a possibilidade de liberdade do sujeito que fosse alvo de uma acusação.

Até o advento da Constituição Federal de 1988, a simplificação de sua lógica repressiva se refletia no próprio ensino do direito processual penal. É possível afirmar, até mesmo, que havia um descompasso entre a doutrina de então e o ensino nos bancos das faculdades. Ao passo que a primeira[5] se notabilizou pela invocação de doutrina estrangeira – de difícil acesso à época – e pelo trato de temas que até hoje não são abordados a contento pelos *estudiosos* do momento, poucos eram os professores que mostravam uma dedicação diferenciada no ensino do direito processo penal em sala de aula. A imagem que não nos sai da memória é a do professor selecionado dentre profissionais destacados em sua área, com o código na mão, reproduzindo seus artigos aos alunos. Esse era o perfil de grande parte dos do(c)entes universitários de direito processual penal.

Os novos ares constitucionais provocaram uma profunda rediscussão em diversos institutos processuais penais que já se encontravam presentes nas Cartas de 1967 e 1969. Contraditório, ampla defesa e igualdade de partes/armas passaram a ser revisitados pela doutrina, que tratou de ampliar seus espectros, em razão da ideologia democrata/liberal agora vigente. Com isso, a necessidade de um maior arejamento no próprio ensino do direito processual penal era uma questão de tempo.

Surgiram, então, alguns escritos denunciando a necessidade dessa mudança.[6] Dentre eles, destacamos os apontamentos feitos por Jacinto Nelson de Miranda Coutinho e Fauzi Hassan Choukr, por serem profissionais conhecidos por suas atuações no direito processual penal.[7]

---

[5] Nesse grupo seleto, sem grandes dificuldades podemos inserir nomes como Hélio Bastos Tornaghi e José Frederico Marques.

[6] Por certo que não desconhecemos que vários foram os escritos, antes mesmo da Constituição Federal de 1988, que já manifestavam a necessidade de uma reformulação no ensino jurídico em nosso país. Entre os mais conhecidos, destacamos: LYRA FILHO, Roberto. *Por que estudar Direito, hoje?* Brasília: Nair, 1984. FARIA, José Eduardo. *A Reforma do Ensino Jurídico.* Porto Alegre: SAFE, 1987.

[7] Para uma visão mais ampla, por abordar o ensino superior na Itália, França e Alemanha, ver: PICARDI, Nicola. La Formazione di Base del Giurista. *Rivista di Diritto Processuale*, Milano, v. 60, nº 2, p. 355-376, abr./jun. 2005.

No primeiro de seus escritos, Coutinho fala dos méritos do movimento *direito alternativo*, e coloca o direito processual como o "mais inexpugnável do conservadorismo jurídico".[8] Especificamente quanto ao direito processual penal, afirma haver um "alheamento às questões filosóficas, em primeiro lugar e, depois, à interdisciplinariedade, a começar pela psicanálise".[9] Em outra ocasião, este mesmo autor volta a se referir à psicanálise, apontando-a como o "campo mais propício para fundar o avanço que se está a discutir", qual seja, o avanço do Direito como um todo.[10]

Em outro escrito, Coutinho aborda o conflito que existe entre dois grupos de professores: aqueles a quem chama de *catedráulicos* e os jovens professores. Os primeiros representariam os docentes conservadores e legalistas, preocupados em manter o discurso único e homogêneo. Os segundos representariam a nova geração de professores, crentes no discurso da dignidade humana e da democracia, na ética do ensino e na diversidade de pensamento que deve pautar o espaço universitário. Como os *catedráulicos* estariam em maior número no meio acadêmico, eles seriam os responsáveis pelo que aquele autor chama de *sonhocídio*, que seria a morte dos sonhos dos professores do segundo grupo, com repercussão óbvia na formação deficitária do corpo discente que esteve sob seus cuidados (?) e responsabilidade.[11]

Por sua vez, Choukr se dedica a denunciar o "sucateamento do discurso processual penal", em razão dos fatores que elenca. O primeiro deles seria a falta de compreensão do que chama de "cânones políticos" presentes na Constituição Federal de 1988 e na Convenção Americana dos Direitos do Homem. Parte do pressuposto, então, da existência de certa resistência em se proceder a uma necessária releitura do atual CPP, formatado sob condições políticas diversas daquelas em que foi redigida a Carta de 1988. De forma mais detalhada, aponta as evidências dessa ausência de *reflexão essencial*, que consistiria na: a) *produção teórica do discurso*, materializada na reprodução normativa e em material didático que reflete essa diretriz; b) *estratégia de comprovação teórica do discurso*, que diz respeito à avaliação do alunado, a partir da exigência de comprovação de conhecimento (?) ou absorção das informações passadas de acordo

---

[8] COUTINHO, Jacinto Nelson de Miranda. Um Novo Ensino do Direito Processual Penal. *Revista do Ministério Público do Rio Grande do Sul*, Porto Alegre, n° 33, 1994, p. 136.
[9] COUTINHO, Jacinto Nelson de Miranda. *Um Novo Ensino do Direito Processual Penal.* Ob. cit., p. 137.
[10] COUTINHO, Jacinto Nelson de Miranda. O Ensino do Direito no Brasil. *Novos Estudos Jurídicos*, Itajaí, v. 10, n° 01, jun. 2005, p. 236.
[11] COUTINHO, Jacinto Nelson de Miranda. Sonhocídio: Estragos Neoliberais no Ensino do Direito ou "La Búsqueda del Banquete Perdido", como diria Enrique Mari. In: *Revista do Instituto de Hermenêutica Jurídica*, Porto Alegre, v. 1, n° 1, p. 97-108, 2003.

com o primeiro item; e c) *estratégia política de penetração normativa que embasa o discurso*, ou seja, referência à necessidade de reformas pontuais na legislação, o que impediria sua adequação aos *cânones políticos*, de modo integral e uniforme.

Para que houvesse, portanto, o resgate ou reconstrução do ensino do processo penal, o caminho que aponta necessitaria: a) a alteração na base didática para corrigir o aspecto normativo-cultural do sistema; b) a adoção de interdisciplinaridade, mantendo-se contatos com a Filosofia, História, Sociologia e Antropologia, a título de exemplo; c) o resgate e valorização dos autores clássicos, mas conferindo a adequação de suas premissas com os saberes estruturantes das áreas do conhecimento anteriormente citadas; e d) a alteração no método de avaliação, para que se ajuste às alterações pedagógicas propostas. Esse é o caminho para o que chama de *nova ordem*, motivadora de uma profunda oxigenação no trato do ensino do direito processual penal.[12]

2. E surge a nova ordem

As pretensões de Coutinho e Choukr se concretizaram, e uma nova linha de professores e escritores na área do direito processual penal surgiu no país, tendo, por ícones, docentes com formação obtida em universidades estrangeiras.

A interdisciplinaridade se instalou com muita força, a ponto de alguns centros acadêmicos abraçarem fortemente essa característica para darem visibilidade e publicidade às inovações que produziam em seus programas de pós-graduação em Direito (doravante, PPGDs). Sociologia, Criminologia e Antropologia se tornaram seus carros-chefes. À necessidade de atualização de nosso ensino, uniu-se a visão mercadológica de um produto inédito em nosso país. Aliado a isso, a gama de informações obtida no exterior fez com que a legislação, jurisprudência e doutrina estrangeiras ingressassem definitivamente na – assim chamada – *produção científica* e lições de sala de aula.

O tão esperado *arejamento* do ensino do direito processual penal estava ocorrendo, mas não demorou muito a demonstrar a que, de fato, ele veio. Em lugar de operar esse salto de qualidade no ensino daquela disciplina, uma parcela significativa da linha docente responsável por essa mudança optou por ir além, elegendo e combatendo quem entendeu ser seu inimigo.

---

[12] CHOUKR, Fauzi Hassan. As Faces de Eco: apontamentos sobre o ensino do processo penal. *Atuação – Revista Jurídica do Ministério Público Catarinense*, Florianópolis, v. 3, nº 7, p. 145-152, set./dez. 2003.

Em um primeiro momento, o Estado foi apresentado como o inimigo do cidadão, pois se passou a defender a ideia que o processo penal deve ser construído para ser "limitador da violência do Estado",[13] embora dois fossem os interesses em conflito: o *ius persequendi* e o *ius libertatis*. Em um segundo momento, as próprias instituições representativas do Estado na esfera criminal passaram a ser vistas como inimigas daquelas mudanças que eram exigidas, agora não só no ensino do direito processual penal, mas também na própria normatividade dessa área do Direito.

Foi aí que surgiu um discurso maniqueísta que ainda se faz presente, onde os papeis foram redefinidos: havia quem devesse ser apresentado como opressor, e havia quem devesse ser apresentado como oprimido. Em razão desse discurso, rapidamente os profissionais com atuação no direito processo penal passaram a ser classificados em dois tipos: os *garantistas*, de um lado; e os *lei-e-ordem*, de outro.

Fortemente influenciados pela obra de Luigi Ferrajoli, os primeiros se autoproclamaram detentores de uma formação intelectual, moral, cultural e técnica mais elevada que todos os demais. Não interessava se o que defendiam era o oposto ou nunca havia sido defendido por aquele autor – aliás, ele próprio teve que vir ao Brasil para dizer que, muitas das posições aqui defendidas em seu nome, por ele nunca haviam sido pregadas; o que importava era a ostentação de um qualificativo que viam como um verdadeiro título a ser publicamente exibido.

---

[13] COUTINHO, Jacinto Nelson de Miranda. As Reformas Parciais do CPP e a Gestão da Prova: Segue o Princípio Inquisitivo. *Boletim IBCCrim*, Rio de Janeiro, a. 16, nº 188, jul. 2008, p. 13. Em sua raiz, essa visão sobre a atuação do Estado está assentada na teoria marxista e seus *aparelhos repressivos do Estado*, e nos *aparelhos ideológicos do Estado*, de Louis Althusser. Ambos figuram como pilares do movimento *Direito Alternativo*, já extinto no âmbito civil, mas ainda atuante no âmbito criminal, apesar de apresentar outro nome, por nós denominado *Nova Ordem*. Aliás, o próprio Jacinto Nelson de Miranda Coutinho se mostrou partidário do *Direito Alternativo* (COUTINHO, Jacinto Nelson de Miranda. *Um Novo Ensino do Direito Processual Penal*. Ob. cit., p. 133-134), e foi justamente em um dos seminários nacionais desse movimento que ele apresentou uma proposição – a *teoria da gestão da prova* – que o tornaria, uma década depois, conhecido no cenário nacional (COUTINHO, Jacinto José de Miranda. O papel do novo juiz no processo penal. In: *Direito Alternativo: seminário nacional sobre o uso do direito alternativo*. Rio de Janeiro: ADV, 1993). Por certo que aqui não é o espaço mais adequado para a demonstração do equívoco argumentativo sobre o qual se assenta a *Nova Ordem* e o próprio *Direito Alternativo*. Nesse particular, remetemos o leitor à obra de Gilberto Callado de Oliveira (*A Verdadeira Face do Direito Alternativo*. 4ª ed. Juruá: Curitiba, 2006). O que, sim, podemos dizer neste momento, é que nenhuma sociedade, seja em que época for, conseguiu se organizar sem o estabelecimento de regras mínimas de convivência (destinadas a permitir a própria subsistência daquela sociedade) e de alguém que estivesse encarregado de fiscalizar e fazer cumprir tais regras, sob pena de a própria sociedade ruir, sem que a exigência desse cumprimento fosse visto como "violência do Estado". Com um pouco menos de ódio no coração e sem espírito de Robin Hood, qualquer um pode se dar conta do que já disse Platão, muito antes da revolução industrial, dos meios de produção e do direito de greve: "Se alguém julga que basta criar leis, não importando quais, para estabelecer solidamente uma constituição, sem que haja um homem com autoridade para velar pelo gênero de vida que se leva na cidade, de modo a fazer reinar a temperança e a energia entre escravos, bem como entre os homens livres, está enganado" (PLATÃO. Carta XI. De Platão a Laodamas. In: *Cartas*. 4ª ed. Lisboa: Estampa, 2002, p. 109-110). Resumindo, a cura da *Nova Ordem* passa, entre outros fatores que veremos a seguir, por mais Platão, e menos Prozac.

Quanto aos segundos, não interessava se essa classe de operadores do Direito era, ou não, prepotente ou autoritária em sua atuação profissional. Bastava que eles não compartilhassem integralmente das ideias dos tais *garantistas*, que a pecha de *lei-e-ordem* já lhe era impingida pelos ícones representativos da primeira categoria.[14]

O inimigo havia sido identificado, a pecha de *lei-e-ordem* estava dada e, agora, uma *Nova Ordem* estava instalada. Manifestar um ponto de vista contrário já era suficiente para receber aquele *etiquetamento* pejorativo. Não demorou muito a que o próximo passo fosse dado: o *mocinho do filme* precisava superar o Estado-vilão e seus famigerados representantes, fossem eles quem fossem (juízes, membros do Ministério Público ou Delegados de Polícia).

A tão almejada evolução no ensino do direito processual penal havia sido superada e substituída por uma pretensão muito menos nobre. Usou-se o discurso do arejamento nessa área do conhecimento para se implantar – na verdade, impor – uma outra ideologia. Nas palavras de Henri Robert, alcançamos a *ditadura intelectual*.[15] Nunca se viu, no ensino jurídico de nosso país, um movimento de tamanha envergadura. Mas ele precisava de instrumentos para atingir seus fins ...

3. Instrumentos difusores da nova ordem

Por estar conectado às mais diversas áreas do saber, de longa data se exige, por parte do operador do Direito, que seu conhecimento seja o mais amplo possível.

Aristóteles já falava na necessidade de se conhecer o maior número de temas para alguém poder julgar bem ou se posicionar sobre os as-

---

[14] Nesse particular, dois fatos não nos saem da memória. O primeiro, envolvendo professor de um PPGD que, para que pudesse *bem corrigir* os trabalhos de seus alunos, orientava sua secretária particular que os separassem em dois grupos, curiosamente, os alunos considerados por ele como integrantes da linha *garantista*, e os alunos considerados *lei-e-ordem*. O segundo, de uma Promotora de Justiça que tentou, por diversas vezes, ingressar em um PPGD voltado ao direito processual penal. Ela apresentava atuação destacada no Tribunal do Júri de uma das capitais de nosso país. Resultado disso é que seu ingresso naquele PPGD não ocorreu em todas aquelas vezes, o que a fez mudar de rumo e ingressar no Programa de Pós-Graduação em Sociologia da mesma universidade do PPGD onde não era acolhida. Resultado disso: ela fez a investigação que originalmente pretendia, apresentou seu trabalho final em uma Faculdade de Sociologia, e sua nota final foi 10 (dez). Por certo que ninguém tem vaga garantida em qualquer curso daquela natureza, mas é sintomático que um projeto de pesquisa sequer tenha sido acolhido em um centro conhecido pela interdisciplinaridade – dentre as quais, encontrava-se a própria Sociologia –, mas, no programa de pós-graduação desta mesma área do conhecimento, aquela aluna tenha obtido nota máxima no trabalho que pretendia apresentar no PPGD.

[15] ROBERT, Henri. *O Advogado*. 2ª ed. Tradução de Rosemary Costhek Abílio. São Paulo: Martins Fontes, 2002, p. 149.

suntos que lhe são postos a exame.[16] René Descartes sugeria a interação com diversas áreas, a fim de permitir a aquisição de um conhecimento o mais amplo possível, em razão da conectividade que as unia.[17] Além disso, também propunha a leitura dos "livros dos Antigos", como forma de "poder aproveitar dos trabalhos de tão grande número de homens", e "as invenções já feitas outrora com sucesso, quer também para ser informados do que ainda falta encontrar em todas as disciplinas".[18] Henri Robert falava que a completude na atuação do advogado passava pela necessidade de adquirir *"ominium rerum magnarum atque artium scientiam*: a ciência de todas as grandes coisas e de todas as artes", mais propriamente, humanidade, literatura, História, Direito, política, dentre as quais classificou como *substantífica medula* o estudo da Filosofia, da História e do Direito.[19]

Não foi outro o entendimento manifestado pelos críticos do ensino do direito processual penal de outrora. Choukr, inclusive, sugeriu o caminho a ser seguido para que sua melhoria e evolução se concretizassem, onde aparece, muito claramente, a interação do Direito com outras áreas do conhecimento, tais como, História e Filosofia. No entanto, a predileção da *Nova Ordem* foi por seguir um rumo alternativo.

3.1. A seletividade do que se pretende interdisciplinar

Embora a interdisciplinaridade haja sido apontada como um dos caminhos para a melhora do ensino e compreensão dos fenômenos verificáveis no direito processual penal, não tardou muito para que a *Nova Ordem* se desse conta dos riscos que corria, caso houvesse um aprofundamento na busca de respostas em certas áreas do conhecimento. Em lugar de corroborar as inovações que foram e são propostas, tais áreas

---

[16] ARISTÓTELES. *Ética Nicomáquea*. Libro I, 3, 27, 109a. Tradução de Julio Pallí Bonet. Madrid: Gredos, 2000, p. 26. v. 32.

[17] DESCARTES, René. *Regras para a Orientação do Espírito*. Regra II. Tradução de Maria Ermanita de Almeida Prazo Galvão. São Paulo: Martins Fontes, 2007, p. 4. Uma das grandes injustiças cometidas contra Descartes é atribuir a ele a necessidade de *compartimentalização* do conhecimento como única forma de obtê-lo em sua plenitude, originado da leitura isolada de sua obra *Discurso do Método*. Por isso, entendemos necessária a reprodução do trecho por nós acima referido, como forma de resgatar o pensamento daquele filósofo. Disse ele: "Cumpre crer que todas as ciências são tão ligadas entre si que é muito mais fácil aprendê-las todas juntas do que separar apenas uma delas das outras. Portanto, se alguém quer procurar seriamente a verdade, não deve escolher uma ciência específica: todas elas são unidas entre si e dependem uma das outras. Ele deve pensar somente em aumentar a luz natural da razão, não para resolver esta ou aquela dificuldade de escola, mas para que, em cada circunstância da sua vida, seu entendimento mostre à sua vontade o que é preciso escolher. Bem depressa, ficará todo espantado de ter feito progressos bem superiores aos dos homens que se aplicam a estudos especializados, e de ter conseguido não só a posse de tudo quanto os outros desejam, mas também de coisas mais elevadas do que aquelas que podem permitir-se esperar" (Ob. cit., p. 4).

[18] DESCARTES, René. *Regras para a Orientação do Espírito*. Regra III. Ob. cit., p. 11.

[19] ROBERT, Henri. *O Advogado*. Ob. cit., p. 21-23.

– se abordadas com seriedade – levariam justamente a um resultado contrário.

Foi o caso da História e da Filosofia.

a. História: uma inimiga implacável

Não é preciso ter *grandes luzes* para saber a importância que tem o estudo da História, à hora de se analisar os diversos institutos de direito processual. É nessa área do conhecimento onde iremos nos deparar com o surgimento e os motivos do nascimento de determinado instituto, o contexto político em que ele foi criado, a ampliação ou retração de seu significado ao longo do tempo, enfim, todos os fatores que nos permitirão melhor dimensionar o objeto de nossa atenção na atualidade. Sem medo de errar, entendemos que, a partir do domínio da História, podemos, ao menos no Direito – e, com muito mais razão, no direito processual penal – separar as crianças dos adultos.

Isso não quer dizer, por certo, que devamos ter um apego exagerado ao estudo dessa disciplina. Não podemos, nesse aspecto, incidir no erro narrado por Luis Vélez de Guevara, em escrito de 1641, ao descrever a figura de "um historiador que ficou louco por ter perdido três décadas de Tito Lívio".[20] Da mesma forma, não podemos ver a realidade de outrora como se representassem práticas eternas e imutáveis, sobretudo quando diziam respeito a temas envolvendo o Direito e, mais ainda, o direito processual penal. Por estar a serviço do *estilo de vida* de cada época, nenhum segmento jurídico sofreu mais alterações em sua prática que este último.

O que se prega é o afastamento do mau uso da História, tal como verificamos nos dias de hoje. Não há mais lugar para, como diz Choukr, "parcas referências, deslocadas temporalmente, com o que se dá alguma 'satisfação' a determinadas 'origens' de ideias".[21] Muito menos para a mistura de determinações históricas e eternas, referida por Soren Kierkegaard, pois o resultado é dar a impressão que, "quando parecia que se dizia algo histórico dizia-se algo eterno".[22] Ou, ainda, como diz Olavo de Carvalho, devemos saber fazer a diferença entre museologia e tradição.[23]

---

[20] GUEVARA, Luis Vélez de. *O Diabo Coxo*. Tradução de Liliana Raquel Chwat. São Paulo: Escala, 2006, p. 32.

[21] CHOUKR, Fauzi Hassan. As Faces de Eco: apontamentos sobre o ensino do processo penal. *Atuação – Revista Jurídica do Ministério Público Catarinense*, Florianópolis, v. 3, n° 7, set./dez. 2005, p. 149-150.

[22] KIERKEGAARD, Soren. *É Preciso Duvidar de Tudo*. Tradução de Sílvia Saviano Sampaio e Álvaro Luiz Montenegro Valls. São Paulo: Martins Fontes, 2003, p. 40.

[23] CARVALHO, Olavo de. Quem é filósofo e quem não é. In: *A Filosofia e seu Inverso & Outros Estudos*. Campinas: Vide Editorial, 2012, p. 173.

Por vezes, vemos autores proporem verdadeiro *ovo de Colombo*, sem nenhuma preocupação em saber se algo idêntico ou similar já existiu no passado, e qual foi seu resultado prático naquela época. Da mesma forma, há autores que dão, a determinados institutos, características que eles nunca tiveram, fazendo isso com ares de verdadeiros dominadores do assunto que tratam, e sem apresentarem uma referência histórica sequer para corroborar seus dizeres. Por fim, há uma categoria que reputamos ser a mais abjeta de todas: aquela que despreza os estudos que invocam dados objetivos históricos, desprezo motivado pelo fato de estes dados históricos deixarem patente o equívoco dos postulados que aquela categoria de autores segue.

Para que não fiquemos na mera divagação, vamos à exemplificação.[24] Embora possamos elencar um sem-número de situações que bem demonstram nossa preocupação com o respeito à História – principalmente do processo penal –, restringir-nos-emos a três que entendemos serem as mais significativas.

a.1. Proposição de uma novidade velha

A ideia de um *Código Modelo de Processo Penal para Ibero-América* surgiu na década de setenta do século passado, tendo, por finalidade, servir de base para dar fim ao modelo inquisitivo de legislação processual penal, à época dominante nas ex-colônias espanholas na América. Sua formalização teve início nas *Quintas Jornadas Ibero-Americanas de Direito Processual*, em Bogotá-Cartagena, no ano de 1970, e o projeto final foi apresentado nas XI Jornadas Ibero-Americanas de Direito Processual, na cidade do Rio de Janeiro, em data de 25 de maio de 1988.

Dentre as previsões nele contidas, é possível identificar uma que diz respeito ao procedimento que poderia ser adotado pelo juiz, à hora de determinar a aplicação de pena ao acusado. De acordo com o seu artigo 287, sempre que o juiz julgasse conveniente, ele poderia determinar a divisão do julgamento em duas partes: a primeira diria respeito ao *meritum causae*, ou seja, se o acusado deveria ser condenado ou absolvido; a segunda diria respeito somente à definição do *quantum* de pena a ser aplicada ao acusado já condenado.[25] No entanto, tal procedimento já

---

[24] A partir deste momento, embora procuremos comprovar nossa argumentação com a invocação das situações que classificamos como *problemáticas* – por assim dizer – no ensino do direito processual penal, nem sempre faremos referência ao nome dos autores que adotam posturas que entendemos equivocadas. Nossa intenção é combater a prática, e não a pessoa que a adota. Esse *modus operandi* será por nós adotado não só no tópico atinente ao estudo da História, mas em todos os demais que serão abordados em nosso texto.

[25] PROJETO de Código Processual Penal-Tipo para Ibero-América (4ª parte). *Revista de Processo*, São Paulo, a. 96, nº 64, 1991, p. 109.

havia sido empregado no direito antigo, e lá demonstrado suas falhas e contradições.

No direito ateniense, o julgamento era dividido justamente dessa maneira, de modo que, se o acusado fosse considerado culpado, uma nova sessão de debates teria início, mas com tempo mais reduzido. Nela, acusador e acusado deveriam convencer os julgadores populares sobre a correção de seus argumentos, ou seja, se a pena a ser aplicada deveria ser a mais dura ou a mais branda.[26] E é aí que esse procedimento – sugerido pelo Código Modelo de CPP – deixava patente sua contradição: em um primeiro momento, o acusado deveria se empenhar para alcançar sua absolvição; em momento posterior, deveria se empenhar para demonstrar que era merecedor de uma pena menor. Ao assim proceder, ele dava a entender que já sabia de sua culpabilidade na primeira fase do julgamento, o que poderia passar uma má impressão aos jurados no momento em que se posicionariam sobre qual pena aplicar.

O maior julgamento da história do direito ateniense apresentou exatamente essa divisão. Referimo-nos ao julgamento de Sócrates, e ninguém menos que ele próprio manifestou sua indignação com essa segunda fase do julgamento, materializando essa contradição nas seguintes palavras reproduzidas por Platão: *"Persuadido, como estoy, de que no hago daño a nadie, me hallo muy lejos de hacerme daño a mi mismo, de decir contra mi que soy meceredor de algún daño y de proponer para mi algo semejante".*[27]

Se algum cuidado com a história do processo penal houvesse sido tomado pelos redatores do Código Modelo, fatalmente não nos recordaríamos de Aristófanes, quando disse, em uma de suas peças, que "el pueblo aborrece ver repetidas antiguas soluciones".[28] Imaginemos quais sentimentos, então, teria este mesmo *pluebo*, se soubesse que a proposição feita pelo Código Modelo sequer solução foi em seu tempo.

a.2. Nunca foi, mas tem que ser

Outra situação de desprezo à História é verificada na abordagem que a *Nova Ordem* faz em relação à postura do juiz na fase probatória. Mais especificamente, estamos a nos referir à pretendida necessidade de o juiz ser completamente inerte nessa fase do processo, como única forma de alcançar sua imparcialidade. Em lugar de não consultar a História, o caminho eleito pela *Nova Ordem* foi diverso: ela buscou algo no direito

---

[26] ARISTÓTELES. *La Constitución de Atenas*. 68-69. 3ª ed. Tradução de Antonio Tovar. Madrid: Centro de Estudios Políticos y Constitucionales, 2000, p. 221.
[27] PLATÓN. Apología de Sócrates. 37b. *Diálogos*. Coleção Los Clásicos de Grecia y Roma. Tradução de J. Calonge Ruiz, E. Lledó Iñigo e C. Garcia Gual. Madrid: Gredos, 2000. v. 24, t. I, p. 44.
[28] ARISTÓFANES. *La Asamblea de las Mujeres*. 580. Tradução de José Javier Viana. Madrid: Ediciones Clásicas, 2011, p. 35.

antigo para sustentar essa proposição, mas, em relação ao precedente que encontrou, conferiu-lhe uma característica que ele nunca teve.

Nesse sentido, há quem tenha se *lembrado* do instituto *non liquet*, presente no direito romano. Embora apresentando sua definição correta, foi afirmado que, na atualidade, a decisão judicial fundada no *non liquet* equivaleria à absolvição por falta de provas. Ledo engano.

Não é de agora que a existência de dúvida, por parte do julgador, traz-lhe profunda inquietação sobre como deve proceder ou julgar. A literatura clássica nos apresenta, como exemplo, a conversação travada entre o magistrado Aulo Gélio e o filósofo Favorino, onde o primeiro expõe ao segundo suas dúvidas sobre como ser uma pessoa e um julgador mais prudente.

Em relação a como ser juiz, Favorino lhe disse que havia dois modelos de julgadores: aqueles que procuravam dirimir suas dúvidas em meio aos depoimentos prestados pelas partes e testemunhas; e aqueles que se mantinham em silêncio todo o tempo. Quanto aos julgadores que procuravam elucidar os pontos duvidosos, Favorino o advertiu de que a crítica existente era no sentido de poderem acusá-lo de estar atuando em conjunto com um dos advogados, ou, então, de estar antecipando o seu julgamento, de acordo com as perguntas que viesse a fazer. Ao final, o que estaria em jogo era a manutenção de sua respeitabilidade junto aos cidadãos.[29]

Pois bem; no direito romano, a dúvida recebia um duplo tratamento, dependendo de onde ela se fazia presente: se na convicção do julgador, ou se no resultado final do julgamento. Expliquemos melhor.

O *non liquet* representava a ausência de convicção do juiz à hora de julgar, o que o autorizava a não se posicionar em favor ou em sentido contrário às pretensões processuais de quaisquer das partes. Assim, quando o julgamento tivesse que ser realizado por um único magistrado, sua dúvida não se resolvia com a necessidade de absolver o acusado. À época, o julgador invocava o *non liquet* como justificativa para sua abstenção ou recusa em julgar o mérito do processo. O recado que se dava às partes era que deveriam buscar mais provas e argumentos para obterem, enfim, o convencimento do juiz em relação às suas pretensões.[30]

Por outro lado, quando o julgamento envolvesse a presença de mais pessoas – sendo ele em um colegiado ou na Assembleia –, os julgadores recebiam três tipos de votos contendo letras, a saber, *A* (de absolvo), *C* (de condeno) e *NL* (de *non liquet*, ou seja, não está claro). Quando da

---

[29] AULO GELIO. *Noches Áticas. Antología*. 14,2. Tradução de Francisco García Jurado. Madrid: Alianza, 2007, p. 181-182.
[30] Idem, p. 183.

contagem dos votos válidos, quatro resultados poderiam ocorrer: a) supremacia dos votos condenatórios, o que levava à imposição da pena ao acusado; b) supremacia dos votos absolutórios, o que levava à absolvição do acusado; c) supremacia dos votos *non liquet*; e d) empate entre os votos condenatórios e absolutórios.

Havendo a supremacia dos votos *non liquet*, o resultado não era a absolvição do acusado motivada por dúvida. A dúvida, manifestada pela maioria dos julgadores, deveria ser dirimida com a realização de um segundo julgamento, chamado *ampliatio*. Em outros termos, o recado que a maioria dos julgadores passava às partes é que elas deveriam trazer mais provas e argumentos nessa *ampliação* do processo, pois só assim eles – os julgadores – estariam aptos a decidir o mérito do processo.[31]

A absolvição por dúvida só ocorreria nos casos de empate no número de votos para condenar e absolver.[32] Aí está a origem, pois, do princípio *in dubio pro reo*.

a.3. Uma vinculação inexistente

A terceira e última situação de conflito que atinge a relação entre História e a atual literatura processual penal brasileira também diz respeito à postura do juiz na fase probatória. No entanto, este conflito foi além da mera proposição doutrinária, vindo a se fazer presente, nada mais nada menos, no projeto de novo CPP. Referimo-nos, especificamente, ao seu artigo 4º.

Apontado como a coluna vertebral do projeto, o artigo 4º se encarregou de definir que nosso processo penal adotará o sistema acusatório, apresentando a seguinte redação: "O processo penal terá estrutura acusatória, nos limites definidos neste Código, vedada a iniciativa do juiz na fase de investigação e a substituição da atuação probatória do órgão de acusação".

A definição sistêmica de nosso processo penal sempre nos pareceu necessária, como forma de dar fim à discussão doutrinária existente no país, e ao frequente reconhecimento de constitucionalidade – principalmente por parte dos Tribunais Superiores – de práticas somente permitidas no sistema misto, como é o caso da investigação criminal judicial (juizado de instrução) legalmente prevista para certos ilícitos penais ou certos sujeitos com prerrogativa de foro. Entretanto, ao mesmo tempo

---

[31] CICERÓN, Marco Tulio. Verrinas – La Pretura de Roma. Segunda Sesión, Discurso Primero. 9,26. *Discursos*. Coleção Los Clásicos de Grecia y Roma. Tradução de José María Requejo Prieto. Madrid: Gredos, 2000. v. 46, t., I, p. 121.

[32] CICERÓN, Marco Tulio. En Defensa de Aulo Cluencio. 27, 74. In: *Discursos*. Coleção Los Clásicos de Grecia y Roma. Tradução de Jesús Aspa Cereza. Madrid: Gredos, 2000. v. 48, t. III, p. 202.

em que estabelece definitivamente o sistema processual a ser por nós seguido, aquele artigo incide em uma grave contradição, ao vincular a forma como autoriza a atividade probatória judicial de ofício ao sistema acusatório eleito.

Noutros termos, embora o sistema processual penal eleito pelo projeto de novo CPP seja o acusatório, o perfil de juiz estruturado por ele não guarda qualquer correspondência com o integrante daquele sistema. Em realidade, o perfil de juiz eleito se ajusta ao sistema inquisitivo, que é o oposto ao sistema acusatório.

Basta lembrar que o sistema acusatório – seja em que época for – jamais apresentou um juiz com a obrigação de velar pelos interesses de uma das partes, como fez o projeto. Como já tivemos oportunidade de dizer, o projeto nada mais fez que institucionalizar o *juiz defensor*,[33] presente no processo para ser um assistente do acusado[34] ou uma arma em seu favor,[35] como se juiz fosse *arma*, e não um *sujeito* da persecução penal. Seja com um argumento ou outro, o resultado será sempre o mesmo: um juiz parcial, por dever estar direcionado a cuidar dos interesses do réu.

Mas o pior não é a gritante falha técnica presente no projeto e sua defesa por alguns no meio doutrinário. O mais grave é que, quem se empenha ferrenhamente em defender um juiz parcial, jamais se deu ao trabalho de saber o que estava defendendo. Mais que isso, jamais se deu ao trabalho de saber se o que estava defendendo pode ser compatível com o sistema eleito pelo projeto.

Se esse cuidado básico houvesse sido observado, sem grandes dificuldades saberia que uma das obrigações do juiz do sistema inquisitivo era, justamente, cuidar dos interesses do réu, atuando em substituição ao defensor, estando este defensor presente, ou não, no processo. Não foi por outro motivo que Carpsódio materializou essa característica do juiz inquisitivo no seguinte brocardo: *judex supplere debet defensionis rei ex officio*. De igual modo, não foi outra a razão de uma parcela importantíssima de nossa doutrina – hoje convenientemente esquecida pela *Nova Ordem*

---

[33] ANDRADE, Mauro Fonseca. O sistema acusatório proposto no projeto de novo *codex* penal adjetivo. *Revista de Informação Legislativa. Senado Federal*, Subsecretaria de Edições Técnicas. Brasília, v. 183, Edição Especial, p. 167-188, jul./set. 2009.

[34] PRADO, Geraldo. *Sistema Acusatório. A conformidade das leis processuais penais*. Rio de Janeiro: Lumen Juris, 1999, p. 129-131. HAMILTON, Sérgio Demoro. A Ortodoxia do Sistema Acusatório no Processo Penal Brasileiro: uma falácia. *Revista do Ministério Público do Rio de Janeiro*, Rio de Janeiro, n. 12, 2000, p. 205. LAGO, Cristiano Álvares Valladades do. Sistemas Processuais Penais. *Revista dos Tribunais*, São Paulo, v. 774, abr. 2000, p. 456. RANGEL, Paulo. *Direito Processual Penal*. 10ª ed. Rio de Janeiro: Lumen Juris, 2005, p. 67.

[35] GIACOMOLLI, Nereu José. *Reformas (?) do Processo Penal: considerações críticas*. Rio de Janeiro: Lumen Juris, 2008, p. 36-37.

– alertar que esse perfil de atuação judicial era uma das características do sistema inquisitivo.[36]

E onde entra o conhecimento da História nisso tudo? Nos textos deixados pelo sistema inquisitivo, ou seja, nos textos da Inquisição Católica, mais especificamente, da Inquisição Espanhola.

Tomás de Torquemada foi o primeiro a regulamentar, em 1484, o processo inquisitivo católico na Espanha. Fernando de Valdés se encarregou de atualizar essa regulamentação oito décadas depois, em 1561. Em ambos os textos, o perfil de atuação do juiz-inquisidor era o mesmo, qual seja, não havia qualquer autorização para que ele atuasse, na fase probatória, contra os interesses do réu, mas havia previsões endereçadas a direcionar sua atuação em favor do réu, tal como descreveu Carpsódio.[37] Em outros termos, o modelo de juiz proposto pelo projeto de novo CPP só encontra correspondência na ideologia e documentos históricos deixados pelo sistema inquisitivo, nada tendo que ver, portanto, com o sistema acusatório que se quer implantar definitivamente em nosso país.

O que se poderia objetar quanto ao que expusemos até aqui é que tais informações seriam de difícil acesso, visto que dizem respeito a documentos históricos. Ora, como já disse Sêneca ao seu tempo, "Século nenhum nos é vedado. Temos acesso a tudo. Graças à magnitude do espírito é exequível sair dos limites da pequenez humana e ingressar no espaço ilimitado do tempo".[38] Se assim era na sua Roma, com muito mais razão é hoje, em um mundo globalizado e interligado por todas as ferramentas que o mundo virtual permite.

Basta um *clic*, e o acesso a bibliotecas, livros estrangeiros e jurisprudência internacional nos é franqueado, seja pela compra, seja pela consulta gratuita. Em razão disso, podemos dividir certos *escritores do Direito* em dois grupos. Um primeiro, formado por aqueles que não se esforçam em conhecer a fundo o que escrevem. Aqui, há a irresponsabilidade derivada da autossuficiência. Esse é o grupo responsável pela atualidade do conselho dado por Marco Túlio Cícero, ao tratar da verdadeira sabedoria

---

[36] MARQUES, José Frederico. Do Processo Penal Acusatório. In: *Estudos de Direito Processual Penal*. Rio de Janeiro: Forense, 1960, p. 23. TORNAGHI, Hélio. *Curso de Processo Penal*. 9ª ed. São Paulo: Saraiva, 1995. v.1, p. 9.

[37] Quanto à regulamentação feita por Tomás de Torquemada, tal previsão se encontra em: Instrução 14. *Inftruciones fechas en Seuilla año de 1484 por el prior de fancta Cruz. Copilacion delas Inftructiones del Officio dela fancta Inquificion hechas por el muy Reuerendo feñor Thomas de Torquemada Prior del monafterio de fancta cruz de Segouia, primero Inquifidor general delos reynos y feñoríos de Efpaña, 1532*. Já, quanto à regulamentação feita por Fernando de Valdés, esse tema é tratado nas seguintes instruções: Instruções 21, 29 e 38. *Copilación delas Inftrutiones del Officio dela fancta Inquificion, fechas en Toledo, año de mil y quinientos y sefenta y un años*. A tradução destes dois textos da Inquisição Espanhola pode ser encontrada em: ANDRADE, Mauro Fonseca. *Inquisição Espanhola e seu Processo Criminal. As Instrução de Torquemada e Valdés*. Curitiba: Juruá, 2006.

[38] SÊNECA. *A Brevidade da Vida*. Capítulo XIV, 1. Tradução de Luiz Feracine. São Paulo: Escala, 2007, p. 59.

do homem: "não julgar saber o que não saiba".[39] E um segundo, formado por aqueles que, apesar de terem a ciência histórica, não dão ao seu público leitor o direito de conhecer aquelas informações que podem ser contrárias aos interesses de quem escreve. Isso se chama *desrespeito ao leitor*, mas também atende por *desonestidade científica*.

O que importa é a vaidade ou outros interesses menos nobres ainda. A História, vista como demonstração de conhecimento e erudição pelos autores clássicos de todo o mundo, é tratada de outra forma por certos setores de nossa doutrina. No exterior, ela é definida como *parceira*; aqui, é que ela é vista como *inimiga*.

b. Muito prazer, filosofia às suas ordens

Falamos acima sobre alguns grupos de escritores do Direito que desprezam a história do processo penal, seja por não conhecê-la à hora de publicarem suas opiniões, seja por conhecê-la muito bem, mas omitirem certas características históricas dos institutos que tratam, pois, se referidas em seus textos, comprovariam o equívoco das ideias que defendem. Podemos, assim, catalogar aqueles escritores em dois grupos: os que *emitem* o que não sabem, e os que *omitem* o que conhecem. No entanto, há também aqueles que não negam a importância da História, mas que a desprezam – pura e simplesmente – sob a invocação da Filosofia.

Para eles, não importa como determinado instituto nasceu, teve seu desenvolvimento e se encontra hoje disciplinado nos mais diversos países que formam nossa cultura jurídica. O que importa é a opinião que esses escritores têm sobre um determinado instituto, maquiando seus (pre)conceitos com alguma – qualquer uma, na verdade – literatura apontada como *filosófica*.

Em geral, são autores conhecidos, que passaram a ser considerados *pensadores* pela quantidade de coisas que escrevem, mesmo em temas desconectados de suas áreas de conhecimento.[40] Daí que, até serem erigidos à condição de *filósofos* por seu rebanho, é pura questão de tempo.

---

[39] CÍCERO, Marco Túlio. *Acadêmicas*. Edição Bilíngue. Tradução de José R. Seabra. Belo Horizonte: Nova Acrópolis, 2012, p. 93.

[40] Essa é uma crítica muito forte que setores da Filosofia fazem a certos professores – detentores de profundo conhecimento em áreas específicas –, por se aventurarem em outras que não são de seu pleno domínio. São aquelas pessoas, segundo Morellet, que têm a pretensão de "passar por ter opiniões já formadas sobre todos os assuntos tratados" (MORELLET, André. *Sobre a Conversação*. Tradução de Maria Ermatina Galvão. São Paulo: Martins Fontes, 2002, p. 27). Essa necessidade de exibicionismo, fruto da mais pura vaidade, acaba levando a dois caminhos: ao afastamento da própria instrução de quem se depara e dá valor aos escritos desses autores (MORELLET, André. Ob. cit., p. 28), e, mais cedo ou mais tarde, à percepção, por parte dos *seus leitores*, da "miséria de todos os falsos conhecimentos de que nossos falsos sábios se orgulham tanto" (ROUSSEAU, Jean-Jacques. *Os devaneios de um caminhante solitário*. Terceira Caminhada. Tradução de Julia da Rosa Simões. Porto Alegre: L&PM, 2010, p. 42). Nesse sentido, os mais expostos à tentação da vaidade e soberba são

O exemplo mais gritante dessa situação é a posição de André Leonardo Copetti Santos sobre o papel que o juiz deve adotar na fase probatória.[41] Ao tratar das decisões dos Conselhos de Sentença no Tribunal do Júri e sua pretensa incompatibilidade com o Estado Democrático de Direito, este autor questiona sua legitimidade sob uma alegada *ótica filosófica*.[42] E, em dado momento de seu escrito, ele ingressa na abordagem do papel do juiz na fase probatória.

Embora sua área de atuação acadêmica esteja centrada no direito penal e direito constitucional, Copetti Santos não perdeu a oportunidade de, ao tratar daquela questão, demonstrar todo o seu desconhecimento sobre os pontos mais intrincados do direito processo penal e, em específico, sobre o tema que envolve a atividade probatória *ex officio judicis*, seja sob o ponto de vista histórico, seja sob o ponto de vista doutrinário.

Em termos objetivos, aquele autor ingressou na surrada discussão sobre a dicotomia *acusatório-inquisitivo*, à hora de abordar o papel do magistrado na fase probatória, por considerar que o juiz inerte nessa fase está vinculado ao sistema acusatório, e o juiz ativo está vinculado ao sistema inquisitivo. Em dado momento, ele tratou de desmerecer os es-

---

alguns constitucionalistas, que acreditam saber tudo sobre tudo, mas, já na primeira linha de seus manifestos em outras áreas, dão mostras que o silêncio seria a maior demonstração de eloquência fora de seu âmbito de dedicação acadêmica. Alguns deles usam o peso de um nome construído com tanto esforço na sua esfera de conhecimento, para, com uma simples penada, darem mostras não só do seu mais profundo desconhecimento sobre o que escrevem em direito processo penal, como também autorizam o leitor a duvidar se a tal reputação *de sumo sacerdote* em tal ou qual ramo do Direito, diverso do processo penal, é verdadeiramente merecida. No direito processual, ninguém menos que Alcalá-Zamora y Castillo fez uma legítima *chamada à ordem* daqueles autores – verdadeiros alienígenas nessa área do conhecimento – que pensam que suas intervenções irresponsáveis irão provocar modificações profundas em tudo que tocam. Ao se referir a uma (im)postura que parece eterna, disse *el maestro* que "las invasiones de cultivadores de una disciplina en los dominios de otra (...) no es título bastante para alterar la índole de las instituciones jurídicas" (ALCALÁ-ZAMORA Y CASTILLO, Niceto. *Proceso, autocomposición y autodefensa*. México: UNAM, 2000, p. 22). O exemplo mais recente dessa situação ocorreu no direito penal, e foi magistralmente apontado por Luís Greco e Alaor Leite, podendo ser conferido em: GRECO, Luís; LEITE, Alaor. O que é e o que não é Teoria do Domínio do Fato sobre a Distinção entre Autor e Partícipe no Direito Penal. *Revista dos Tribunais*. São Paulo, v. 933, jul. 2013, p. 83, nota 91. É por isso que segue atual o conselho dado por Descartes, quando disse que "não são todas as artes que o mesmo homem deve aprender ao mesmo tempo, mas se torna mais facilmente o melhor mestre em sua arte aquele que se dedica a uma só" (DESCARTES, René. *Regras para a Orientação do Espírito*. Regra I. Ob. cit., p. 2).

[41] Como veremos ao longo de nosso texto, este tema é dado a muitos *desvios argumentativos*, que atingem não só a Filosofia e a História, para justificar posições ideológicas sobre a postura do juiz ao longo do processo.

[42] SANTOS, André Leonardo Copetti. A Incompatibilidade das Decisões do Conselho de Sentença do Tribunal do Júri com o Estado Democrático de Direito. Uma interpretação da legitimidade das decisões judiciais a partir de uma interseção entre filosofia e direito. *Sistema Penal & Violência*. Porto Alegre, v. 3, nº 1, p. 30-46, jan./jun. 2011. SANTOS, André Leonardo Copetti. Decisões Judiciais e Estado Democrático de Direito: da necessidade de fundamentação das decisões do tribunal do júri. *Revista de Estudos Constitucionais, Hermenêutica e Teoria do Direito – RECHTD*. Porto Alegre, v. 4, n. 2, p. 131-143, jul./dez. 2012. Como poderá ver o leitor, afora uma ou outra inserção feita no segundo texto, estes dois artigos são constrangedoramente iguais, embora apresentem títulos diferentes, o que já se constitui em um bom indicativo da *postura filosófica* de seu autor.

tudos feitos nesse sentido, que invocaram literatura e jurisprudência internacionais, bem como, precedentes de ordem histórica que apontavam para a imprestabilidade daquela diferenciação dicotômica. Não satisfeito, foi ofensivo com quem sustenta aquela posição, por considerá-la ingênua e insuficiente dogmaticamente.

Em certo ponto de seu escrito, Copetti Santos demonstra sua plena aderência à teoria da gestão da prova – que diferencia os sistemas acusatório e inquisitivo justamente a partir da postura do juiz na fase probatória –, e procura refúgio na Filosofia para justificar sua posição. Ao assim proceder, invoca a necessidade de um "modo-de-ser filosófico" e a posição assumida por Lenio Luiz Streck, erigindo-o à condição de *pensador*. Como doutrina de base, procura sustentar sua posição invocando as lições deixadas por Descartes, Spinoza, Leibniz e Dworkin.[43]

Ao invocar o seu *modo-de-ser filosófico*, a intenção de Copetti Santos é desmerecer não só as posições sustentadas que não são de seu agrado, mas também menosprezar quem as sustenta. A mensagem que procura dar é que seus *adversários acadêmicos* são menos preparados que ele, justamente por não apresentarem um nível intelectual e de conhecimento que ele – pretensamente – possui, o que lhe permite atingir a essência de tudo o que sustenta como correto.

Pois bem; antes de invocar a Filosofia como argumento para encobrir flagrantes deficiências técnicas nas áreas do conhecimento onde irá aventurar-se, todo pretendente a ser um cientista e/ou filósofo precisa saber do que ela – a Filosofia – se ocupa.

Virtude e *vício* são palavras incansavelmente repetidas pelos filósofos clássicos, e elas nos remetem à necessária separação entre o acerto e o erro. É por isso que a equivalência entre *acerto* e *verdade* é uma constante nos fundamentos da Filosofia,[44] pois somente quando se alcança a verda-

---

[43] SANTOS, André Leonardo Copetti. *A Incompatibilidade das Decisões do Conselho de Sentença do Tribunal do Júri com o Estado Democrático de Direito. Uma interpretação da legitimidade das decisões judiciais a partir de uma interseção entre filosofia e direito*. Ob. cit., p. 35.

[44] ARISTÓTELES. *Ética Eudemia*. Libro I, IV, 1215b. Tradução de Carlos Megino Rodríguez. Clásicos de Grecia y Roma. Madrid: Alianza, 2009, p. 48. CÍCERO, Marco Túlio. *Do Sumo Bem e do Sumo Mal*. Livro XXI. Tradução de Carlos Ancêde Nougué. São Paulo: Martins Fontes, 2005, p. 117-118. CÍCERO, Marco Túlio. *Acadêmicas*. Edição Bilingue. Tradução de José R. Seabra. Belo Horizonte: Nova Acrópolis, 2012, p. 169. SCHOPENHAUER, Arthur. *Sobre a Filosofia Universitária*. Ob. cit., p. 23-14. Em outra passagem, Cícero deixa ainda mais clara essa equivalência, ao dizer: "esta é a regra de toda filosofia: a determinação do verdadeiro, do falso, do conhecido, do desconhecido; porquanto adotassem esse método e quisessem ensinar quais representações conviesse aceitar, quais repudiar, certamente terem eles devido perceber esta mesma, da qual procedesse todo critério do verdadeiro e do falso; efetivamente serem estes os dois problemas principais na filosofia: o critério da verdade e o grau supremo dos bens, e não poder ser sábio quem ignore ou haver o princípio do conhecimento ou o fim último do desejar, de modo que não saiba ou donde parte ou aonde deva chegar" (ob. cit., p. 207). No mesmo sentido vai Schopenhauer, quando diz que "a filosofia pura não conhece outro fim a não ser a verdade; donde se poderia concluir que qualquer outro fim visado por seu intermédio é para ela pernicioso" (SCHOPENHAUER, Arthur. *Sobre a Filosofia Universitária*. Ob. cit., p. 17).

de sobre algo é que se pode dizer que se tem *conhecimento* sobre o objeto que mereceu sua atenção. Por consequência, qualquer processo mental ou de investigação que se contente com o *mais ou menos*, acaba por refutar a própria validade da invocação da Filosofia como um *instrumento* posto na mão do (pseudo)cientista, à hora de fundamentar suas conclusões sobre determinado assunto.

Quando alguém abraça a Filosofia como um *modo-de-ser* – nas próprias palavras de Copetti Santos –, isso não significa, é bom que se diga, que deva ler os autores clássicos, e aderir às posições sustentadas por eles sem maiores questionamentos. Isso seria, como bem disse René Descartes, não aprender ciência, mas história.[45] Objetivamente, quem se propõe a adotar esse *modo-de-ser* precisa seguir a técnica filosófica ao se dedicar a alguma questão, e isso significa realizar um estudo profundo e completo antes de pensar em abrir a boca para falar sobre algo.[46] Em suma, deveria duvidar de tudo que diga respeito ao tema que se propôs a fazer o papel de crítico[47]. Não por outro motivo, Aristóteles define o modo de vida filosófico – que, sem maiores problemas, pode ser equiparado ao *modo-de--ser filosófico* daquele outro autor – como aquele em que o sujeito se ocupa da sensatez e da contemplação da verdade, que só pode ser alcançada a partir do questionamento.[48]

Se tivesse adotado essa postura primária, aquele autor deveria, como mínimo, haver se questionado quanto à origem e base doutrinária da teoria da gestão da prova, as formas como histórica e atualmente foram regulados os sistemas acusatório e inquisitivo, e as posições doutrinárias existentes nos mais diversos países sobre esse tema. Estudos nesse sentido já haviam sido publicados aqui mesmo no Brasil, e eram de seu pleno conhecimento,[49] mas ele preferiu o caminho fácil do *é assim porque eu quero*, que é a base do dogmatismo.

Embora venhamos a tocar nesse tema com maior profundidade mais adiante, a teoria da gestão da prova já foi desmascarada no meio acadê-

---

[45] DESCARTES, René. *Regras para a Orientação do Espírito*. Regra III. Ob. cit., p. 12.

[46] Conforme ensina Olavo de Carvalho, "Por onde quer que você entre numa questão filosófica, não importando qual seja, vai desembocar direto no centro mesmo da encrenca. Nada poderá ajudá-lo senão o domínio da técnica filosófica. Técnica filosófica é saber rastrear um tema, um problema, uma idéia, até suas raízes na estrutura mesma da realidade. Trata-se de pensar um assunto até que o pensamento encontre seus limites e a própria realidade comece a falar. 'Pensar', aí, não é falar consigo mesmo, combinar palavras ou argumentar tentando provar alguma coisa. Não é nem mesmo construir deduções lógicas, por mais elegantes que pareçam (a atividade construtiva da mente pertence às matemáticas e não à filosofia)" (CARVALHO, Olavo de. Notas para uma introdução à filosofia. In: *A Filosofia e seu Inverso & Outros Estudos*. Campinas: Vide Editorial, 2012, p. 161).

[47] Ensina Soren Kierkegaard: "Eis as três proposições: 1) A filosofia começa pela dúvida; 2) É preciso ter duvidado para poder filosofar; 3) A filosofia moderna começa pela dúvida". (KIERKEGAARD, Soren. *É Preciso Duvidar de Tudo*. Ob. cit., p. 35).

[48] ARISTÓTELES. *Ética Eudemia*. Libro I, IV, 1215b. Ob. cit., p. 48.

[49] Isso fica claro em razão da própria bibliografia apresentada por ele no texto em questão.

mico, em razão de haver sido criada a partir da invocação da doutrina de um autor italiano que simplesmente não disse o que atribuem a ele. Na verdade, sua posição é exatamente outra, o que torna ainda mais vexatória a invocação daquele autor estrangeiro para justificar tal teoria.[50] Mais que isso, a análise dos sistemas acusatório e inquisitivo não nos permite referendar os pressupostos apresentados pela teoria da gestão da prova.[51] E a passividade judicial, na fase probatória, já era apontada, desde a antiguidade, como decorrência da falta de interesse público nos rumos do que se discutia em âmbito judicial.[52] Em outras palavras, seja sob o ângulo que for, a teoria da gestão da prova está marcada – para dizer o mínimo – pela mais evidente artificialidade.

O que sobrava, então, como argumento para a sustentação daquela teoria? A invocação da Filosofia, como forma de justificar que a correção de seus postulados estaria em um plano não alcançado por quem dela dissente. No entanto, como já tivemos oportunidade de dizer em outra oportunidade, nenhum caráter filosófico há na invocação de conhecidos nomes – como Descartes, Spinoza, Leibniz e Dworkin – para justificar a correção daquela teoria. Além de eles não tratarem especificamente sobre o tema em questão, a Filosofia não se presta a sustentar a veracidade de algo que nunca foi dito. Ou, pior ainda, algo que foi dito em sentido complemente diverso do que se publica em nosso país.[53]

Enfim, quando alguém dá demonstração pública de desconhecimento sobre o que professa, não se aprofunda em sua investigação e, para piorar, ainda invoca a condição de filósofo – a si próprio e a quem defende o indefensável –, tais posturas somente têm o condão de denegrir a Filosofia. Melhor dito, isso é a negação da Filosofia, pois ela não se presta a encobrir preconceitos e falta de profundidade no trato de qualquer tema.

Se observarmos bem, a postura de Copetti Santos seguiu todos os passos necessários para a mais explícita aderência ao dogmatismo no tema que tentou abordar: aderiu à teoria da gestão da prova como uma verdade absoluta e indiscutível, não se deu ao trabalho de questioná-la e averiguar suas bases doutrinárias, e elegeu um dos nomes que a defende para elevá-lo à condição de doutrinador infalível e emissor da última palavra sobre o tema. Isso não tem nada de *modo-de-ser filosófico*. Na verdade, não passa do mais puro dogmatismo, mas travestido com a invocação

---

[50] ANDRADE, Mauro Fonseca. Teoria da Gestão da Prova: um confronto consigo mesma. *Revista Ibero-Americana de Ciências Penais*, Porto Alegre, a. 10, nº 18, p. 141-200, 2010.

[51] ANDRADE, Mauro Fonseca. *Sistemas Processuais Penais e seus Princípios Reitores*. 2ª ed. Curitiba: Juruá, p. 197-239.

[52] PLATÓN. Fedro. 272d. In: *Diálogos*. Tradução de C. García Gual, M. Martínez Hernández e E. Lledó Iñigo. Madrid: Gredos, 2000, p. 394. T. III, v. 26.

[53] ANDRADE, Mauro Fonseca. *Sistemas Processuais Penais e seus Princípios Reitores*. Ob. cit., p. 476-478.

da Filosofia, como forma de aquele autor se postar frente aos seus leitores como alguém que possui uma visão crítica diferenciada frente a quem pensa diferentemente dele. Relembrando William James, foi só deixar aquele autor aos seus institutos, que ele dogmatizou como *papa infalível*.[54]

É por essa soma de fatores que é preciso deixar algo muito claro: autointitular-se filósofo exige certas responsabilidades, e não o afastamento delas, que são facilmente notadas quando o *sedizente* abre a boca.[55] Também exige certas práticas, e uma delas é duvidar, pois, já disse Kierkegaard, "era duvidando que deveria se preparar para ser filósofo".[56]

Isso nos motiva perguntar, com Marco Túlio Cícero: "Quem há, com efeito, que ouse dizer-se filósofo quando não examina nenhum preceito do dever?".[57]

A resposta é encontrada na expressão *filosofastro*, amplamente utilizada em Atenas,[58] e repetidas vezes citada por Arthur Schopenhauer,[59] para representar aquele sujeito que se autoproclamava *filósofo* (ou *pensador*), mas que não tinha a mínima condição de sustentar esse qualificativo. Ou, então, *filósofos de diversão*,[60] dada a falta de qualidade do que produziam, derivada da superficialidade com que abordavam seus temas.

O que essa classe de *filósofo* ou *pensador* faz de melhor é dar atualidade a uma frase de Abade Dinouart, em obra de 1771, quando disse que "A filosofia, hoje, não passa de um abuso da palavra".[61]

---

[54] JAMES, William. *A Vontade de Crer*. Tradução de Cecília Camargo Bartalotti. São Paulo: Loyola, 2001, p. 25.

[55] Nesse sentido, é impecável a lição deixada por Boécio, ao se referir aos sujeitos que se intitulam filósofos por pura vaidade, e que não perdem a oportunidade de mostrar que não apresentam as mínimas condições de justificarem tal qualificativo. Em sua última contribuição à Filosofia, disse o autor citado: "Aprendei como certo homem divertiu-se um dia ridicularizando esse gênero de arrogância. Esse homem cobriu de injúrias um indivíduo que, sem sê-lo de fato, intitulava-se filósofo, não para praticar a verdadeira virtude, mas por vaidade e desejo de glória vã. Pois bem, esse homem disse ao outro que reconheceria sua qualidade de filósofo se ele se mostrasse capaz de aguentar, sem se desesperar nem se enervar, uma torrente de injúrias. O pretenso filósofo conseguiu por algum tempo ter paciência, mas, após ter-se contido diante dos insultos, descarregou ele próprio sua ira: 'E então reconheces agora que sou filósofo?' E o outro lhe respondeu: 'Estava prestes a reconhecê-lo, se não tivesse dito coisa alguma'" (BOÉCIO. *A Consolação da Filosofia*. Livro II, 13. São Paulo: Martins Fontes, 1998, p. 48).

[56] KIERKEGAARD, Soren. *É Preciso Duvidar de Tudo*. Ob. cit., p. 92.

[57] CÍCERO, Marco Túlio. *Dos Deveres*. Livro I. II, 5. Tradução de Angélica Chiapeta. São Paulo: Martins Fontes, 1999, p. 5-6.

[58] ALCIFRÓN. De Autocleto a Hetemaristo. 19, 9. Libro III. Cartas de Parásitos: In: *Cartas*. Tradução de Elisa Ruiz García. Madrid: Gredos, 2000. v. 37. p. 243.

[59] SCHOPENHAUER, Arthur. *A Arte de Insultar*. Tradução de Eduardo Brandão, Karina Jannini. São Paulo: Martins Fontes, 2003, p. 83. SCHOPENHAUER, Arthur. *Sobre a Filosofia Universitária*. Ob. cit., p. 38 e 42.

[60] SCHOPENHAUER, Arthur. *Sobre a Filosofia Universitária*. Ob. cit., p. 55.

[61] ABADE DINOUART. *A Arte de Calar*. Tradução de Luis Filipe Ribeiro. São Paulo: Martins Fontes, 2002, p. 4.

3.2. A doutrina de resultado no país do espelho

Lewis Carroll ficou mundialmente conhecido por um texto que se transformou em clássico da literatura universal: *Alice no País das Maravilhas*. Demonstrando não ser autor de um título só, posteriormente ele nos brindou com outra obra-prima, onde Alice já aparece como uma adolescente, mas ainda com lembranças da aventura que havia vivido no país maravilhoso que visitara. Veio a público, então, *Alice no País do Espelho*.

Nesta obra, tudo aparece ao contrário para Alice, quando ela compara a realidade do País do Espelho com aquela vivida em seu país de origem. Nada foge a essa regra, que consegue atingir até mesmo os livros existentes naquele estranho país onde ela se encontra. Em dado momento, Alice chega a dizer, espantada: "Os livros parecem muito com os nossos livros, mas acontece que as palavras estão todas erradas, todas as letras estão ao contrário".[62] Por que fazemos essa lembrança? Por que essa é a exata sensação que temos quando lemos as publicações feitas pelos integrantes da *Nova Ordem*.

Como visto até aqui, a interdisciplinaridade sempre foi apontada, ao longo da história da humanidade, como o caminho mais adequado para que todo e qualquer profissional – em especial, o profissional do Direito – alcançasse a completude em sua formação. No entanto, a *Nova Ordem* deu outra significação à sua importância, a partir da seletividade do que pretendia *interdisciplinar* e também do que poderia vir a público, pois lhe interessa(va) marcar muito bem a posição ideológica que assumiu, onde, na esfera processual penal, o Estado e seus representantes são os verdadeiros inimigos do cidadão.

Por certo que o resultado dessa interdisciplinaridade seletiva levou à publicação de diversos textos para reforçar e propagar sua ideologia. Assim, o caminho natural foi a veiculação de uma literatura alegadamente técnica, mas voltada a um objetivo muito claro, que era a disseminação de seu pensamento e alcance do convencimento das novas gerações de profissionais do Direito.

Era preciso sair do *laboratório*, onde a interdisciplinaridade estava inserida. Outras estratégias de atuação deveriam estar ligadas a ela. Foi aí que surgiu a preocupação com a formação das bases teóricas da *Nova Ordem*. Nasceu, então, a *doutrina de resultado*.

Doutrina de resultado nada mais é que a apresentação de certas proposições no meio acadêmico nacional, em geral, apontando a necessidade de uma mudança radical no trato de certas práticas internas ou de certos institutos, em razão da forma como estas mesmas práticas ou insti-

---

[62] CARROLL, Lewis. *Alice no País do Espelho*. Tradução de William Lagos. Porto Alegre: L&PM, 2010, p. 24.

tutos seriam encarados pelo direito comparado ou doutrina estrangeira. O *resultado* por ela perseguido é muito claro, consistente em alcançar os propósitos que estão no coração de seus proponentes,[63] esteja ele – o coração – em seu devido lugar ou em algum outro ponto mais sensível do corpo humano.

Para chegar a esse *resultado*, doutrina, jurisprudência e legislação internacionais passaram a frequentar a base argumentativa desse tipo de doutrina. No entanto, a forma como a *doutrina de resultado* apresenta sua base argumentativa, nem sempre corresponde ao que está contido naquela mesma doutrina, jurisprudência ou legislação internacionais. Sendo mais claro, o que importa é obter o convencimento de alguém, o que faz com que, o que se diz que ocorre *lá fora*, seja uma coisa; outra, completamente distinta, é o que *realmente ocorre lá fora*.

Essa prática provoca um grande espanto em quem procura checar as fontes invocadas pelos publicadores da *doutrina de resultado*. É impossível compreender como é que determinado resultado ou proposição foram apresentados a partir da palavra de um autor, de uma lei ou de julgados internacionais que, quando são lidos no original, não dizem nada daquilo que a eles é atribuído. Algo está errado, e não são os textos estrangeiros ...

A resposta talvez possa ser encontrada na fala de Humpty Dumpty, personagem daquele segundo livro de Lewis Carroll. Dirigindo-se a Alice, disse ele, em tom de grande sarcasmo, que "Quando eu utilizo uma palavra – ... – ela significa exatamente o que quero que signifique, sem mais, nem menos".[64] É o *País do Espelho* fazendo escola no Brasil, em nome dos sentimentos que brotam do *coração*.

O método utilizado é o seguinte: primeiro, deve haver a definição de qual objetivo se quer alcançar; depois, buscam-se no direito comparado alguns textos (doutrina, jurisprudência ou legislação) que, de alguma forma, possam ser aproveitados para embasar o objetivo que se quer alcançar; por fim, recorta-se algo destes textos, de modo a dar a entender ao leitor que eles dizem respeito exatamente ao que se tem por objetivo alcançar. Eis a arte, como disse Rousseau, de "transformar as coisas de branco em preto".[65]

É claro que esse procedimento não é novo, já tendo chamado a atenção da Filosofia.

---

[63] SCHOPENHAUER, Arthur. *Sobre a Filosofia Universitária*. Ob. cit., p. 70.
[64] CARROLL, Lewis. *Alice no País do Espelho*. Ob. cit., p. 114.
[65] ROUSSEAU, Jean-Jacques. *Os devaneios de um caminhante solitário*. Nona Caminhada. Ob. cit., p. 118.

Aristóteles falava que a forma mais fácil de enganar a mente – e, por consequência, a formação de nossa convicção sobre algo –, é realizar a junção de algumas coisas que levariam a um resultado aparentemente verdadeiro. Ou seja, o que importa é nossa adesão à ideia final, ainda que sua montagem tenha ocorrido a partir de pressupostos falsos.[66]

Por sua vez, o nome que Marco Túlio Cícero dava a esse procedimento era *sorites* (palavra que, em grego, significa *monte* ou *pilha*), quando empregado na construção de um discurso ou argumento.[67] Como diz esse autor, "A isso chamam 'sorites' porque, adicionados os grãos um a um, formam um acervo".[68] E vai além, qualificando esse procedimento como "Gênero, sem dúvida vicioso e capcioso!",[69] "lugar sem dúvida lúbrico e perigoso".[70]

Plotino falava da *teoria das proposições*, que, na sua visão, "não passa de um amontoado de palavras".[71] O que importa é apresentar proposições de solução para tudo aquilo que alguém entende como um problema. O objetivo é superar o entrave que só o autor vê, não importando se seus argumentos estão corretos ou há alguma conectividade entre eles.

Por último, na nossa lembrança sempre aparecem as palavras irreverentes de Schopenhauer, para quem essa montagem artificial de teses frágeis nada mais representava que a construção de castelos de cartas[72] ou pedras de dominó,[73] combinados eventualmente a partir do que "disse este, aquele, um outro e mais um outro, e então procuram chegar a alguma compreensão do assunto".[74]

Pelo lado do direito processual, tal procedimento também mereceu sua devida crítica.

Francesco Carnelutti mostrava toda sua indiferença a essa (im)postura acadêmica, consistente em alguém realizar recortes do que lhe agra-

---

[66] Textualmente: "Eis o que pensam os seres humanos: quando uma coisa existe e uma determinada outra também, ou que um fato se produzindo, um outro se produz, se o segundo é real, também o primeiro o é ou se torna – o que é falso. Assim, se a coisa antecedente é falsa, mas é verdadeiro que alguma coisa necessariamente existe ou acontece, essa última é adicionada. Simplesmente por conhecer a verdade da consequente, nossa mente infere falsamente a verdade igualmente da antecedente" (ARISTÓTELES. *Poética*. 24.20. Tradução de Edson Bini. São Paulo: EdiPro, 2011, p. 88).

[67] Segundo Diôgenes Laêrtios, o filósofo Eubilides de Mileto dedicou um argumento dialético, em forma de interrogativa, intitulado *Sorites* (LAÊRTIOS, Diôgenes. Euclides. Capítulo 10, 108. Livro II. In: *Vidas e Doutrina dos Filósofos Ilustres*. 2ª ed. Tradução de Mário da Gama Kury. Brasília: UnB, 2008, p. 73).

[68] CÍCERO, Marco Túlio. *Acadêmicas*. Ob. cit., p. 241.

[69] Idem, p. 241.

[70] Idem, p. 313.

[71] PLOTINO. *Tratado das Enéadas*. Tradução de Américo Sommerman. São Paulo: Polar, 2007, p. 50.

[72] SCHOPENHAUER, Arthur. *Sobre a Filosofia Universitária*. Ob. cit., p. 25.

[73] Idem, p. 36.

[74] Idem, p. 37-38.

da ou desagrada, e, com isso, montar uma proposição à qual pretende dar ares de cientificidade. Sua opinião, frente a situações como essa, era que qualquer debate em torno de uma proposição assim construída seria inútil, em razão de não envolver o todo.[75] No entanto, ousamos divergir do mestre italiano, pois é mais que necessário ingressar no debate para, como mínimo, fazer o alerta sobre o que vem sendo feito, e a obrigatoriedade de se conferir o que é invocado como base argumentativa por setores muito específicos de nossa doutrina.

Se a estratégia, então, é realizar essa verdadeira bricolagem jurídica, por qual motivo há a invocação de textos estrangeiros, já que esse *recorta-e-cola* poderia ser feito com a literatura nacional?

Ora, já disse Erasmo de Rotterdam que somos propensos a aceitar mais facilmente as proposições feitas por um desconhecido, dando a ele uma autoridade que, em realidade, não sabemos se merece.[76] Melhor ainda se esse desconhecido apresentar uma nacionalidade diversa da nossa, o que nos tornará, nas palavras de Voltaire, escravos desse estrangeiro, caso não conheçamos efetivamente o que ele prega.[77]

Essas poderiam ser motivações mais sofisticadas, buscadas na compreensão da psique humana, mas, às vezes, as razões para a invocação de um desconhecido autor estrangeiro podem ser muito mais singelas. Esse, ao menos, foi mais um aprendizado que a *Nova Ordem* nos proporcionou em uma situação que vivenciamos.

Certa feita, fomos convidados para ministrar uma palestra a juízes federais, e lá também se encontrava o introdutor de uma das proposições mais conhecidas da *Nova Ordem*, qual seja, a teoria da gestão da prova. Após a conclusão de nossa exposição, foi dada a palavra a essa pessoa, que, ciente de texto por nós publicado – onde desconstituímos sua teoria de forma integral[78] –, aproveitou a oportunidade para defender suas ideias e rebater nossa posição sobre a insustentabilidade do que ele pregava.

Para nossa surpresa, a defesa de sua tese insustentável se deu sob o argumento de que o livro-base, de onde retirou as premissas de sua teoria,[79] era uma obra de difícil aquisição, e que poucas pessoas a possuíam em nosso país. O que este expositor estava dizendo é que, se basicamente só ele tinha tal obra, então, só ele sabia o que realmente o autor invocado

---

[75] CARNELUTTI, Francesco. *Arte del Diritto*. Padova: Cedam, 1941, p. VI e VII.
[76] Textualmente: "Deixando de lado a polêmica sobre a autoria, há de reter que nenhuma autoridade vale tanto a ponto de impedir a adoção daquilo que é melhor só porque proposto por algum desconhecido" (ROTTERDAM, Erasmo. De Pueris (Dos Meninos). Capítulo III, 6. Ob. cit., p. 57).
[77] VOLTAIRE. *O Ateu e o Sábio*. Tradução de Antônio Geraldo da Silva. São Paulo: Escala, 2006, p. 25.
[78] ANDRADE, Mauro Fonseca. *Teoria da Gestão da Prova: um confronto consigo mesma*. Ob. cit.
[79] Este livro é: CORDERO, Franco. *Guida alla Procedura Penale*. Torino: Utet, 1986.

havia dito sobre a teoria da gestão da prova. Ou seja, ele estava se autoproclamando detentor do *monopólio da verdade*, pois só ele sabia o que tal obra realmente continha. O problema é que também a temos, e em nosso exemplar, mesmo sendo a mesma edição e ano, consta outra realidade...

Enfim, o que queremos deixar dito é que, dentre as estratégias da *Nova Ordem*, também está a invocação de textos estrangeiros que não são localizados facilmente pela grande maioria dos operadores do Direito no Brasil. A ela, por consequência, resta um único caminho, que é acreditar nas afirmações feitas em determinada obra ou artigo publicados em nosso país, já que é quase impossível a conferência ou checagem do que é sustentado.

Mas já falamos demais. Vamos à exemplificação.

a. *A visão espelhada da doutrina*

A teoria da gestão da prova, já referida acima, aportou no Brasil com a pretensão de definitivamente esclarecer ou apontar qual o critério correto para se fazer a distinção entre os sistemas acusatório e inquisitivo. De acordo com o que prega, o papel do juiz na fase probatória seria o espaço onde essa diferenciação ocorreria: nos processos onde o juiz teria liberdade para atuar de ofício, ali encontraríamos um processo regido pelo sistema inquisitivo; nos processos onde o juiz teria o dever de permanecer inerte, ali encontraríamos um processo regido pelo sistema acusatório.

A base doutrinária empregada pelos ícones dessa teoria é a obra de Franco Cordero, autor italiano que, em determinado momento, afirmou que o juiz do sistema inquisitivo desenvolveria *quadri mentali paranoidi*.[80] A partir daí, conhecidos meios acadêmicos e institutos voltados – ao menos, teoricamente – ao estudo das ciências criminais, passaram a difundir a seguinte ideia: se o juiz do sistema inquisitivo apresenta quadros paranoicos contra o réu, e se a atividade probatória de ofício está vinculado ao sistema inquisitivo, então, o juiz que produz prova de ofício é paranoico contra o réu.

Pronto; estava construída a base de sustentação da – então – mais nova tese brasileira quanto ao papel do juiz no processo: o juiz completamente inerte. Sua adesão, nos mais diversos meios, foi espantosa, muito em razão de quem a sustentava, a ponto de haver sido referida, ao menos, uma vez em acórdão do Superior Tribunal de Justiça (doravante, STJ), no ano de 2009.[81]

---

[80] CORDERO, Franco. *Guida alla Procedura Penale*. Ob. cit., p. 51.

[81] STJ, 6ª Turma, RHC 23.945-RJ, Mina. Jane Silva (Desembargadora convocada), j. em 05-02-2009.

O alvo da teoria da gestão da prova é o reconhecimento da inconstitucionalidade de todo e qualquer dispositivo de nossa legislação processual penal que permite ao juiz suprir eventual dúvida. Isso traz, por consequência óbvia, a nulidade de toda e qualquer decisão judicial na qual o magistrado assim tenha agido, ao amparo de um permissivo legal que jamais teve sua constitucionalidade sequer arranhada por qualquer decisão do Supremo Tribunal Federal (doravante, STF).[82] Ao final, ela não passa de uma estratégia defensiva voltada à alteração da regra do jogo com ele já em curso, colocando o juiz criminal na condição de um perverso opressor estatal contra os interesses do réu oprimido.

O problema não está na proposição em si, pois já tivemos oportunidade de sustentar que não nos importa o papel que o juiz irá exercer na fase probatória. O que importa – e aqui está a chave da questão – é o argumento apresentado para sustentar a ideia.

Neste caso em particular, a teoria da gestão da prova não passa de um *nada jurídico*, visto que a própria base doutrinária utilizada para sua construção não compartilha da proposição daquela teoria. Mais grave que isso, aquela base doutrinária prega algo completamente oposto ao que a ela é atribuído no Brasil.

Quiçá por algum erro de compreensão da língua original – esperamos que tenha sido isso –, um sem-número de publicações no Brasil atribuem a Franco Cordero a necessidade de o juiz ser inerte na fase probatória, sob pena de estar vinculado ao sistema inquisitivo. No entanto, se reproduzirmos integralmente a frase invocada como justificadora da teoria da gestão da prova, veremos a seguinte afirmação: "La solitudine in cui gli inquisitori lavorano, mai esposti al contraddittorio, fuiri da griglie dialettiche, può darsi che giovi al lavorio poliziesco ma svillupa quadri mentali paranoidi".[83]

Essa é a verdadeira lição pregada por ele, e vincula os tais *quadros mentais paranoicos* a um juiz que exerce um papel policialesco na fase probatória, ao coletar a prova sozinho, sem participação das partes e sem a concessão do contraditório para que elas possam se manifestar sobre o material arrecadado. Para que não se diga que essa é uma posição isolada de Franco Cordero, o também italiano Luigi Ferrajoli segue o mesmo entendimento.[84]

---

[82] Ao contrário, o STF já apontou a compatibilidade da atividade probatória judicial com o sistema acusatório. Nesse sentido: STF, HC 109.713, 1ª Turma, rela. Mina. Rosa Weber, julgado em 19-02--2013.

[83] CORDERO, Franco. *Guida alla Procedura Penale*. Ob. cit., p. 51.

[84] Diz ele: "llamaré inquisitivo a todo sistema procesal donde el juez procede de oficio a la búsqueda, recolección y valoración de las pruebas, llegándose al juicio después de una instrucción escrita y secreta de la que están excluidos o, en cualquier caso, limitados la contradicción y los derechos de defensa" (FERRAJOLI, Luigi. *Derecho y Razón. Teoría del Garantismo Penal*. 5ª ed. Tradução de

Se o nosso CPP não autoriza o juiz a atuar da forma como foi descrita por Franco Cordero e Luigi Ferrajoli, então não há como vingar qualquer tentativa de vinculação do nosso juiz ao sistema inquisitivo, como o faz a teoria da gestão da prova. Mas, o que é pior, a seletividade no que invocar da doutrina de Franco Cordero é escandalosa, a ponto de nada referirem quanto à posição que este mesmo autor sustenta sobre o papel que o juiz deve exercer na fase probatória de um processo vinculado ao sistema acusatório.

Em obra publicada em 2000, e de conhecimento de diversos autores que defendem e propagam a teoria da gestão da prova, ninguém menos que Franco Cordero afirma que o processo penal italiano aderiu ao sistema acusatório, e que a atividade probatória de ofício do juiz é *necessária*. Em outros termos, este mesmo autor admite a possibilidade – de resto, admitida pela imensa maioria dos autores europeus contemporâneos – de convivência do sistema acusatório com a atividade probatória *ex officio judicis*, dentro, por óbvio, de certos limites.[85]

Em suma, a posição de Franco Cordero foi colocada frente a um espelho, em que se sustenta algo em seu nome, apesar de ele lecionar exatamente o contrário. Palavras não ditas foram colocadas em sua boca, e sua real posição sobre o tema jamais foi esclarecida pelos seguidores da teoria da gestão da prova no Brasil.[86]

Um segundo autor, que também foi alvo de uma forte *licença poética* – por assim dizer –, é James Goldschmidt. Em obra publicada em 1935, este autor tratou dos princípios da política processual, ocasião em que manifestou seu entendimento sobre os princípios acusatório e inquisitivo.

Perfecto Andrés Ibáñez, Alfonso Ruiz Miguel, Juan Carlos Bayón Mohino, Juan Terradillo Basoco y Rocío Cantarero Bandrés. Madrid: Trotta, 2001, p. 565).

[85] Para que não fique nenhuma dúvida quanto a isso, diz Franco Cordero textualmente, ao se referir ao CPP italiano em vigor: "*Stile italiano*. Definiamo sommariamente i modeli angloamenricani: azioni esercitate a discrezione (dove non siano addirittura private) e ritrattabili, monopolio delle parti sulla prova, un giudice spettatore-arbitro, alternative decisiorie fissate dai petita. Meccanismi simili implicano giudizi a tema disponibile. Ora, tali non essendo i caso penali (querela esclusa), lo stile accusatorio italiano appare diverso sotto aspetti importanti: azione obbligatoria nonché irretratabile, proscioglimento extra petita (art. 129), supplenza istruttoria ex officio (artt. 506 sg.). *Erano varianti necessarie*" (CORDERO, Franco. *Procedura Penale*. 5ª ed. Milano: Giuffrè, 2000, p. 101) (grifo nosso). Mais adiante, diz: "*Interventi ex officio*. Il potere istruttorio del giudice sopravvive inalcuni contesti. (...). *Sono un residuo necessario questi poteri d'intervento diretto*, coordinati al sistema penale italiano: azione obbligatoria nonché irretratabile; processo a oggetto indisponibile e non sarebbe più, almeno de facto, se a chi giudica fosse negato ogni accesso alla prova. Gli artt. 507 e 603 risolvono l'equazione" (CORDERO, Franco. *Procedura Penale*. Ob. Cit., p. 602) (grifo nosso).

[86] Esse procedimento nos faz lembrar, novamente, de Schopenhauer, quando disse que: "Isso vai tão longe, que citam falsamente os títulos dos escritos kantianos e, às vezes, põem na boca de Kant exatamente o contrário do que ele disse, mutilando seus *termini technici* até a perda de sentido e usando, sem nenhum critério, o que foi por ele designado" (SCHOPENHAUER, Arthur. *Sobre a Filosofia Universitária*. Ob. cit., p. 51) (grifo nosso).

Em relação ao primeiro, vinculou-o à existência de um tribunal popular, o que acarretaria a impossibilidade de ele, *ex officio*, estar envolvido na instauração da ação penal condenatória e na obtenção do material probatório. Em relação ao segundo, vinculou-o a um tribunal de magistrados profissionais, o que, na sua visão, naturalmente o levaria a atuar de ofício, seja na instauração do processo, seja na busca daquele mesmo material probatório.

Fruto das definições apresentadas, James Goldschmidt parte para uma análise crítica daqueles princípios, e direciona seu foco de atenção para o que considera o *fim* do procedimento penal, que seriam a averiguação da verdade e a verificação da justiça.

Em se tratando de princípio inquisitivo, tal fim seria atingido com a atuação *ex officio* do órgão julgador em duas frentes, consistentes na abertura do processo e na obtenção das provas que entendesse pertinentes ao julgamento. O processado deveria ser obrigado a depor, em razão de ser a melhor fonte de cognição judicial. Qualquer limitação àquelas formas de atuação *ex officio*, em razão da inatividade das partes envolvidas, *aborreceria* à configuração inquisitiva do processo.

Por outro lado, em se tratando de princípio acusatório – que levaria a um processo de configuração acusatória –, aquele mesmo fim seria atingido com a limitação do juiz criminal aos pedidos das partes e ao material probatório por elas produzido, pois aí estaria preservada sua imparcialidade e respeitada a dignidade do acusado como cidadão.[87] Em razão disso, a atividade judicial deveria *"resignarse a las consecuencias de una actividad incompleta de las partes y ha de reconocer también el material defectuoso como base de la decisión"*.[88]

Pois bem; este trecho da lição de James Goldschmidt foi acolhido integralmente por um setor de nossa doutrina, que passou a reproduzi-lo como sua base teórica para também defender a necessidade da inércia judicial na fase probatória.[89] No entanto, uma leitura mais atenta e completa do texto deixado por este autor alemão nos permite chegar a uma conclusão diversa da que, no Brasil, é defendida sob a invocação de seu nome.

Assim dizemos, porque uma leitura menos emocional daquele texto nos permite ver que James Goldschmidt vincula o princípio inquisitivo

---

[87] GOLDSCHMIDT, James. *Problemas Jurídicos y Políticos del Proceso Penal*. Barcelona: Bosch, 1935, p. 67-69.
[88] GOLDSCHMIDT, James. *Problemas Jurídicos y Políticos del Proceso Penal*. Ob. cit., p. 69.
[89] LOPES JR., Aury. *Introdução Crítica ao Processo Penal (Fundamentos da Instrumentalidade Garantista)*. Rio de Janeiro: Lumen Juris, 2004, p. 154.

a uma plena liberdade probatória *ex officio judicis*.[90] No entanto, ao tratar do processo penal espanhol, este mesmo autor o define como dominado pelo princípio acusatório. E, quando trata de sua fase probatória,[91] faz referência expressa ao artigo 728 do CPP espanhol,[92] que não admite outras provas, a não ser aquelas propostas pelas partes. Todavia, sua honestidade científica lhe impôs que também fizesse referência ao artigo 729 daquele mesmo Código, que versa sobre as exceções àquela vedação probatória *ex offio judicis*.[93]

Melhor explicando, James Goldschmidt admitiu que o princípio acusatório pode ser congruente com a atividade probatória de ofício pelo juiz, desde que ela ocorra a título de exceção. Foi por isso que ele, textualmente, afirmou que o princípio acusatório está no processo penal espanhol, apesar da redação, ainda hoje em vigor, do artigo 729 já referido.

O caráter excepcional dessa possibilidade probatória judicial é que a retiraria da configuração do princípio inquisitivo – e, portanto, da configuração inquisitiva do processo –, pois este mesmo princípio exige, na opinião do autor alemão, que não haja *qualquer limitação* à atividade judicial na fase de produção de provas, sob pena de aquela configuração de processo ficar *aborrecida*. Contudo, aborrecido fica quem lê James Goldschmidt de forma integral e no original, sem influência de qualquer espelho que produza *licenças poéticas* ...

b. A visão espelhada da legislação

Inegavelmente, o alvo preferido da *Nova Ordem* é a figura do juiz e o papel que entende que ele deve desempenhar na fase probatória.

Com o intuito de reforçar a teoria da gestão da prova, um setor de nossa doutrina afirmou que também a legislação de alguns países havia sido modificada, a fim de que o juiz estivesse impossibilitado de obrar de ofício na fase probatória. Nesse particular, foi invocada a realidade presente na legislação de Alemanha, Portugal, Itália e Espanha.

---

[90] Literalmente, diz ele: "Aborrece toda limitación que la ley pondría al libre arbitrio del Juez con respecto a los presupuestos de su intervención o a la recogida o al aprovechamiento del material procesal, y, por tanto, no puede nacer ningún defecto en estas actuaciones a consecuencia de la inactividad de una parte o de la vinculación legal del Juez" (Ob. cit., p. 69).

[91] GOLDSCHMIDT, James. *Problemas Jurídicos y Políticos del Proceso Penal*. Ob. cit., p. 72.

[92] Art. 728. No podrán practicarse otras diligencias de prueba que las propuestas por las partes, ni ser examinados otros testigos que los comprendidos en las listas presentadas.

[93] Art. 729. Se exceptúan de lo dispuesto en el artículo anterior: 1º. Los careos de los testigos entre sí, o con los procesados o entre éstos, que el Presidente acuerde de oficio, o a propuesta de cualquiera de las partes. 2º. Las diligencias de prueba no propuestas por ninguna de las partes, que el Tribunal considere necesarias para la comprobación de cualquiera de los hechos que hayan sido objeto de los escritos de calificación.

Mais propriamente, foi dito que "Sempre que se atribuem poderes instrutórios ao juiz, destrói-se a estrutura dialética do processo, o contraditório, funda-se um sistema inquisitório e sepulta-se de vez qualquer esperança de imparcialidade". Para corroborar tal afirmativa, o autor dessa afirmação buscou exemplos no direito comparado, afirmando que: "Não só diversos modelos contemporâneos demonstram isso (basta estudar as reformas da Alemanha em 1974, Itália e Portugal em 1987/88 e também as mudanças levadas a cabo na Espanha pela LO 7/88, feita às pressas para adequar-se à Sentença do Tribunal Constitucional 145/88)".[94]

Já tivemos oportunidade de rebater com muito maior profundidade tais afirmações, para onde, de momento, remetemos o leitor, dadas as limitações que um ensaio deste porte permite.[95] O que o presente espaço nos permite dizer, isso sim, é que aquela posição incide em erro ao tratar a fase de instrução criminal na Europa como se fosse a mesma coisa no Brasil, e pelo flagrante descompasso entre o que afirma haver ocorrido em termos de reformas legislativas nos países citados, e o que estas mesmas legislações preveem na verdade.

A instrução criminal na Europa pode ser compreendida em seu duplo aspecto: instrução preliminar e instrução definitiva. Quanto à primeira, ela diz respeito à fase de investigação, anterior, portanto, ao ajuizamento da ação penal de caráter condenatório. Quanto à segunda, ela diz respeito à fase probatória, posterior, portanto, ao ajuizamento daquela mesma ação penal. Por sua vez, no Brasil não temos a tradição de designar a fase de investigação como sendo de instrução preliminar, mas nossa fase probatória é também representada sob o nome de fase de instrução.

As mudanças legislativas ocorridas na Alemanha, Portugal e Itália atingiram fortemente a fase de instrução preliminar nesses países, oportunidade em que a figura do juiz de instrução (juiz investigador, que fazia o papel de Delegado de Polícia) foi substituído pela figura do Ministério Público como condutor da investigação criminal. Nenhuma alteração houve na fase probatória – também chamada de fase de instrução definitiva –, pois os juízes daqueles países continuam podendo superar suas dúvidas, através da atividade probatória *ex officio judicis*, mediante

---

[94] LOPES JÚNIOR, Aury. *Introdução Crítica ao Processo Penal (Fundamentos da Instrumentalidade Garantista)*. Ob. cit., p. 173.
[95] ANDRADE, Mauro Fonseca. *Sistemas Processuais Penais e seus Princípios Reitores*. Ob. cit., p. 204-210.

certos requisitos. Não é outra a conclusão que se chega com a simples leitura dos CPPs da Alemanha,[96] Portugal[97] e Itália.[98]

Quanto à alteração ocorrida na Espanha, a Sentença do Tribunal Constitucional 145/88 e a *Ley Orgánica* 7/88 se ocuparam de outra questão: a separação do juiz que investiga em relação ao juiz que julga. Noutros termos, a Espanha, até hoje, preferiu manter a figura do juizado de instrução, onde o magistrado faz o papel de Delegado de Polícia.

Até 1988, a legislação daquele país admitia que o juiz que havia presidido a investigação criminal fosse o mesmo a também julgar o fato. No entanto, aquela decisão do Tribunal Constitucional espanhol, seguindo diretriz traçada pelo Tribunal Europeu dos Direitos do Homem, entendeu por rever tal permissão, criando regra de incompetência que excluída da fase de julgamento o juiz que houvesse realizado atos de investigação na fase de instrução preliminar.

E o que a fase de instrução definitiva, por nós chamada de fase probatória, tem a ver com isso? Nada! Que o digam as disposições legais da Ley de Enjuiciamiento Criminal espanhola, que segue, no que diz respeito à possibilidade de o juiz atuar de ofício na fase probatória, com as previsões originais de 1882, ano de sua entrada em vigor.[99]

Em síntese, nenhuma das reformas legislativas ocorridas nos países citados ocorreu da forma como afirmado. Suas legislações processuais penais seguem permitindo que o juiz atue de ofício na fase probatória, caso tenha alguma dúvida a suprir, o que pode ser facilmente comprovado com uma simples consulta aos buscadores informáticos de hoje em dia.

c. A visão espelhada da jurisprudência

Embora o Brasil esteja submetido à Corte Interamericana dos Direitos do Homem (doravante, CIDH), a jurisprudência mais invocada pela *Nova Ordem* é a produzida pelo Tribunal Europeu dos Direitos do Homem (doravante, TEDH). Isso se explica não só pelo maior tempo de

---

[96] StPO, § 214 (4). O Ministério Público aporta os objetos que servem como provas. Isso também pode realizar o juízo. StPO, § 244. (1) Depois do interrogatório do acusado, procede-se à prática das provas. (2) Para a indagação da verdade, o juízo estende de ofício a prática das provas a todos os fatos e meios de prova que sejam importantes para a decisão.

[97] CPP, art. 340. 1. O tribunal ordena, oficiosamente ou a requerimento, a produção de todos os meios de prova cujo conhecimento se lhe afigure necessário à descoberta da verdade e à boa decisão da causa. 2. Se o tribunal considerar necessária a produção de meios de prova não constantes da acusação, da pronúncia ou da contestação, dá disso conhecimento com antecedência possível, aos sujeitos processuais e fá-lo constar em acta.

[98] CPP, art. 190. 1. Le prove sono ammesse a richesta di parte. (...). 2. La legge stabilisce i casi cui le prove ammesse di ufficio (70, 195, 224, 237, 507, 508, 511, 603).

[99] Artigos 728 e 729, já reproduzidos acima.

existência deste último, mas também pelo volume de produção que apresenta, fruto de uma maior provocação por parte dos cidadãos europeus.

Dentro dessa realidade, dois são os acórdãos que mais frequentemente são invocados para justificar situações que a eles não são aplicadas, quais sejam, o Caso Piersack *vs*. Bélgica (1982) e o Caso De Cubber vs. Bélgica (1984).

O primeiro versou sobre um membro do Ministério Público que havia presidido a investigação criminal, mas que, posteriormente, assumiu o cargo de juiz, e foi encarregado de julgar o próprio caso que ele havia investigado anteriormente. A decisão do TEDH foi no sentido de não admitir essa possibilidade, pois estaria ferindo o princípio da imparcialidade judicial. Em outros termos, aquele tribunal chegou à mesma conclusão que nosso CPP estampa no artigo 252, inciso II, quando trata das causas de impedimento judicial.[100]

O segundo versou sobre um juiz que havia presidido a investigação criminal (juizado de instrução), mas que, posteriormente, também foi encarregado de julgar o fato que ele mesmo havia investigado.

Pois bem; em que pese tais acórdãos haverem estabelecido a proibição de o juiz do julgamento haver atuado como investigador, setores da *Nova Ordem* não se cansam de dar àqueles julgados uma abrangência que eles simplesmente não comportam. Ou, o que é pior, uma abrangência que o próprio TEDH rejeita.

Neste sentido, há quem procure usar tais acórdãos como fundamento para o juiz não poder atuar de ofício na fase probatória,[101] embora eles digam respeito a outro tema, envolvendo, como já dissemos, a vedação de o juiz atuar como responsável pela investigação criminal e, posteriormente, vir a ser o mesmo encarregado do julgamento. Não por outro motivo, foram estes julgados que motivaram, em última análise, a alteração legislativa ocorrida na Espanha, que se deu pela *Ley Orgánica* 7/88.[102]

Além disso, também há quem invoque aqueles mesmos acórdãos à hora de justificar que o juiz que atua na fase de investigação (mas como garantidor da legalidade dos atos nela praticados) não pode ser o mes-

---

[100] Artigo 252. O juiz não poderá exercer jurisdição no processo em que: I – tiver funcionado seu cônjuge ou parente, consanguíneo ou afim, em linha reta ou colateral até o terceiro grau, inclusive, como (...) órgão do Ministério Público, autoridade policial (...); II – ele próprio houver desempenhado qualquer dessas funções ou servido como testemunha.

[101] LOPES JÚNIOR, Aury. *Introdução Crítica ao Processo Penal (Fundamentos da Instrumentalidade Garantista)*. Ob. cit., p. 174.

[102] Embora, em âmbito interno, a pressão pela reforma da legislação espanhola tenha se dado pela Sentença do Tribunal Constitucional 145/1988, tal decisão foi toda construída a partir das razões de decidir destes dois julgados do TEDH, quais sejam, o Caso Piersack vs. Bélgica (1982) e o Caso De Cubber vs. Bélgica (1984). Isso ratifica o fato de que seu conteúdo está integralmente voltado para a impossibilidade de o juiz atuar nas funções do que conhecemos como polícia judiciária e, ao depois, também vir a atuar na condição de julgador do mesmo fato.

mo da fase processual. Em outros termos, o Caso Piersack vs. Bélgica e o Caso De Cubber vs. Bélgica são apresentados como justificativas para a incorporação do *juiz das garantias* à nossa legislação.[103]

O que os representantes dessa corrente doutrinária não fazem é esclarecer aos seus leitores/seguidores que a realidade jurisprudencial do TEDH é absolutamente outra. Para que se tenha uma ideia, diversos são os acórdãos deste tribunal que permitem que o juiz da fase de investigação seja o mesmo da fase processual, bastando, para isso, que ele não haja decretado nenhuma quebra de direito fundamental que exija, por requisito, uma análise mais aprofundada da autoria, tal como existente em alguns países da Europa. O que não pode haver, portanto, é que o critério de análise para o decreto de uma quebra de direito fundamental seja muito próximo ao critério de análise feito para se condenar alguém.

Neste sentido, encontramos o Caso Hauschildt *vs.* Dinamarca (1989), que serviu de paradigma para outros tantos julgados que vieram a abordar a mesma problemática. Entre eles, encontramos o Caso Saint-Marie *vs.* França (1992), o Caso Padovani *vs.* Itália (1993), o Caso Northier *vs.* Países Baixos (1993), Caso Jasinski *vs.* Polônia (2005) e Caso Gultyayeva *vs.* Rússia (2010). Mais que isso, o Caso Hauschildt *vs.* Dinamarca foi citado por ninguém menos que a Organização das Nações Unidas, em seu *Manual de Normas Internacionais sobre Prisão Preventiva*,[104] como o modelo de perfil de juiz a tratar de temas envolvendo prisão preventiva.

3.3. Produção massificada e aderência acrítica

Com o papel da História e Filosofia redefinidos, e a visão espelhada das manifestações que verdadeiramente são defendidas no direito comparado, era preciso, então, que as posições da *Nova Ordem* chegassem ao grande público, como forma de alcançar a construção, difusão e concretização da figura do Estado-vilão e seus agentes autoritários.

O passo inicial foi se dar conta de que havia chegado o momento de a *Nova Ordem* voltar seus olhos para a estruturação do que viria a ser seu *braço publicitário*. Era preciso delimitar aqueles autores que seriam reproduzidos ao limite do esgotamento. Aqueles mesmos encarregados de *produzir as novidades*, mas que, como disse Abade Dinouart, produziram

---

[103] Uma análise mais detalhada desse argumento, com a indicação de outros acórdãos que também são invocados pelos defensores do juiz das garantias, pode ser encontrada em: ANDRADE, Mauro Fonseca. *Juiz das Garantias*. Curitiba: Juruá, 2011, p. 19-35.

[104] UNITED NATIONS. *Human Rights and Pre-Trial Detention.* A Handbook of International Standards Relating to Pre-Trial Detention Professional Training series n° 3. New York, Genebra, 1997. 92p.

muitas inépcias, fruto não só da ânsia em apresentá-las,[105] mas também do processo de construção característico da *doutrina de resultado*.[106]

Só que isso não importava. A pobreza franciscana da doutrina processualista penal da época foi muito bem explorada, o que fez com que qualquer escritor com algum diferencial passasse a ser simplesmente endeusado O entusiasmo tomou conta de um público ávido por informações que lhe trouxesse algum benefício profissional.

Deu-se, então, um segundo passo, que foi a mitificação de alguns nomes que, como sói ocorrer em todo processo dessa natureza, não sofreram qualquer tipo questionamento quanto à correção do que apresentavam como novidades ou proposições. Até mesmo os Tribunais Superiores brasileiros incidiram nesse erro, não poupando esforços nessa omissão para, nas palavras de Montaigne, "dar autoridade até para a liderança mais inepta".[107] O entusiasmo, como já havia testemunhado Carnelutti a seu tempo, "cedeu lugar a uma avaliação mais justa dos merecimentos e dos defeitos".[108]

Os totens foram criados, a aderência acrítica se transformou em fé,[109] e a *credulidade irrefletida*[110] fez surgir o fenômeno da produção bibliográfica em massa. A *doutrina da fé*[111] foi alavancada, sobretudo, por PPGDs que precisavam se consolidar no mercado do ensino, estruturados a partir – por óbvio – das bases teóricas firmadas pela *doutrina de resultado*. O fato de essa publicação massificada estar dirigida à louvação de certos nomes e à reprodução do pseudomodelo científico proposto fez, e ainda faz,

---

[105] ABADE DINOUART. *A Arte de Calar*. Ob. cit., p. 55.

[106] Esse processo de afirmação de autores novos não apresenta nada de novo no meio universitário, como bem deixou claro Schopenhauer na seguinte passagem: "Nas ciências, todo aquele que quer se afirmar traz algo de novo ao mercado: frequentemente, isso consiste apenas em derrubar o que até então valia por correto, pondo no lugar suas patranhas; uma vez ou outra tem-se êxito por um breve período, e depois se retorna ao que era antes correto. Para os inovadores, nada no mundo merece ser considerado, exceto sua valorosa pessoa: querem afirmá-la" (SCHOPENHAUER, Arthur. *Sobre o Ofício do Escritor*. Ob. cit., p. 11). Curiosamente, nem mesmo a psicanálise, referida algumas vezes por Coutinho, passou imune a essa subversão na produção pseudocientífica. Dando-nos conta da realidade nessa área do conhecimento, Calligaris desabafa, dizendo: "esses artigos e livros não nasceriam propriamente como contribuições a uma disciplina, e sim como esforços para conquistar um espaço mais ensolarado na hierarquia (imaginária ou real) da instituição. Eram como a roupa da semana da moda de São Paulo ou Rio: *fashion* para dar lustre à marca, vestimentas só para a passarela, não para usar" (CALLIGARIS, Contardo. *Cartas a um Jovem Terapeuta: reflexões para psicoterapeutas, aspirantes e curiosos*. 3ª ed. Rio de Janeiro: Elsevier, 2008, p.86). E finaliza: "A produção psicanalítica deste período (com as exceções que são sempre devidas, claro) é fundamentalmente uma vasta e desordenada máquina de propaganda. [...] o objeto da propaganda deste período não era a psicanálise, eram as instituições (as marcas) e as pessoas (os modelos)" (ob. cit., p. 88).

[107] MONTAIGNE, Michel de. Sobre a Arte de Conversar. In: *Sobre a Amizade*. Tradução de Caroline Selvatici. Rio de Janeiro: Tinta Negra, 2011, p. 98.

[108] CARNELUTTI, Francesco. *Arte del Diritto*. Ob. cit., p. 66.

[109] SCHOPENHAUER, Arthur. *A Filosofia Universitária*. Ob. cit., p. 10.

[110] DESCARTES, René. *Regras para a Orientação do Espírito*. Regra III. Ob. cit., p. 11.

[111] SCHOPENHAUER, Arthur. *A Filosofia Universitária*. Ob. cit., p. 18.

com que muitas destas publicações, lembrando Guevara, *até para o inferno sejam ruins*.[112] E assim foi dado o terceiro passo: era preciso conquistar o futuro, já que o presente havia sido dominado.

Por certo que os totens não poderiam ser muitos, até porque o processo de construção da *doutrina de resultado* exige um bom tempo de dedicação e pesquisa, embora com a mácula de o material utilizado dever ser lido no reflexo daquele espelho em que Alice esteve em sua nova aventura. Aí entra o papel importantíssimo daqueles PPGDs, em não só reproduzirem em massa a *doutrina de resultado*, mas, sobretudo, despejarem, em um mercado educacional em ascensão,[113] um sem-número de novos professores forjados na ideologia do Estado-vilão e seus representantes autoritários.

O *País dos Espelhos* chegava às salas de aula da graduação, e o *abuso intelectual de menores*[114] passou a ser uma constante silenciosa em conhecidos centros de ensino.

4. A concretização de um objetivo: de guardião da sociedade a agente da repressão

Corretamente já disse Coutinho que o professor é "um bruxo/mago que conjuga as funções paterna e materna", e que passa a ser "um grande objeto de identificação".[115]

Essa realidade foi muito bem explorada por aqueles que, conhecedores da advertência de Erasmo de Rotterdam – "nada enraíza tão tenazmente como aquilo que destila num espírito desarmado"[116] –, direcionaram seus esforços àquela juventude crédula[117] e sem malícia.[118] Ao afastarem a visão platônica de ensino, que prega a necessidade de ensinar os dois lados de uma questão,[119] a intenção da *Nova Ordem*, aparentemente, não era formar pessoas, mas formar aliados, futuros soldados para suas fileiras.

---

[112] GUEVARA, Luis Vélez de. *O Diabo Coxo*. Ob. cit., p. 46.
[113] Sobre o incremento no número de Faculdades de Direito no Brasil, ver: COUTINHO, Jacinto Nelson de Miranda. *O Ensino do Direito no Brasil*. Ob. cit., p. 237-239.
[114] CARVALHO, Olavo de. *Quem é filósofo e quem não é*. Ob. cit., p. 172.
[115] COUTINHO, Jacinto Nelson de Miranda. *Sonhocídio: Estragos Neoliberais no Ensino do Direito ou "La Búsqueda del Banquete Perdido"*, como diria Enrique Mari. Ob. cit., p. 101.
[116] ROTTERDAM, Erasmo. *De Pueris (Dos Meninos)*. Capítulo I, 34. Ob. cit., p. 38.
[117] SCHOPENHAUER, Arthur. *A Filosofia Universitária*. Ob. cit., p. 26.
[118] Idem, p. p. 47.
[119] PLATÃO. Carta VII. De Platão aos Amigos e Parentes de Dion. In: *Cartas*. Tradução de Conceição Gomes da Silva; Maria Adozinda Melo. 4ª ed. Lisboa: Estampa, 2002, p. 77.

Os frutos desse *magistério compromissado* são facilmente identificados por quem frequenta o meio acadêmico, seja no âmbito da graduação, seja no âmbito dos mais diversos cursos destinados aos alunos já (de)formados com base na *doutrina de resultado* difundida pela *Nova Ordem*. Basta comparecer a um curso de especialização em direito processual penal para ver que, praticamente, ninguém teve contato com as linhas doutrinárias que procuram definir os sistemas processuais penais que conhecemos (pois só lhes foi repassada aquela visão monolítica e deturpada defendida pela teoria da gestão da prova). Também se dará conta de que ninguém admite a possibilidade de o juiz atuar de ofício na fase probatória (embora com as limitações naturais a ela aplicáveis), e que não sabem que, no Brasil, o juiz pode investigar criminalmente em determinados casos.

Esses são exemplos corriqueiros, entre tantos outros, das convenientes omissões feitas por quem ministra em aula o que quer, para obter os resultados que almeja. Mas o que mais nos choca é a visão que diversos alunos hoje apresentam daquela instituição que, na Constituição Federal de 1988, recebeu do legislador o maior grau de confiança possível, a ponto de ser questionado se ela seria, ou não, um quarto poder. Referimo-nos ao Ministério Público.

Até a chegada da *Nova Ordem* no meio acadêmico, grande parte dos alunos de graduação aspiravam a ingressar nos quadros da magistratura, Ministério Público ou polícia judiciária. De lá para cá, a sensação que temos é que, qualquer um que admita essa aspiração, pode não ser bem visto em seu meio, por serem atividades profissionais dotadas de um conceito atual claramente depreciativo. Pretender a carreira de Delegado de Polícia ou de membro do Ministério Público, então, quase beira à admissão antecipada de prepotência na forma de pensar e agir.

Para que não se diga que estamos *exagerando na dose*, vale a pena lembrar uma situação que vivenciamos numa Faculdade de Direito de uma Universidade Federal.

O centro acadêmico havia organizado suas jornadas de discussão, em que diversos temas seriam tratados ao longo de uma semana de debates e palestras envolvendo conhecidos e desconhecidos nomes no meio jurídico. Em um desses encontros, o tema envolveu a discussão sobre a (im)possibilidade de o Ministério Público realizar sua própria investigação criminal.

Os painelistas expuseram suas posições em altíssimo nível – um, representando o Ministério Público; outro, representando a polícia judiciária –, justificando o convite para ali estarem presentes. E aí vieram os debates, com a participação dos alunos, onde alguns já haviam sido devidamente doutrinados por um dos símbolos da *Nova Ordem*.

Em dado momento, um dos integrantes do centro acadêmico – organizador do evento – saiu com a seguinte pérola: o Ministério Público não poderia investigar criminalmente porque era um *agente da repressão*. Isso mesmo, Ministério Público apontado como *agente da repressão* por um grupo de alunos que se orgulha de estudar em uma Universidade Federal e figurar entre a nata da intelectualidade discente de nosso país.[120] Mais que isso, alunos que, dada a idade que apresentavam, não tinham a mínima ideia do que significou *repressão* em nosso país, e convenientemente se omitia em reconhecer que a polícia judiciária nela esteve fortemente envolvida.

Por certo que não valia a pena lembrar os motivos pelos quais o inquérito policial foi o instrumento de investigação criminal eleito pela Era Vargas (ou seja, não se adotou o juizado de instrução à época – conforme se pretendia –, porque o juiz era independente, e o Delegado de Polícia não o era, tendo a obrigação de ser obediente aos mandos e desmandos do poder central). Também não valia a pena lembrar que o Ministério Público, por expressa previsão constitucional, passou a representar a sociedade, e não o Poder Executivo, ao longo de toda a persecução penal. Muito menos que o papel do acusador público é representar o ofendido no processo criminal, a fim de que ele não seja novamente vitimizado por seu agressor – caso quisesse levá-lo perante os tribunais –, tal como acontecia na Idade Antiga, antes do surgimento da figura de um acusador estatal. Nada disso importava.

O que importava é que aos alunos foi repassada a doutrina do ódio e defendida a imagem de um Estado-vilão, cujos agentes – Ministério Público, polícia judiciária e juízes criminais não aderentes à *Nova Ordem* – eram prepotentes, despreparados tecnicamente e inferiores intelectualmente, se comparados aos totens. Ou, numa expressão para resumir tudo, eram *agentes da repressão*.

A doutrina oriunda da *falsa sapiência*, referida por Schopenhauer,[121] atingira o seu ápice.

5. *De omnibus dubitandum est*
(é preciso duvidar de tudo)

Em uma mais que apertada síntese, o que vimos até agora é que a processualística penal brasileira, principalmente entre os anos setenta e

---

[120] Posteriormente a isso, pudemos constatar que aquela afirmação não era fruto de uma visão isolada sobre o papel do Ministério Público na persecução penal, pois diversos outros alunos, em momentos acadêmicos diferentes, compartilhavam da mesma posição que ouvi naquele encontro acadêmico.

[121] SCHOPENHAUER, Arthur. *A Filosofia Universitária*. Ob. cit., p. 49.

oitenta do século passado, simplesmente estagnou em relação à qualidade do produto por ela produzido. Em uma verdade mais dura, ela deixou de lado sua primeira e principal missão, que era – e segue sendo – a busca do aperfeiçoamento da área de conhecimento onde atua.

Essa inércia deu margem ao surgimento de um movimento que buscou sua justificação na melhoria da qualidade do ensino do direito processual penal. A melhoria deveria passar por uma necessária inserção de outras disciplinas que nos ajudariam – era essa a intenção – a entender os institutos e os comportamentos pessoais de certos sujeitos que atuariam no âmbito processual. O movimento era promissor, já que pregava um arejamento mais que necessário junto ao ensino do direito processual penal. No entanto, passada a euforia, tal movimento mostrou sua verdadeira cara.

Houve uma seletividade entre o que importava e o que não importava esclarecer ao seu público leitor, e palavras foram retiradas e recolocadas em textos estrangeiros que lhe serviram de instrumento para a formação de sua *doutrina de base*. Também houve uma reprodução massificada do que se considerou a *verdade oficial*, lançada aos quatro ventos pelos totens desse movimento, e sustentada ferreamente pelos *defensores fidei*.[122] A artificialidade passou a ser considerada verdade pela repetição, e quem não concordasse com a *doutrina da fé*[123] passou a ser execrado publicamente, seja pela utilização de designações pejorativas até hoje conhecidas, seja pela imposição de um isolamento acadêmico. Questionar a *doutrina da fé* passou a ser visto como heresia. A busca pela uniformidade acadêmica foi uma premissa, e a perseguição aos hereges foi sua consequência.

Um giro educacional, que poderia haver buscado inspiração no Movimento Iluminista ou de Ilustração da sociedade europeia do século XVIII, acabou por seguir os mesmos passos da ideologia reacionária que Montesquieu, Voltaire, Locke, Verri, Beccaria e tantos outros se esforçaram em dar fim. Tal como no ensino da Filosofia do período de Schopenhauer, o atual estágio do ensino do direito processual penal também nos autoriza a dizer com ele: "*Idade Média*, esse milênio da rudeza e ignorância, cuja moda e estilo nossos nobres do 'tempo do agora' se esforçam em imitar".[124]

---

[122] SCHOPENHAUER, Arthur. *Sobre a Filosofia Universitária*. Ob. cit., p. 81.

[123] O que entendemos como *doutrina da fé* pode ser buscado na lição de Tomás de Aquino, quando disse que "se alguém, ao ensinar, propõe coisas que não decorrem dos princípios evidentes, ou deles decorrem, mas isto não fica claramente visível, então não estão produzindo nele saber, mas, talvez, opinião ou fé" (AQUINO, Tomás de. Sobre o ensino. Artigo 1, Solução. In: *Sobre o ensino. Os sete pecados capitais*. 2ª ed. São Paulo: Martins Fontes, 2004, p. 33).

[124] SCHOPENHAUER, Arthur. *Sobre a Filosofia Universitária*. Ob. cit., p. 60.

Frente a tal realidade, como podemos superar essa situação? A resposta é simples: questionando. E como se faz isso? Duvidando.

Todos os grandes pensadores, seja lá qual for o período da história da humanidade, sempre se caracterizaram por não aceitar as verdades postas e impostas, partindo, eles mesmos, para a busca do conhecimento. O primeiro passo para isso foi justamente *questionar*, não aceitando algo como verdadeiro simplesmente porque foi dito por alguém que terceiros ajudaram a construir sua reputação, nem sempre merecida. Afastar esse cuidado não significa só displicência; para Santo Agostinho, essa omissão chega a ser *perigosa*.[125]

E hoje? Como começar a fazer isso?

De início, todo estudante – seja ele graduando ou já graduado – deve se dar conta da realidade que o cerca. Mais precisamente, deveria se questionar sobre o porquê de haver uma divisão maniqueísta bem definida na doutrina processualística penal, que aponta para resultados tão diferentes. Ele deve recordar a advertência já feita por Willian James – "Se formos a nossas bibliotecas, quanta divergência descobriremos"[126] –, e se questionar sobre os motivos que levam a isso.

Se houver esse questionamento, o passo seguinte é realizar a conferência de todo o texto invocado como base de sustentação das inovações feitas. A análise da fonte primária é essencial para a descoberta da verdade sobre o que um autor, um acórdão ou uma lei realmente diz. É claro que alguns textos podem ser de difícil localização, tal como nos disse o *senhor da verdade*, em episódio que acima já relatamos. Mas, se essa dificuldade ocorrer, é preciso que se passe a exigir que os autores reproduzam todo o texto invocado para a sustentação de suas proposições, sob pena de não acolhimento da proposição e perda da credibilidade do próprio autor.

Não nos esqueçamos de que os maiores bens que podemos dar a um formador de opinião – leia-se, o doutrinador do nosso meio – são a nossa confiança e credibilidade no que ele diz. No entanto, ele deve demonstrar ser merecedor disso; do contrário, ele continuará vendo seu público-alvo como simples massa de manobra, a serviço dos interesses que ele reputou convenientes a si mesmo ou ao grupo que integra.

Sem duvidar, seguiremos dando razão àqueles verdadeiros pensadores que consideraram pessoas com esse perfil como sendo torpes,[127]

---

[125] SANTO AGOSTINHO. *O Mestre*. Capítulo X. Tradução de Antônio Soares Pinheiro. Porto: Editora Porto, 1995, p. 88.
[126] JAMES, Willian. *A Vontade de Crer*. Ob. cit., p. 27.
[127] CÍCERO, Marco Túlio. *Acadêmicas*. Ob. cit., p. 135.

pessoas de mente estreita,[128] crentes,[129] ovelhas,[130] negligentes pensadores[131] ou, ainda, como uma *geração frenética entregue ao furor de seus guias*.[132] Em suma, é duvidando que todo e qualquer operador do Direito poderá identificar quem são os verdadeiros inimigos do direito processual penal.[133]

Conclusão

Até a entrada em vigor da atual Constituição Federal, nosso ensino universitário, na esfera processual penal, carecia de professores com uma formação mais qualificada, e que apresentassem um aprofundamento nos temas tratados em sala de aula e em suas publicações. Posteriormente àquela Carta, uma mudança brutal ocorreu no meio acadêmico, não mais havendo espaço para o professor *leitor de códigos*. Agora, o professor necessita apresentar uma qualificação razoável para o exercício do magistério superior, regra geral, medida pela obtenção do título de mestrado.

Em que pese essa aparente melhora na qualidade do ensino, a processualística penal universitária vive um momento extremamente delicado, fruto, justamente, do processo de (de)formação dessa *nova linhagem* de professores, que provoca reflexos óbvios junto aos alunos de graduação. É possível dizer que, na última década, houve uma troca do despreparo pelo *excesso de preparo* no magistério superior ligado ao ensino do direito processual penal, em razão de um ramo dessa *nova linhagem* estabelecer o que pode e o que não deve ser ensinado aos alunos.

Sob o pretexto de dar novos ares ao ensino do direito processual penal, um movimento – que designamos como *Nova Ordem* – assumiu o protagonismo dessa mudança de perfil, mas seus métodos e objetivos não se encaixam propriamente às necessidades que o direito processual penal apresenta para o seu avanço científico.

Para superar a essa derrocada no ensino do direito processual penal, o meio acadêmico/doutrinário deve desenvolver a verdadeira vocação para a pesquisa, e deixar de lado a inclinação para a repetição acrítica

---

[128] PICO DELLA MIRANDOLA, Giovanni. *Discurso sobre a Dignidade do Homem*. Tradução de Maria de Lurdes Sirgado Ganho. Lisboa: Edições 70, 2006, p. 93.

[129] KIERKEGAARD, Soren. *É Preciso Duvidar de Tudo*. Ob. cit., 83.

[130] SCHOPENHAUER, Arthur. *A Arte de Ter Razão*. Tradução de Alexandre Krug e Eduardo Brandão. São Paulo: Martins Fontes, 2003, p. 58.

[131] JAMES, Willian. *A Vontade de Crer*. Ob. cit., p. 25.

[132] ROUSSEAU, Jean-Jacques. *Os devaneios de um caminhante solitário*. Sétima Caminhada. Ob. cit., p. 107.

[133] SCHOPENHAUER, Arthur. *Sobre a Filosofia Universitária*. Ob. cit., p. 81.

e submissão à palavra dos outros. É preciso aprender a questionar, em lugar de obedecer e reproduzir o que querem que seja reproduzido. Em última instância, é preciso que haja uma verdadeira preocupação com o avanço científico do direito processual penal, deixando outros interesses – que a ele não dizem respeito – para serem buscados em seu lugar adequado.

Enquanto isso não ocorrer, seguiremos encontrando afirmações descompromissadas com a seriedade no estudo do direito processual, alargando ainda mais o abismo que existe entre a doutrina nacional e a doutrina estrangeira.

Referências

ABADE DINOUART. *A Arte de Calar*. Tradução de Luis Filipe Ribeiro. São Paulo: Martins Fontes, 2002.

ALCALÁ-ZAMORA Y CASTILLO, Niceto. *Proceso, autocomposión y autodefensa*. México: UNAM, 2000.

ALCIFRÓN. *Cartas*. Tradução de Elisa Ruiz García. Madrid: Gredos, 2000. v. 37.

ANDRADE, Mauro Fonseca. Inquisição Espanhola e seu Processo Criminal. As Instrução de Torquemada e Valdés. Curitiba: Juruá, 2006.

——. *Juiz das Garantias*. Curitiba: Juruá, 2011.

——. *Sistemas Processuais Penais e seus Princípios Reitores*. 2ª ed. Curitiba: Juruá, 2013.

——. Teoria da Gestão da Prova: um confronto consigo mesma. *Revista Ibero-Americana de Ciências Penais*, Porto Alegre, a. 10, nº 18, p. 141-200, 2010.

AQUINO, Tomás de. Sobre o ensino. In: *Sobre o ensino. Os sete pecados capitais*. 2ª ed. São Paulo: Martins Fontes, 2004. p. 23-62.

ARISTÓFANES. *La Asamblea de las Mujeres*. Tradução de José Javier Viana. Madrid: Ediciones Clásicas, 2011.

ARISTÓTELES. *Ética Eudemia*. Tradução de Carlos Megino Rodríguez. Clásicos de Grecia y Roma. Madrid: Alianza, 2009.

——. *Ética Nicomáquea*. Tradução de Julio Pallí Bonet. Madrid: Gredos, 2000. v. 32.

——. *La Constitución de Atenas*. 3ª ed. Tradução de Antonio Tovar. Madrid: Centro de Estudios Políticos y Constitucionales, 2000.

——. *Poética*. Tradução de Edson Bini. São Paulo: EdiPro, 2011.

AULO GELIO. *Noches Áticas. Antología*. Tradução de Francisco García Jurado. Madrid: Alianza, 2007.

BOÉCIO. *A Consolação da Filosofia*. São Paulo: Martins Fontes, 1998.

CALLIGARIS, Contardo. Cartas a um Jovem Terapeuta: reflexões para psicoterapeutas, aspirantes e curiosos. 3ª ed. Rio de Janeiro: Elsevier, 2008.

CARNELUTTI, Francesco. *Arte del Diritto*. Padova: Cedam, 1941.

CARROLL, Lewis. *Alice no País do Espelho*. Tradução de William Lagos. Porto Alegre: L&PM, 2010.

CARVALHO, Olavo de. *A Filosofia e seu Inverso & Outros Estudos*. Campinas: Vide Editorial, 2012.

CHOUKR, Fauzi Hassan. As Faces de Eco: apontamentos sobre o ensino do processo penal. *Atuação – Revista Jurídica do Ministério Público Catarinense*, Florianópolis, v. 3, n° 7, p. 145-152, set./dez. 2005.

CÍCERO, Marco Túlio. *Acadêmicas*. Edição Bilíngue. Tradução de José R. Seabra. Belo Horizonte: Nova Acrópolis, 2012.

——. *Do Sumo Bem e do Sumo Mal*. Tradução de Carlos Ancêde Nougué. São Paulo: Martins Fontes, 2005.

——. *Dos Deveres*. Tradução de Angélica Chiapeta. São Paulo: Martins Fontes, 1999.

CICERÓN, Marco Tulio. En Defensa de Aulo Cluencio. In: *Discursos*. Coleção Los Clásicos de Grecia y Roma. Tradução de Jesús Aspa Cereza. Madrid: Gredos, 2000. v. 48, t. III, p. 161-277.

——. Verrinas – La Pretura de Roma. *Discursos*. Coleção Los Clásicos de Grecia y Roma. Tradução de José María Requejo Prieto. Madrid: Gredos, 2000. v. 46, t., I, p. 105-188.

CORDERO, Franco. *Guida alla Procedura Penale*. Torino: Utet, 1986.

——. *Procedura Penale*. 5ª ed. Milano: Giuffrè, 2000.

COUTINHO, Jacinto Nelson de Miranda. As Reformas Parciais do CPP e a Gestão da Prova: Segue o Princípio Inquisitivo. *Boletim IBCCrim*, Rio de Janeiro, a. 16, n° 188, p. 11-13, jul. 2008.

——. O Ensino do Direito no Brasil. *Novos Estudos Jurídicos*, Itajaí, v. 10, n° 01, p. 231-242, jun. 2005.

——. O papel do novo juiz no processo penal. In: *Direito Alternativo: seminário nacional sobre o uso do direito alternativo*. Rio de Janeiro: ADV, 1993.

——. Um Novo Ensino do Direito Processual Penal. *Revista do Ministério Público do Rio Grande do Sul*, Porto Alegre, n° 33, p. 132-140, 1994.

DESCARTES, René. *Regras para a Orientação do Espírito*. Tradução de Maria Ermanita de Almeida Prazo Galvão. São Paulo: Martins Fontes, 2007.

FERRAJOLI, Luigi. *Derecho y Razón. Teoría del Garantismo Penal*. 5ª ed. Tradução de Perfecto Andrés Ibáñez, Alfonso Ruiz Miguel, Juan Carlos Bayón Mohino, Juan Terradillo Basoco y Rocío Cantarero Bandrés. Madrid: Trotta, 2001.

GIACOMOLLI, Nereu José. *Reformas (?) do Processo Penal: considerações críticas*. Rio de Janeiro: Lumen Juris, 2008.

GOLDSCHMIDT, James. *Problemas Jurídicos y Políticos del Proceso Penal*. Barcelona: Bosch, 1935.

GRECO, Luís; LEITE, Alaor. O que é e o que não é Teoria do Domínio do Fato sobre a Distinção entre Autor e Partícipe no Direito Penal. *Revista dos Tribunais*, São Paulo, v. 933, p. 61-92, jul. 2013.

GUEVARA, Luis Vélez de. *O Diabo Coxo*. Tradução de Liliana Raquel Chwat. São Paulo: Escala, 2006.

HAMILTON, Sérgio Demoro. A Ortodoxia do Sistema Acusatório no Processo Penal Brasileiro: uma falácia. *Revista do Ministério Público do Rio de Janeiro*, Rio de Janeiro, n. 12, p. 191-206, 2000.

JAMES, William. *A Vontade de Crer*. Tradução de Cecília Camargo Bartalotti. São Paulo: Loyola, 2001.

KIERKEGAARD, Soren. *É Preciso Duvidar de Tudo*. Tradução de Sílvia Saviano Sampaio; Álvaro Luiz Montenegro Valls. São Paulo: Martins Fontes, 2003.

LAÊRTIOS, Diôgenes. *Vidas e Doutrina dos Filósofos Ilustres*. 2ª ed. Tradução de Mário da Gama Kury. Brasília: UnB, 2008.

LAGO, Cristiano Álvares Valladades do. Sistemas Processuais Penais. *Revista dos Tribunais*, São Paulo, v. 774, p. 441-473, abr. 2000.

LOPES JR., Aury. Introdução Crítica ao Processo Penal (Fundamentos da Instrumentalidade Garantista). Rio de Janeiro: Lumen Juris, 2004.
MARQUES, José Frederico. Do Processo Penal Acusatório. In: *Estudos de Direito Processual Penal*. Rio de Janeiro: Forense, 1960. p. 21-29.
MONTAIGNE, Michel de. Sobre a Arte de Conversar. In: *Sobre a Amizade*. Tradução de Caroline Selvatici. Rio de Janeiro: Tinta Negra, 2011, p. 63-126.
MORELLET, André. *Sobre a Conversação*. Tradução de Maria Ermatina Galvão. São Paulo: Martins Fontes, 2002.
OLIVEIRA, Gilberto Callado de. *A Verdadeira Face do Direito Alternativo*. 4ª ed. Juruá: Curitiba, 2006.
PICARDI, Nicola. La Formazione di Base del Giurista. *Rivista di Diritto Processuale*, Milano, v. 60, nº 2, p. 355-376, abr./jun. 2005.
PICO DELLA MIRANDOLA, Giovanni. *Discurso sobre a Dignidade do Homem*. Tradução de Maria de Lurdes Sirgado Ganho. Lisboa: Edições 70, 2006.
PLATÃO. *Cartas*. Tradução de Conceição Gomes da Silva; Maria Adozinda Melo. 4ª ed. Lisboa: Fotomyra, 2002.
PLATÓN. Apología de Sócrates. *Diálogos*. Tradução de J. Calonge Ruiz, E. Lledó Iñigo e C. Garcia Gual. Madrid: Grados, 2000. v. 24, t. I, p. 13-51.
——. Fedro. In: *Diálogos*. Tradução de C. García Gual, M. Martínez Hernández e E. Lledó Iñigo. Madrid: Gredos, 2000. T. III, v. 26, p. 305-409.
PLOTINO. *Tratado das Enéadas*. Tradução de Américo Sommerman. São Paulo: Polar, 2007.
PRADO, Geraldo. Sistema Acusatório. A conformidade das leis processuais penais. Rio de Janeiro: Lumen Juris, 1999.
PROJETO de Código Processual Penal-Tipo para Ibero-América (4ª parte). *Revista de Processo*, São Paulo, a. 96, nº 64, p. 108-144, 1991.
RANGEL, Paulo. *Direito Processual Penal*. 10ª ed. Rio de Janeiro: Lumen Juris, 2005.
ROBERT, Henri. *O Advogado*. 2ª ed. Tradução de Rosemary Costhek Abílio. São Paulo: Martins Fontes, 2002.
ROTTERDAM, Erasmo. De Pueris (Dos Meninos). In: *De Pueris (Dos Meninos). A Civilidade Pueril*. Tradução de Luiz Feracini. São Paulo: Escala, 2005. p. 21-105.
ROUSSEAU, Jean-Jacques. *Os devaneios de um caminhante solitário*. Tradução de Julia da Rosa Simões. Porto Alegre: L&PM, 2010.
SANTO AGOSTINHO. *O Mestre*. Tradução de Antônio Soares Pinheiro. Porto: Editora Porto, 1995.
SANTOS, André Leonardo Copetti. A Incompatibilidade das Decisões do Conselho de Sentença do Tribunal do Júri com o Estado Democrático de Direito. Uma interpretação da legitimidade das decisões judiciais a partir de uma interseção entre filosofia e direito. *Sistema Penal & Violência*, Porto Alegre, v. 3, nº 1, p. 30-46, jan./jun. 2011.
——. Decisões Judiciais e Estado Democrático de Direito: da necessidade de fundamentação das decisões do tribunal do júri. *Revista de Estudos Constitucionais, Hermenêutica e Teoria do Direito – RECHTD*, Porto Alegre, v. 4, n. 2, p. 131-143, jul./dez. 2012.
SCHOPENHAUER, Arthur. *A Arte de Insultar*. Tradução de Eduardo Brandão, Karina Jannini. São Paulo: Martins Fontes, 2003.
——. *A Arte de Ter Razão*. Tradução de Alexandre Krug e Eduardo Brandão. São Paulo: Martins Fontes, 2003.
——. *Sobre a Filosofia Universitária*. Tradução de Maria Lúcia Mello Oliveira Cacciola e Márcio Suzuki. São Paulo: Martins Fontes, 2001.

——. *Sobre o Ofício do Escritor*. Tradução de Luiz Sérgio Repa e Eduardo Brandão. São Paulo: Martins Fontes, 2003.

SÊNECA. *A Brevidade da Vida*. Tradução de Luiz Feracine. São Paulo: Escala, 2007.

TORNAGHI, Hélio. *Curso de Processo Penal*. 9ª ed. São Paulo: Saraiva, 1995. v. 1.

TORQUEMADA, Tomás de. Inftruciones fechas en Seuilla año de 1484 por el prior de fancta Cruz. Copilacion delas Inftructiones del Officio dela fancta Inquificion hechas por el muy Reuerendo feñor Thomas de Torquemada Prior del monafterio de fancta cruz de Segouia, primero Inquifidor general delos reynos y feñoríos de Efpaña, 1532.

UNITED NATIONS. *Human Rights and Pre-Trial Detention*. A Handbook of International Standards Relating to Pre-Trial Detention Professional Training series n° 3. New York, Genebra, 1997. 92p.

VALDÉS, Fernando de. Copilación delas Inftrutiones del Officio dela fancta Inquificion, fechas en Toledo, año de mil y quinientos y fefenta y un años.

VOLTAIRE. *O Ateu e o Sábio*. Tradução de Antônio Geraldo da Silva. São Paulo: Escala, 2006.

— 8 —

A trilogia *Olmstead–Katz–Kyllo*: o art. 5º da Constituição Federal do Século XXI

DANILO KNIJNIK[1]

Sumário: 1. Processo penal e risco de não esclarecimento; 2. Provas de terceira geração; 3. Quando uma busca é uma "busca"; 4. A trilogia *Olmstead-Katz-Kyllo*; 5. Conclusões: quando se faz necessário o mandado judicial. O art. 5º do Século XXI.

1. Processo penal e risco de não esclarecimento

O direito probatório revela-se refratário ao discurso jurídico. Ao contrário do que sucede em outros setores prescritivos do ordenamento, aqui é praticamente impossível enclausurar a valoração das provas em normas jurídico-positivas de caráter fechado, exceto ao preço de um sistema tarifado de avaliação probatória.[2]

Com efeito, embora o sistema do *livre convencimento* não se apresente uniformemente nos ordenamentos jurídicos,[3] pode-se vislumbrar o nascimento de duas correntes interpretativas a esse respeito:[4] a *maximalista*, que exacerba o subjetivismo do julgador, configurando tal regra como um mandato subjetivo de liberdade; e a *minimalista*, que realça as limitações lógicas da arte de bem pensar, impondo um desenvolvimento de natureza racional e objetivo à convicção judicial.[5]

---

[1] Mestre (UFRGS). Doutor (USP). Professor Adjunto (UFRGS). Professor do Programa de Pós-Graduação em Direito (UFRGS). Diretor da Faculdade de Direito da UFRGS (2013-2016).

[2] TARUFFO, Michelle. *La prova dei fatti giuridici*. Giuffrè: Milano, 1992, p. 2.

[3] Nem por isso a perspectiva do direito comparado se enfraquece. Muito ao contrário, como demonstrou CRUZ, Rogério Schietti Machado. *A proibição de dupla persecução penal*. Lumen Juris: Rio de Janeiro, 2008, p. 226 esp., demonstrando, de forma magnífica, as diferenças e semelhanças a respeito da coisa julgada penal no plano do direito comparado. Também esta é a perspectiva deste trabalho.

[4] Sobre tais perspectivas, v. GMEHLING, Bernard. Die Beweislastverteilung bei Scha?den aus Industrieimmissionen. Heymanns: Köln, 1989, esp. p. 11-13, com as respectivas diferenças.

[5] Levada ao extremo a corrente objetivista, cogitar-se-ia do juiz ficto Tal formulação redundou na figura do chamado "convencimento ficto", sendo defendida por autores, como Heescher. "A carac-

Modernamente, é lícito afirmar que o convencimento "não deve entender-se ou fazer-se equivalente a fechado e inabordável critério pessoal e íntimo do julgador, mas a uma apreciação lógica da prova, que não está isenta de pautas ou diretrizes de caráter objetivo", devendo envolver uma "valoração racional e lógica".[6] Em outros termos, "o perigo de incorrer em arbitrariedade está presente na livre apreciação, caso não se dê uma definição baseada em critérios de racionalidade, apelando-se para critérios racionais, de modo que, ainda que não se esteja vinculado por normas jurídicas, se esteja por normas lógicas",[7] sendo que "a liberdade de apreciação das provas não significa ausência de regras a que o julgador deve recorrer no momento da valoração do material probatório".[8]

Pois bem, entre a possibilidade de proferir um *non liquet*, que se oferecia ao *iudex* romano;[9] e a obrigatoriedade de julgar mesmo em falta de provas – hoje imposta ao julgador[10] – medeiam séculos de transformação. De fato, a imposição do dever de julgamento, existam as provas ou não, se bem que no passado possa ter encontrado mais simples aplicação, hoje agrava-se no contexto de uma sociedade de riscos, dominada pelo chamado *unaufklärbarkeitrisiko*, ou seja, o risco de não esclarecimento.[11]

---

terística do livre convencimento", afirma, "deve ser vista da seguinte forma. O juiz deve e tem que apresentar os fatos como qualquer outro juiz razoável os teria como certos. Isto dá lugar a uma livre convicção ficta. O juiz tem de abster-se tanto quanto possível da sua própria apreciação pessoal e tentar considerar os fatos como qualquer outro juiz razoável" (HEESCHER, Heinz-Dieter. Untersuchung zum Merkmal der freien überzeugung in § 286 ZPO un § 261STPO – Versuch einer Neubenstimmung, Münster 1974, *Apud* WEBER, Helmut. Der kausalitätsbeweis im Ziviprozeβ. Tübingen: Mohr Siebeck, 1977, p. 160.). S. isso, v. MENNA, Mariano. Logica e fenomenologia della prova. Jovene: Napoli, 1992. p. 14.

[6] ESTRAMPES, M. Miranda. La mínima actividad probatoria en el proceso penal. Barcelona: Bosch, 1997, p. 151. Id., p. 162.

[7] FERNÁNDEZ, Sergi Guasch. El hecho y el derecho en la casación civil. Barcelona: Bosch, 1998, p. 325.

[8] ESTRAMPES, ob. Cit. p. 151.

[9] Cfr. MACHADO CRUZ, ob. Cit. P. 35, "costuma-se dividir o processo penal romano em três períodos, nem sempre delimitados com precisão no tempo: o *comincial*, o do *ordo iuduciorum publicorum* e o da *extraordinaria cognitio*".

[10] Cfr. o art. 126 do CPC, "O juiz não se exime de sentenciar ou despachar alegando lacuna ou obscuridade da lei. No julgamento da lide caber-lhe-á aplicar as normas legais; não as havendo, recorrerá à analogia, aos costumes e aos princípios gerais de direito".

[11] Conforme SÁNCHEZ, Guillermo Ormazabal. *Carga de la prueba e sociedad de riesgo*. Barcelona: Marcial Pons, 2004. p. 11, "deve reparar-se que, ao risco relacionado com o menoscabo de certos bens jurídicos, deve agregar-se o da impossibilidade ou grande dificuldade em fazer prosperar uma pretensão ressarcitória quando se busca a tutela jurisdicional, resultando pouco menos que inexequível a necessária prova sobre o nexo causal entre o dano sofrido e a conduta culposa de um determinado agente, que fundamenta a responsabilidade. Esse risco, que poderíamos denominar – seguindo a expressão utilizada pela doutrina alemã – de impossibilidade de esclarecimento (*Unaufklärbarkeitrisiko*) é particularmente agudo quando o dano deriva do uso da tecnologia. Porque, por exemplo, o estado da ciência em um determinado momento histórico pode não haver alcançado o grau de maturidade ou desenvolvimento necessários para esclarecer as cusas do dano, ou porque a averiguação de ditas causas resulta *ex post facto* simplesmente impossível ou somente acessível a quem desencadeou o processo causal que desembocou no dano".

Afinal, quem causou determinada poluição ambiental? Qual o resultado da prescrição médica equivocada? Quem, dentre a multidão, disparou o tiro letal? Quem deu início ao resultado? Foi tal concausa independente? E assim por diante.

O risco de não esclarecimento decorre não apenas da complexidade e pluralidade dos nexos de causalidade. É, também, fruto da introdução vertiginosa de novas tecnologias, não apenas no âmbito da sociedade em geral, mas, também, na investigação, pesquisa e esclarecimento dos fatos típicos. Como assevera Giovani Canzio, "no vertiginoso encontro entre exigências valorativas, riscos da modernidade para os bens primários do homem, qual a vida, a saúde ou o ambiente, e a tutela da vítima, entre teoria geral do conhecimento, ciência e direito, entre epistemologia da evidência judiciária, livre convencimento do juiz e justificação racional da decisão, se desenha no horizonte do processo penal, com suficiente clareza, o drama de julgar em condições de incerteza probatória".[12] Obviamente, agudizam-se tais riscos em setores mais sensíveis da tutela jurisdicional penal, notadamente crimes ambientais, contra o consumo, contra a ordem econômica e o mercado de capitais, entre outros.

Ademais, a distribuição desses riscos, no processo penal, torna ainda mais problemática sua resolução processual. É que a prova criminal é caracterizada pela assimetria; enquanto que a prova cível, pela linearidade. Com efeito, "a maneira pela qual as cortes criminais lidam com este problema é através do principio popularmente conhecido como presunção de inocência. Com efeito, coloca-se o ônus da prova de uma forma assimétrica",[13] ou imperfeita, sobre a acusação, diferentemente do que aconteceria no processo civil, em que prevalece, em seu núcleo, um perfil linear, sem presunções de improcedência *a priori*, embora seja assente que no interior deste último também opere um escalonado sistema descontinuado de graus de convencimento. O fato é que "diferentemente da lei penal, que impõe responsabilidade para tentativas, o direito civil não impõe".[14]

Em meio a tudo isso, inter-relacionam-se duas características presentes em todos os códigos de processo contemporâneos, não sem – é claro, a observância de certos temperamentos: a) a adoção do *princípio do livre convencimento*; b) a utilização das *cláusulas de abertura*, por meio das quais todas as provas moralmente lícitas são admissíveis.

---

[12] CANZIO, Giovani. Prova scientifica, ricerca della verita e decisione giudiziaria nel processo penale. In: Scienza e causalità. Padova: Cedam, 2006. p. 143.

[13] WALTON, Douglas. *Legal argumentation and evidence*. Pennsylvania State University: Pensylvania, 2002. p. 12

[14] PORAT, Ariel. *Tort liability under uncertainty*. Oxford University Press, 2002. p. 110,

As cláusulas de abertura, como sabemos, consistem em dispositivos que autorizam ao juiz considerar todos os meios lícitos de prova. Aliás, entre nós, a própria Constituição Federal, no art. 5º, inciso LVI, contém uma cláusula de abertura, pois determina que *"São inadmissíveis, no processo, as provas obtidas por meios ilícitos"*, sendo que o Código de Processo Penal contém dispositivos no sentido de que o nosso sistema é aberto, dentre os quais os arts. 6º, 155 e 157.[15]

E mais: o juiz procede à reconstrução e na afirmação da existência de um fato histórico pertencente ao passado não repetível na experiência atual, do qual se buscam rastros ou vestígios mediante a verificação das provas segundo procedimentos cognitivos de tipo probabilísticos em termos de verossimilhança, plausibilidade, correspondência e de alta probabilidade. São exemplos dessa novas provas o teste genético de DNA, os exames biológicos, as análises químicas e toxicológicas; os exames psicológicos, as informações dessumíveis de estudos epidemiológicos, de experimentação com cobaias, de cálculos estatísticos e bioestatísticos; a reconstrução da dinâmica do evento através do comptuador; método espectográfico de reconhecimento vocal pelo *voice-print*; a estilometria. tendo por objeto a individualização qualitativa do estilo literário de uma pessoa (para atribuir-lhe ou não um determinado escrito), o sistema satelitário de reconhecimento ou GPS (para, por exemplo, conhecer de modo permanente a localização de alguém), o sobrevôo com câmeras de alta precisão, os uso de cães farejadores, etc.

Assim, "basta estes fugazes acenos para compreender como o sistema de justiça penal, para poder adimplir à própria função cognitiva, tenha diante de si desafios cada vez mais imprevisíveis, porque sempre mais complexa se é transformada a sociedade na qual o ilícito é radicado; complicadas são de fato as relações sociais, os mecanismos da economia de mercado e os sistemas tecnológicos, do qual a sociedade se vale; e a atividade produzida em série; articulado (e muitas vezes não diretamente controláveis pelas pessoas individuais que o operam), mas também os riscos vinculados ao emprego das novas tecnologicas".[16]

---

[15] Art. 6º. Logo que tiver conhecimento da prática da infração penal, a autoridade policial deverá: III – colher todas as provas que servirem para o esclarecimento do fato e suas circunstâncias; Art. 155. O juiz formará sua convicção pela livre apreciação da prova produzida em contraditório judicial, não podendo fundamentar sua decisão exclusivamente nos elementos informativos colhidos na investigação, ressalvadas as provas cautelares, não repetíveis e antecipadas. *Parágrafo único*. Somente quanto ao estado das pessoas serão observadas as restrições estabelecidas na lei civil; Art. 157. São inadmissíveis, devendo ser desentranhadas do processo, as provas ilícitas, assim entendidas as obtidas em violação a normas constitucionais ou legais".

[16] DI PAOLO, Gabriella. *Tecnologie del controllo e prova penale*; l'esperienza statunitense e spunti per la comparazione. Padova: Cedam. 2008, p.6. De outra parte, conforme BOTTINI, Pierpaolo Cruz. *Crimes de perigo abstrato*. 2ª Ed.. São Paulo: RT, 2010. p. 49 "(...) a velocidade das descobertas científicas, da criação de novas técnicas de produção e de novos insumos não se faz acompanhar pelo conhecimento científico sobre os efeitos destas inovações, nem sobre os potenciais perigos oriundos de sua

Logo, "não deveria assim surpreender que nos processos de alta complexidade factual – atinente, no mais, a setores nevrálgicos da tutela de bens primários como a vida, a saúde, o ambiente – o exercício do poder-dever de dizer o direito reclame do juiz 'tomar posse' dessa complexidade, atingindo conhecimentos da bagagem cultural técnico-científica. Testes genéticos, exames biológicos, análises químicas e toxicológicas, exames psicológicos, dados resultantes de estudos epidemiológicos, cálculos estatísticos e bioestatísticos, reconstruções dinâmicas do evento com computadores, método espectográfico do acertamento vocal (*voice-print*), estilometria como técnica de mensuração qualitativa de um estilo literário de uma pessoa para atribuir-lhe uma declaração escrita, são emblema do emprego do processo de instrumento de formação do conhecimento pertinente ao patrimônio cultural da ciência e da técnica" [17]

Tudo isso se apresenta de forma particularmente tensa no processo penal, pois, ao lado do risco de não esclarecimento, está presente o dever de esclarecimento completo dos fatos, surgindo para o juiz, destarte, um paradoxo: de um lado, o risco de não esclarecimento; de outro, o dever de esclarecimento completo.[18]

2. Provas de terceira geração

É nesse panorama que se inserem as chamadas *provas de terceira geração*, a se poderia associar, igualmente, um *direito probatório de terceira geração*, a ser, ainda, pensado. Trata-se de provas invasivas, altamente

---

aplicação em processos produtivos: é o que gera o risco. A produção de riquezas e a manutenção da atual organização econômica são associadas à produção de riscos. Estes são, portanto, produto da radicalização da revolução industrial e fatos indispensável para a funcionalidade das relações de produção, em um sistema orientado pela livre iniciativa e pelas regras de mercado", Ainda, sobre essa temática, com destaque para os reflexos típicos, v. DA SILVA, Ângelo Roberto Ilha. *Dos crimes de perigo abstrato em face da constituição*. São Paulo: RT., 2003.

[17] Id., p. 7.

[18] MÜLLER, Cristoph Markus. *Anscheinsbeweis im Strafprozeß*. Berlin: Humblot, 1998. p. 20. Afirma o autor, ao procurar resolver o problema da prova *prima facie* no processo penal, que "die Lösung des Problems des Anscheinsbeweis ist im Kontext der gesetzlichen Regelungen der freien richterlichen Beweiswürdigung (§ 261 stop), des Prinzips der Aufklärungspflicht (§ 244 Abs. 2) und der Anforderungen an die Urteilsfestellungen (§ 267) zu suchen". Também BOTTINI, ob. Cit., p. 51 assinala que "o paradoxo do risco, a dificuldade em estabelecer sua medida ou seu grau de tolerância, a disputa entre discursos, repercute nas categorias do direito. Reflete-se na construção do direito positivo por meio de normas e regulamentos ambíguos, abertos, sem referenciais claros e, em muitos momentos, conflitantes entre si. Impacta também a construção da dogmática, revelando conceitos e definições de difícil precisão, que podem ser preenchidos por conteúdos materiais diversos. Resulta, por fim, no acirramento da disputa da crítica jurídica, com diversas escolas metodológicas e diferentes autores sustentando posições antagônicas, divergentes, sobre a finalidade do direito e sua maneira de se relacionar e de se comunicar com a sociedade".

tecnológicas, que permitem alcançar conhecimentos e resultados inatingíveis pelos sentidos e pelas técnicas tradicionais.[19]

A propósito, é clássica a ideia de que o réu não pode ser objeto da relação processual, alçado que foi à condição de seu sujeito. Contudo, o avanço da tecnologia parece de algum modo perturbar essa conformação, a ponto de tornar o réu uma figura poliédrica. Com efeito, no passado, subordinado à *res*[20] e objeto do próprio procedimento probatório[21], restou guindado à condição de sujeito. Parece, no entanto, que a centralidade da prova criminal reencontrou seu protagonista: o acusado.[22]

Com efeito, nas ações controladas e nas provas com restrições a direitos fundamentais (interceptações e quebras de sigilos constitucionais em geral), quem, senão o próprio acusado, é o protagonista da prova? E o que, senão a tecnologia, permite observá-lo em seu momento mais pessoal, senão raro inclusive em espaços públicos, nos quais aparentemente não haveria uma pretensão de privacidade?

3. Quando uma busca é uma "busca"

Feitas essas considerações, chega-se a um mecanismo aparentemente tradicional, com larga tradição no direito brasileiro, consistente na

---

[19] Cfr. DI PAOLO, ob. cit., p. 18, tais provas podem ser agrupadas numa classificação tripartite: a) as buscas super-intrusivas, b) as observações virtuais e c) a organização de grandes volumes de informações, sendo obviamente as primeiras colocadas no topo da mitigação de direitos fundamentais.

[20] Cfr. ROGALL, Klaus. Der Beschuldigte als Beweismittel gegen sich selbst: E. Beitr. zur Geltung d. Satzes "Nemo tenetur seipsum prodere" im Strafprozess. Berlin: Humblot, 1977, p. 13 e ss.

[21] Dizia o Título XIV do Regimento do Santo Ofício de 1640: "Mandarão trazer o réu à mesa de julgamento, onde será perguntado, se deseja confessar suas culpas e não lhe darão notícia da assentada que contra ele existe (...). E, não confessando, mandarão levar o réu a tormento; e, sendo o réu começado a atar, o notário lhe fará um protesto, dizendo que, em nome dos juízes que despacharam o seu processo, fica registrado que se ele, morrer, quebrar algum membro ou perder algum sentido, a culpa será sua, pois voluntariamente se expõem a perigo aqueles que podem evitá-lo confessando suas culpas; e não será dos julgadores a culpa (...). Dizendo que quer confessar suas culpas, se tomará sua confissão sentado no banco onde foi atado".

[22] Conforme DI GERONIMO, Paolo. *Il contributo dell'imputato all'accertamento del fato*. Giuffrè: Milano, 2009. p. 138, "o papel do acusado a respeito da formação e aquisição da prova no processo penal é poliédrico, devendo-se distinguir o aporte cognoscitivo de natureza declaratória, com relação a aquisições fundadas sob acertamentos desenvolvidos sobre o acusado e sobre sua conduta". Daí porque a interceptação de conversa telefônica não transforma o réu como objeto de prova, dado que se trata de um ato perfomativo diverso, por exemplo, de um depoimento perante um agente estatal. Aí sim, qualquer induzimento – ressalva feita às ações controladas – poderia ser violador à garantia contra a autoincriminação. Assim, "caracteriza prova ilícita o depoimento prestado por Delegado de Polícia, relativamente a 'conversa informal' que manteve com indiciado, na fase inquisitorial" (HC 32.056/GO, Rel. Ministro Hamilton Carvalhido, 6ª Turma, DJ 28/06/2004, p. 421). Exatamente por isso, diversa é a situação da conversa com colega de cela, dado que não está presente, na espécie, a característica institucional, configurando-se, isto sim, um ato perfomativo do investigado. Todavia, caso o colega de cela esteja desempenhando ação controlada, aí a validade da prova se transfere para a validade da própria ação controlada, bem como ao caráter de induzimento ou não do diálogo.

busca e apreensão, disciplinado nos arts. 240 a 250 do Código de Processo Penal, cujo objeto consiste, entre outros elementos especificados, em *"coisas"*, *"objetos necessários à prova de infração ou à defesa do réu"*, *"cartas abertas ou não"*, bem como *"qualquer elemento de convicção"*.

A menção a elementos tangíveis tendeu, por longa data, a condicionar a teoria e prática jurídicas. Contudo, a penetração do mundo virtual como nova realidade, demonstra claramente que tais elementos vinculados à propriedade longe está de abarcar todo o âmbito de incidência de *buscas e apreensões*, que, de ordinário, exigiriam mandado judicial, impondo reinterpretar o que são *"coisas"* ou *"qualquer elemento de convicção"*, para abranger todos os elementos que hoje contém dados informacionais.

Nesse sentido, tome-se o exemplo de um *smartphone*: ali, estão *e-mails*, mensagens, informações sobre usos e costumes do usuário, enfim, um conjunto extenso de informações que extrapolam em muito o conceito de *coisa* ou de *telefone*. Supondo-se que a polícia encontre incidentalmente a uma busca um *smartphone*, poderá apreendê-lo e acessá-lo sem ordem judicial para tanto? Suponha-se, de outra parte, que se pretenda utilizar um sistema capaz de captar emanações de calor de uma residência, para, assim, levantar indícios suficientes à obtenção de um mandado de busca e apreensão: se estará a restringir algum direito fundamento do interessado, a demandar a obtenção de um mandado expedido por magistrado imparcial de equidistante, sob pena de inutilizabilidade? O *e-mail*, incidentalmente alcançado por via da apreensão de um *notebook*, é uma *"carta aberta ou não"*? Enfim, o conceito de *coisa*, enquanto *res tangível* e sujeita a uma relação de pertencimento, persiste como referencial constitucionalmente ainda aplicável à tutela dos direitos fundamentais ou, caso concreto, deveria ser substituído por outro paradigma?

Esse é um dos questionamentos básicos da aqui denominada de *prova de terceira geração*: "chega-se ao problema com o qual as Cortes interminavelmente se deparam, quando consideram os novos avanços tecnológicos: como aplicar a regra baseada em tecnologias passadas às presentes e aos futuros avanços tecnológicos".[23] Trata-se, pois, de um questionamento bem mais amplo, que convém, todavia, melhor examinar.

4. A trilogia *Olmstead-Katz-Kyllo*

É nesse contexto que uma trilogia de precedentes históricos evidencia a necessidade de um urgente *aggiornamento* sobre o que constitui, na

---

[23] MOSELEY, Jeremy A. The fourth amendment and remote searches: balancing the protection of the people with the remote investigation of internet crimes. In: 19 Notre Dame J.L. Ethics & Pub. Pol 355-378, 2088. p. 358.

atualidade, restrição a direito fundamental por parte das autoridades policiais, ficando, então, sujeita à reserva de jurisdição, através de mandado judicial. São os precedentes, cronologicamente estabelecidos, de *Olmstead-Katz-Kyllo*.

Olmstead[24] pode muito bem ser qualificado como o caso precursor, que fundou as bases de uma teoria que, a nosso juízo, ainda condiciona, em grande medida, a teoria e prática brasileira.

Com efeito, julgado em 1928 pela Suprema Corte americana, *Olmstead* teve conversas telefônicas interceptadas pela inserção de um equipamento diretamente na fiação da empresa telefônica e na via pública. Os investigadores não haviam invadido, nem penetrado no domicílio, na propriedade ou nos pertences de quem quer que fosse, não sendo o sinal de *"voz"* pelos fios uma propriedade ou coisa.

Chamada a apreciar a alegação de que a prova seria ilícita, pois realizada sem mandado judicial, a Suprema Corte concluiu que a ação policial não havia *"penetrado em qualquer propriedade do acusado"*; e que a correta interpretação da 4ª emenda não poderia dar-se de forma a *"alargá-la para além do conceito prático de pessoas, casas, papéis e pertences"*, ou *"para aplicar buscas e apreensões de forma a proibir escutar ou observar"*.[25]

Esse precedente consagrou o que a doutrina convencionou chamar de *"trespass theory"*, ou *"teoria proprietária"*: a proteção constitucional estender-se-ia apenas para áreas tangíveis e demarcáveis, exigindo a entrada, o ingresso e a violação de um espaço privado ou particular, o que, na espécie, efetivamente não havia ocorrido, dado que nenhuma propriedade de *Olmstead* fora devassada pela autoridade. Neste primeiro momento da triologia, surge, pois, uma interpretação constitucional protetiva de coisas, objetos e lugares.[26]

Passados 39 anos, chegara a vez de apreciar outra iniciativa policial: baseada em *Olmstead*, a polícia, sem invadir absolutamente coisa alguma, instalou um equipamento capaz de gravar a voz do usuário de

---

[24] Olmstead v. United States, 277 U.S. 438 (1928).

[25] "2. Evidence of a conspiracy to violate the Prohibition Act was obtained by government officers by secretly tapping the lines of a telephone company connected with the chief office and some of the residences of the conspirators, and thus clandestinely overhearing and recording their telephonic conversations concerning the conspiracy and in aid of its execution. *The tapping connections were made in the basement of a large office building and on public streets, and no trespass was committed upon any property of the defendants. Held, that the obtaining of the evidence and its use at the trial did not violate the Fourth Amendment.* Pp. 457- 277 U. S. 466. 3. The principle of liberal construction applied to the Amendment to effect its purpose in the interest of liberty *will not justify enlarging it beyond the possible practical meaning of "persons, houses, papers, and effects," or so applying "searches and seizures" as to forbid hearing or sight.* p. 277 U. S. 465.

[26] Cfr. BASHA, Rania. *Kyllo v. US: the Fourth amendement triumphs over technology*. In: 41 Brandeis L.J. 939 2002-2003. Segundo essa interpretação, "os Tribunais entendiam que a única maneira de ocorrer uma violação a 4ª emenda seria por meio de uma invasão física a uma propriedade individual".

numa cabine de telefone público. Aparentemente, a técnica adequava-se ao *leading-case Olmstead*. Afinal, o telefone era público, nenhum *trespass*, invasão ou ingresso teria sido perpetrado pelos oficiais em propriedade ou espaços do acusado e, ainda assim, a voz do interlocutor, que também não era uma propriedade, fora apreendida. Todavia, confrontada com tal prova, a interpretação pendeu para o outro lado da margem; e *Katz*, teve melhor sorte que *Olmstead*.

Com efeito, em *Katz v. United States*,[27] o tribunal de apelação havia admitido a referida prova, asseverando, justamente à luz da teoria proprietária, que *"não houve qualquer violação à 4ª Emenda, pois inexistente qualquer ingresso físico na área ocupada pelo acusado"*. Mas a *ratio* de *Olmstead*, e a teoria que lhe era subjacente, não resistiu à pressão dos tempos e à eloquência de seus resultados: a Suprema Corte viria a entender, então, que a polícia havia mesmo realizado uma busca, dependente da obtenção de um mandado judicial, sendo nula, portanto, a diligência.

Com efeito, a novidade foi introduzida pela seguinte *ratio*: "a 4ª emenda regula não apenas a busca de itens tangíveis, mas estende-se, também, para a gravação de declarações orais (...)". Girando o foco da proteção constitucional, Katz concluiu no sentido de que, "uma vez que a 4ª emenda protege pessoas, mais que lugares, sua finalidade não pode ser frustrada pela presença ou ausência de uma intrusão física em qualquer compartimento fechado. A doutrina proprietária (*trespass theory*) de Olmstead v. US, 227 US 438; e Goldman v. US, 316 US 129 não mais será a regra". A isto, acrescentou o Tribunal que "muito embora o monitoramento neste caso possa ter sido tão sutilmente circunscrito, que poderia ser constitucionalmente autorizado antecipadamente, ele não fora conduzido conforme a exigência de um mandado, precondição constitucional para um monitoramento eletrônico".[28]

Como aí se lê, a proteção constitucional passa a ter por beneficiários não mais lugares, coisas e pertences, mas *pessoas*, lançando-se então as bases do segundo momento metodológico da trilogia, a saber, a doutrina *Katz*.

---

[27] *Katz v. United States*, 389 U.S. 347 (1967).

[28] "1. The Government's eavesdropping activities violated the privacy upon which petitioner justifiably relied while using the telephone booth, and *thus constituted a "search and seizure" within the meaning of the Fourth Amendment*. Pp. 389 U. S. 350-353. (a) The Fourth Amendment governs not only the seizure of tangible items, but *extends as well to the recording of oral statements*. Silverman v. United States, 365 U. S. 505, 365 U. S. 511. P. 389 U. S. 353. (b) *Because the Fourth Amendment protects people, rather than places, its reach cannot turn on the presence or absence of a physical intrusion into any given enclosure. The "trespass" doctrine of Olmstead v. United States, 277 U. S. 438, and Goldman v. United States, 316 U. S. 129, is no longer controlling*. Pp. 389 U. S. 351, 389 U. S. 353. 2. Although the surveillance in this case may have been so narrowly circumscribed that it could constitutionally have been authorized in advance, *it was not in fact conducted pursuant to the warrant procedure* which is a constitutional precondition of such electronic surveillance. Pp. 389 U. S. 354-359. 369 F.2d 130, reversed. Page 389 U. S. 348".

Nessa transição *Olmstead–Katz*, o âmbito de proteção constitucional, como visto, migrou de *coisas, lugares* e pertences, para *pessoas e suas expectativas de privacidade*. Foi assim que um número muito maior de ocorrências, não atendidas pela teoria proprietária, foram postas sob a custódia da 4ª Emenda à Constituição americana. Basicamente, a evolução introduzida por *Katz*, de extrema importância, implicou o afastamento da teoria proprietária como expressão integral da proteção constitucional, com a introdução de um teste relativamente mais complexo, de duas indagações: primeiro, se há uma expectativa subjetiva real de privacidade; segundo, se a sociedade está disposta a reconhecer essa expectativa como razoável, ou seja, se está disposta a confirmar a pretensão do sujeito. Com base em tais critérios, por exemplo, afastou-se a arguição de ilicitude de prova consistente em vôo rasante sobre o jardim da residência do investigado, comprobatória, mediante utilização de câmaras sofisticadas, do cultivo de *cannabis saativa*.

Mas a *"realidade virtual"*, a já citada onipresença da tecnologia no dia a dia das pessoas, com todo o seu potencial intrusivo, continuou avançando sobre áreas constitucionalmente protegidas, estabelecendo novo tensionamento com tal formulação e criando mais um teste de vitalidade à doutrina *Katz*, do que resultaria a revelação de que também ela já não dava conta dos avanços da modernidade das técnicas investigatórias.

Tudo veio à tona no julgamento de *Kyllo v. USA*[29] pela Suprema Corte, em 2001, completando a saga de uma interpretação iniciada em 1928, reformulada em 1967 e aperfeiçoada – a nosso ver – em 2001, senão vejamos.

Em *Kyllo*, a polícia suspeitava que o investigado estaria cultivando *marijuana* no interior de sua residência (*indoors*), mas os elementos de prova disponíveis eram insuficientes para obter um mandado judicial. Foi aí que surgiu a ideia de utilizar um equipamento capaz de captar emanações de calor – o *thermal imaging* – irradiadas pelas paredes da casa. De fato, por meio desse aparelho, seria possível monitorar, da via pública, emanações de calor do interior da residência de *Kyllo* para a parte externa. Não se estaria, nessa hipótese, invadindo o interior da residência. De outra parte, *Kyllo* não havia manifestado qualquer pretensão de privacidade – dado que nada fizera para evitar a emissão do calor – e, mesmo que assim pretendesse, a sociedade certamente não reconheceria como legítima eventual pretensão nesse sentido. Ademais, no âmbito dos Tribunais Federais, a prova vinha sendo admitida com relativa segurança,[30] de modo que assim se fez, obtendo-se, com no resultado da

---

[29] Kyllo v. United States, 533 U.S. 27 (2001).

[30] THUESON, Sean D. Fourth amendment search – fuzzy shades of gray; the new bright-line rule in determining when the use of technologiy constitutes a search. Kyllo v. US, 121 S.Ct. 2038(2001).

diligência, um mandado judicial de busca e apreensão, do qual resultou a condenação do réu.

Durante o julgamento, *Kyllo* buscou o desentranhamento da prova, pedido rejeitado em primeiro e segundo graus de jurisdição. Em sua decisão, o Tribunal de Apelações afirmou que o *"Agema 210"*, equipamento utilizado pelos investigadores, era "um recurso não invasivo, que não emite raios ou sinais, mostrando uma imagem visualmente bruta do calor sendo irradiado para fora da casa; não mostra qualquer pessoa ou atividades dentro das paredes da estrutura; não pode penetrar pelas paredes ou janelas, para revelar conversações ou atividades humanas; nenhum detalhe íntimo da casa é observado".[31]

E, de fato, o argumento utilizado pela acusação, como já referido, consistiu no fato básico de que a prova respeitava a doutrina *Katz*, afinal não tinha havido busca de espécie alguma, pois radiações caloríficas não são coisas nem pertences do réu. Além disso, submetendo-se a prova ao duplo teste de *Katz* – se Kyllo tinha uma real expectativa de privacidade; se a sociedade reconhecia essa expectativa como razoável – a solução seria em sentido contrário, porquanto, segundo argumentou o acórdão recorrido do 9º Circuito, *Kyllo* nada fez para conter a emanação de calor de sua propriedade, demonstrando não ter uma real expectativa de privacidade. De resto, a sociedade não reconheceria tal pretensão como razoável, pois o *Agema Thermovision 210* (equipamento utilizado no caso) não revelara detalhes íntimos de sua vida.

Contudo, o Scalia asseverou que, efetivamente, a 4ª emenda protege as pessoas contra *"buscas"* sem mandado. Sem dúvida, com base a tradição da *common law*, admite-se, sim, a simples vigilância de alguém pela polícia, colhendo-se informações que os órgãos dos sentidos captarem, pois *"os olhos não podem, pelas leis inglesas, ser acusados de uma invasão"*, sendo que jamais se exigiu a um agente da lei fechar os olhos para que assiste na via pública. Portanto, a simples observação visual, de fato, não representaria uma busca.

Porém, nos dias de hoje, prosseguiu a decisão, o "mundo virtual" da tecnologia integra a realidade. E a materialidade das coisas, tal qual no passado entendida, não pode limitar o escopo e a abrangência da proteção constitucional outorgada às pessoas. Assim, a interpretação da 4ª emenda, ao aludir a "coisas", "pertences", "papéis" e "lugares" deveria sofrer uma atualização interpretativa, para além de *Katz*. Agora, o monitoramento *"pela janela"* e *"através da janela"* encerrava uma distinção

---

In: 2 Wyo. L. Rev. 169 2002, p. 182-185, com especial destaque à jurisprudência do 8º, 5º, e 11º, claramente favoráveis, havendo dúvidas perante o 3º, 6º, 9º, que não chegaram a um pronunciamento definitivo.

[31] Id, p. 2.

irrelevante, derruída pelo agigantamento da sofisticação, não mais podendo servir como marco divisório para o alcance da proteção constitucional.[32]

A questão que, portanto, se impôs na ocasião consistiu em analisar como proteger o cidadão contra o poder cada vez mais ilimitado, pene-

---

[32] "Suspicious that marijuana was being grown in petitioner Kyllo's home in a triplex, agents used a thermal-imaging device to scan the triplex to determine if the amount of heat emanating from it was consistent with the high-intensity lamps typically used for indoor marijuana growth. The scan showed that Kyllo's garage roof and a side wall were relatively hot compared to the rest of his home and substantially warmer than the neighboring units. *Based in part on the thermal imaging, a Federal Magistrate Judge issued a warrant to search Kyllo's home,* where the agents found marijuana growing. After Kyllo was indicted on a federal drug charge, he unsuccessfully moved to suppress the evidence seized from his home and then entered a conditional guilty plea. *The Ninth Circuit ultimately affirmed, upholding the thermal imaging on the ground that Kyllo had shown no subjective expectation of privacy because he had made no attempt to conceal the heat escaping from his home. Even if he had, ruled the court, there was no objectively reasonable expectation of privacy because the thermal imager did not expose any intimate details of Kyllo's life, only amorphous hot spots on his home's exterior.* Held: Where, as here, the Government uses a device that is not in general public use, to explore details of a private home that would previously have been unknowable without physical intrusion, the surveillance is a Fourth Amendment "search," and is presumptively unreasonable without a warrant. p. 31-41. (a) The question whether a warrantless search of a home is reasonable and hence constitutional must be answered no in most instances, but the antecedent question whether a Fourth Amendment "search" has occurred is not so simple. This Court has approved warrantless visual surveillance of a home, see California v. Ciraolo, 476 U. S. 207, 213, ruling that visual observation is no "search" at all, see Dow Chemical Co. v. United States, 476 U. S. 227, 234-235, 239. In assessing when a search is not a search, the Court has adapted a principle first enunciated in Katz v. United States, 389 U. S. 347, 361: A "search" does not occur – even when its object is a house explicitly protected by the Fourth Amendment – unless the individual manifested a subjective expectation of privacy in the searched object, and society is willing to recognize that expectation as reasonable, see, e. g., California v. Ciraolo, supra, at 211. p. 31-33. (b) While it may be difficult to refine the Katz test in some instances, in the case of the search of a home's interior – the prototypical and hence most commonly litigated area of protected privacy – there is a ready criterion, with roots deep in the common law, of the minimal expectation of privacy that exists, and that is acknowledged to be reasonable. To withdraw protection of this minimum expectation would be to permit police technology to erode the privacy guaranteed by the Fourth Amendment. Thus, obtaining by sense-enhancing technology any information regarding the home's interior that could not otherwise have been obtained without physical "intrusion into a constitutionally protected area," Silverman v. United States, 365 U. S. 505, 512, constitutes a search – at least where (as here) the technology in question is not in general public use. This assures preservation of that degree of privacy against government that existed when the Fourth Amendment was adopted. Pp. 33–35. (c) Based on this criterion, the information obtained by the thermal imager in this case was the product of a search. The Court rejects the Government's argument that the thermal imaging must be upheld because it detected only heat radiating from the home's external surface. Such a mechanical interpretation of the Fourth Amendment was rejected in Katz, where the eavesdropping device in question picked up only sound waves that reached the exterior of the phone booth to which it was attached. Reversing that approach would leave the homeowner at the mercy of advancing technology – including imaging technology that could discern all human activity in the home. Also rejected is the Government's contention that the thermal imaging was constitutional because it did not detect "intimate details." Such an approach would be wrong in principle because, in the sanctity of the home, all details are intimate details. See, e. g., United States v. Karo, 468 U. S. 705; Dow Chemical, supra, at 238, distinguished. It would also be impractical in application, failing to provide a workable accommodation between law enforcement needs and Fourth Amendment interests. See Oliver v. United States, 466 U. S. 170, 181. p. 35-40. (d) Since the imaging in this case was an unlawful search, it will remain for the District Court to determine whether, without the evidence it provided, the search warrant was supported by probable cause-and if not, whether there is any other basis for supporting admission of that evidence. P. 40. 190 F. 3d 1041, reversed and remanded.

trante e *orwelliano* dos aparatos tecnológicos empregados em investigações criminais.

Relator do acórdão, Scalia inicia registrando que uma simples observação não é uma busca, pondo em realce, desde logo, a questão fundamental: *"se o uso de um aparelho de imagens térmicas direcionado a uma residência a partir da via pública para detectar as quantidades de calor dentro da casa constitui uma busca no conceito da 4ª Emenda"*.[33] A partir daí, construiu *ratio* que, em alguma medida, representou um refinamento do princípio estabelecido na doutrina *Katz*.

Com efeito, segundo o relator, "para estabelecer quando uma busca não é uma 'busca', temos aplicado (...) o princípio inicialmente enunciado em *Katz*. *Katz* envolveu uma escuta através de um equipamento eletrônico colocado fora do terminal telefônico, um lugar que não está no catálogo da proteção (pessoas, casas, papéis e pertences), que a 4ª Emenda protege contra buscas arbitrárias. Entendemos, todavia, que a 4ª Emenda protegia *Katz* contra uma escuta sem mandado porque ele confiou na privacidade da cabine telefônica. (...) A violação ocorre quando o governo viola a legítima expectativa de privacidade que a sociedade reconhece como razoável". Todavia, *in casu,* os "oficiais na via pública [estavam] envolveram-se em *mais do que uma observação de uma residência a olho nu"* – e, aqui, o acórdão se depara com a problemática da tecnologia na investigação criminal.[34]

Nesse sentido, prossegue, "seria tolice negar que o grau de privacidade garantido aos cidadãos pela 4ª Emenda tem sido *afetado pelo avanço tecnológico*. Por exemplo, a tecnologia que permite o vôo expôs à visão pública (e, consequentemente, à observação policial) partes não expostas de uma casa, como sua área interna. A questão em exame é *qual o limite que existe sobre esse poder da tecnologia para restringir o núcleo da privacidade garantida"*.[35]

---

[33] *Kyllo v. US*, 533 US 1(2001).

[34] Segundo BASHA, ob. Cit, p. 945, tal decisão causou grande surpresa na jurisprudênçai americana, tendo em vista a pré-existência de vários precedentes autorizando a percepção de emanações caloríferas sem prévio mandado judicial. Da mesma forma, procurou-se fazer analogia, em contraste à decisão de Kyllo, com o caso relacionado ao cão farejador (Place), igualmente realizado sem mandado, sob o pressuposto que se trataria apenas da percepção de um odor exalado ao ambiente. A analogia, porém, se desfaz, na medida em que Kyllo põe o revelo no enfoque tecnológico. No caso concreto, o 9º Circuito havia rejeitado a arguição, aplicando justamente o duplo teste de Katz.

[35] Essa mesma necessidade de reinterpretar certas garantias à invasão da tecnologia no setor da prova pode ser exemplificada com a noção de *correspondências e cartas*. Suponha-se um *smart phone*, repleto de *e-mails*. Ora, acessar e-mails de alguém é examinar correspondência. Com efeito, a natureza jurídica de um e-mail, para fins constitucionais, é a de uma correspondência, nos termos do art. 5º, inciso XII da CF. Nesse sentido, no REsp nº 1.300.161/RS, proclamou o STJ que "o controle editorial prévio do conteúdo das mensagens caracteriza quebra do sigilo da correspondência e das comunicações, vedada pelo art. 5º, XII, da CF/88". Em sede doutrinária, equipara-se o e-mail às demais formas de correspondência, uma vez que "a Internet oferece apenas uma evolução do modo de transmissão de dados e correspondência, portanto, a aplicação das regras atinentes aos outros meios

A ideia fundamental que preside esta importante decisão é a de que "retirar da proteção sua mínima expectativa garantida seria permitir à tecnologia policial erodir a privacidade garantia pela 4ª Emenda", o que poderia ser feito, obviamente, sem nenhum tipo de intrusão física. Porém, nem todo uso de tecnologia para além dos olhos nus converteria uma diligência policial numa busca a reclamar autorização judicial, mas "somente quando a tecnologia não está no uso geral do público. Isto assegura a preservação daquele grau mínimo de privacidade que já existia quando a 4ª Emenda foi adotada".

Então, considerando que o *thermal-imaging* não estava sob o domínio público, o Tribunal concluiu que se tratava de busca e, como tal, dependente de um mandado judicial ausente na espécie. A não ser assim, o habitante de uma residência estaria *"a mercê do avanço da tecnologia, incluindo a de imagem, que poderia discernir atividades humanas na residência".* Assim, *"quando se utiliza um equipamento que não está em uso público geral, para explorar detalhes de uma residência que não seriam acessíveis sem uma intrusão física, a observação é uma busca, sendo presumidamente arbitrária, caso sem mandado".*[36]

Então, se uma autoridade policial pretender utilizar um tipo de tecnologia ainda não sob uso geral do público, segundo a *ratio* adotada em *Kyllo*, deveria obter uma autorização judicial, com a apresentação dos requisitos indiciários bastante para isso, pois estaria praticando uma restrição a direito fundamental, que somente à autoridade judiciária foi deferida, ante o princípio da reserva de jurisdição ou monopólio da primeira palavra.

A decisão, contudo, não é de simples aplicação. De saída, constata-se que "a corte falhou em prover um referencial para determinar o que

---

de comunicação como telegráfica, radioelétrica ou telefônica são plenamente aplicáveis aos casos de transmissão de informação via meio eletrônico (E-mail), até porque esta é apenas uma evolução daqueles meios mais antigos" (COIMBRA, Márcio Chalegre. *A inviolabilidade dos e-mails*. Informativo Jurídico In Consulex. Ano XIV – nº 46, novembro 2000). Assim, "o correio eletrônico não só pode, como deve ser equiparado à correspondência tradicional, não apenas por ser aquele uma evolução tecnológica deste, mormente pela segurança jurídica que a sociedade deve ter em suas comunicações, sejam elas analógicas ou digitais. Ademais, não podem ser relevantes, quanto à incidência legal na proteção à intimidade, as diferenças entre o correio tradicional e o eletrônico" (MAÇÃO, Antônio Carlos. *Violação de correio eletrônico é crime?* – Revista AMPDFT, Ano 3, nº 3, Dezembro de 2003 – fls. 56-58). Assim como aqui, quando da promulgação da Constituição Federal em 1988 não existia a modalidade de correspondência por via de e-mail, sendo imperioso que se adeque o referido dispositivo à evolução da sociedade, a qual, hoje em dia, está inegavelmente inserida no contexto das comunicações eletrônicas. A propósito, a Constituição Portuguesa, segundo Leonardo Schimitt de Bem, "frisa lapidarmente que outros meios de comunicação privada são invioláveis (art. 34, nº 1). Entre esses outros meios estão as conversas telefônicas, as transmissões de fax ou de telegramas e as mensagens de correio eletrônico", e, sendo assim, "não resta dúvida de que à interceptação do correio eletrônico, em tempo real, aplicam-se as mesmas formalidades das escutas telefônicas" (BEM, Leonardo Schmitt. *Da Abusiva Intromissão no Domicílio e na Correspondência* (Artigo 32, nº 8, CRP). Revista IOB de Direito Penal e Processual Penal. Ano VIII – nº 48 – Fev/Mar 2008).

[36] Quatro Justices subscrevem um voto vencido.

está compreendido por uso geral".[37] Nesse particular, Thueson observa que o acórdão diz estar confiante de que o "thermal imaging não é uma rotina". Porém, a formulação é em alguma medida obscura, criando zonas cinzentas. Nesse caso, a proteção tenderia, no limite, a dissipar-se, uma vez que o equipamento se popularizasse perante a sociedade,[38] o que seria contraditório, pois então tudo seria admissível a partir de então. Como ainda critica Thueson, *"esse tipo de standard é tautológico ou circular, porque a lei protege o público de equipamentos que não estão no uso geral do público no começo, mas depois de uma determinação subjetiva de que o equipamento está em domínio público, o público terá de se proteger por si mesmo".*[39] Tal conclusão, que poderia levar ao absurdo, obviamente deve ser vista com temperamento, parecendo claro que, na verdade, *Kyllo* alerta para a circunstância de que a tecnologia imprevisível, pelo seu poder devassador, carece da análise de uma autoridade imparcial (o juiz), dado o seu poder de penetração. Mas daí a sugerir que ela possa produzir o efeito reverso, ou seja, de autorizar qualquer intrusão apenas porque o aparato tecnológico se tornou popular e fez isto possível certamente não é uma interpretação apoiada no julgado.

5. Conclusões: quando se faz necessário o mandado judicial. O art. 5º do Século XXI

Visto que o avanço da tecnologia pode, se não compatibilizado com as garantias constitucionais, levar à destruição destas últimas, uma atualização interpretativa se faz de rigor. Se os mecanismos probatórios mudaram, a interpretação jurídica tem de acompanhar, simetricamente, essa transformação. Para provas de terceira geração, é de se exigir um direito probatório de terceira geração.

Ao qualificar quando uma *busca* é uma *busca* em seu sentido constitucional; ou quando uma diligência não envolve apenas uma observação a olhos nus, mas sim uma restrição de direito fundamental, deslocando-se para o juízo de uma autoridade imparcial e equidistante, o juiz – a trilogia *Olmstead-Katz-Kyllo* põe à luz que o paradigma da "intrusão física", reclamando invasão de uma propriedade, a consideração de uma coisa ou o ingresso em ambiente alheio (teoria proprietária), como ocorreu com *Olmstead*, evoluiu para uma noção de expectativa legítima de privacidade, associada ao reconhecimento que lhe conferiu a (*Katz*).

---

[37] BASHA, ob. Cit, p. 956.
[38] THUESON, Sean D. Fourth amendment search – fuzzy shades of gray; the new bright-line rule in determining when the use of technologiy constitutes a search. Kyllo v. US, 121 S.Ct. 2038(2001). In: 2 Wyo. L. Rev. 169 2002, p. 194 e ss.
[39] Id., p. 195.

Todavia, a penetração da tecnológica nos mecanismos investigatórios fez notar, mesmo que sem intrusão física de espécie alguma, ou mesmo à base de observações em espaços públicos nos quais não haveria nem pretensão, nem reconhecimento da expectativa à privacidade, a proteção constitucional, ainda assim, merece respeito, sob pena de tornar-se refém da modernidade, a ponto de ser, em última instância, reduzida a níveis intoleráveis, a ponto de ser eliminada.

Pois *Kyllo*, em boa hora, introduziu esse *aggiornamento*, a partir da noção de que o uso de recursos e artefatos tecnológicos, para além dos sentidos ou do emprego de técnicas de domínio público, permite ver o que àqueles seria inviável, representando, assim, ao contrário das aparências, um fenômeno de "intrusão virtual" na vida das pessoas e, como tal, uma restrição de seu direito fundamental, que somente um juiz é dado autorizar, sob pena de ilicitude.

Nem toda a tecnologia, porém, conduz a esse efeito. Tratando-se de recursos e aparatos que já se encontrem em domínio público – supondo-se disseminados na sociedade – a pretensão à privacidade estará naturalmente comprometida, pois presumível o conhecimento, inclusive da pessoa observada, de que poderá estar sujeita à sua incidência. Daí que a noção exegética, em termos de provas de terceira geração, completa-se com uma certa qualidade da tecnologia utilizada, a saber, o fato de que o público não tem condições de acessar ou mesmo saber que, através de um simples aparelho, tal ou qual resultado seja alcançado,[40] sem que isso importe concluir que, disseminado o instrumento, nulificada estará a proteção constitucional à privacidade. Nesse último caso, os mecanismos tradicionais de análise são suficientes à legitimação ou não da prova.

De fato, conforme Lawrence, "esta decisão [*Kyllo*] representa um novo esforço para ajustar a jurisprudência da 4ª emenda à proteção do direito à privacidade das pessoas, já que o governo tende a ampliar o uso da tecnologia como um método *standard* para regular o comportamento da sociedade".[41] Segundo esse mesmo autor, "conforme a tecnologia

---

[40] Segundo alguns intépretes, o impacto dessa decisão tende a ser menor que o esperado por dois fatores: em primeiro lugar, pelo envolvimento da residência do acusado, que tende a realçar a proteção à privacidade; em segundo lugar, pelos eventos de 11 de setembro, que culminaram com a edição do *Patriot Act*, cfr. Basha, ob. Cit, p. 955. De outro lado, FROH, Amanda. *Rethinking canine sniffs: the impacto f Kyllo v. US*. In: 26 Seattle U. L. Rev. 337 2002-2003. p. 337 destaca a ampliação das ferramentas investigatórias a partir do *Patriot Act* e, portanto, a relevância da proteção aos direitos fundamentais objeto de *Kyllo*. Para essa autora, o *decisum* serivria como fundamento para sustentar, inclusive, o abandono de *Place*, no qual se afirmou a constitucionalidade do uso de cães farejadores sem mandado. Segundo propõe, um cão farejador também seria um recurso tecnológico, que revelaria uma informação que não pode ser captada pelos sentidos humanos e que não estaria disponível ao público. Todavia, esse entendimento não prevaleceu, entendendo-se que *Kyllo* não revogou *Place*, até porque o aspecto tecnológico, neste último, não parece ter a mesma dimensão.

[41] LAWRENCE, Paul St. *Kyllo: as liberatarian defense against orweillian enforcement*. In: 1 GEO. J.L. & Pub. Pol'y 155, 2002-2003.

se desenvolveu, os juízes da Corte tornaram-se mais preocupados sobre quão longe poderia levar a observação da polícia (...). Se a Corte não fosse cuidadosa, abriria caminho a uma observação *orweliana*",[42] daí aludir o tratadista a uma "*4ª emenda do século XXI*" – e, por empréstimo, diríamos nos, a um *art. 5º do século XXI*.

A questão de verificar, portanto, quando uma ação policial representa restrição a direito fundamental, estando, portanto, na área da reserva de jurisdição por meio de mandado, dependerá, para além de seus requisitos gerais, do estabelecimento de três requisitos: (a) que a observação ou ação policial tenha alcançado determinadas informações ou elementos de prova que, de outro modo, não seriam disponíveis; (b) que os recursos tecnológicos utilizados na diligência superem ou agucem as capacidades sensórias normais, inerentes ao ser humano, superando-as; (c) que os aparelhos e mecanismos empregados sejam estranhos ao uso geral da sociedade.

Embora difícil, o ponto inicial da linha divisória está entre o que pode ser alcançado mediante observação a olho nu ou não, sendo esta uma primeira indagação a fazer.[43] Uma busca ou observação a olho nu não é "busca" ou restrição ao direito fundamental à privacidade. Uma busca ou observação com recursos tecnológicos pode ou não ser conduzida à revelia de um mandado, dependendo da natureza da tecnologia empregada e, obviamente, dos locais em que realizada. Dito de outra forma, é preciso levar em consideração "as capacidades tecnológicas do instrumento utilizado e que tipo de informação ele é apto a revelar".[44]

Nesse sentido, a solução do problema reclama o que a doutrina denominou de *enfoque tecnológico* para analisar a legitimidade do uso da tecnologia sem mandado judicial. Tal qual foi dito a respeito de *Kyllo*, "trata-se de um referencial concebido para limitar o poder da tecnologia de invadir áreas de privacidade constitucionalmente garantidas (...)".[45]

Em conclusão, toda a vez que, não obstante em lugares públicos, as autoridades investigatórias lançarem mão de recursos tecnológicos não disponíveis ao público, capazes de observar o que os órgãos dos sentidos não alançariam, por meio de equipamentos que não são de domínio da sociedade, estaremos em presença de uma restrição a direito fundamental, sujeita, portanto, à reserva de jurisdição.

---

[42] Id., salientando que a obra 1984, de George Orwell, evoca a necessidade da proteção contra o avanço penetrante da tecnologia.

[43] Assim, duas exceções precisariam ser mencionadas: o "uso geral" e, decorrente da prática da common law, a observação a "olho nu". Sobre essa problemática, v. SLOBOGIN. Christopher. *Peeping Techno-Toms and the Fourth Amendment: Seeing Through Kyllo's Rules Governing Technological Surveillance*. In: 86 Minn. L. Rev. 1393 2001-2002, p. 1.347.

[44] Cfr. Basha, ob. Cit, p.946.

[45] Cfr. Froh, ob. Cit., p. 362.

Somente assim evitar-se-á que a tecnologia faça leve a uma compressão definitiva dos espaços mínimos protegidos pela garantias constitucionais fundamentais, o que entre nós também supõe, ao fim e ao cabo, a construção de um art. 5º da Constituição Federal compatível com as necessidades do Século XXI, ou seja, com as provas e o direito probatório de terceira geração.

— 9 —

Os efeitos jurídicos da prisão cautelar: a indenização por prisão injusta e a detração penal

ODONE SANGUINÉ[1]

Sumário: I. Introdução; II. A indenização estatal por prisão cautelar injusta; A. A regulamentação na União Europeia; B. A regulamentação no direito brasileiro; 1. A indenização na hipótese de prisão cautelar ilegal; 2. A indenização na hipótese de revisão criminal; 3. A indenização na hipótese de prisão cautelar injusta; III. Detração do período de prisão cautelar; A. Hipóteses de admissibilidade; 1. Cômputo do tempo de prisão preventiva extradicional; 2. Cômputo do período de prisão temporária; 3. Cômputo do período de prisão domiciliar; 4. Cômputo do período de prisão cautelar decretada em outro processo em que ocorreu absolvição ou extinção da punibilidade de crime anteriormente cometido; 5. Cômputo do período de prisão cautelar para alcançar o requisito temporal mínimo para obtenção de benefícios da execução; 6. Cômputo do período de prisão cautelar na medida de segurança; 7. Cômputo do período de prisão cautelar na pena restritiva de direitos; 8. Cômputo do período de prisão cautelar na pena de multa; 9. Cômputo do período de prisão cautelar na medida socioeducativa; B. Hipóteses de inadmissibilidade; 1. Cômputo do período de prisão cautelar decretada em outro processo onde ocorreu absolvição ou extinção da punibilidade por crime cometido posteriormente; 2. Cômputo do período de prisão cautelar para reduzir o prazo da suspensão condicional da pena; 3. Cômputo do período de prisão cautelar para reduzir o prazo prescricional; 4. Cômputo do período de liberdade provisória com restrições de direitos; 5. Cômputo do período de internamento provisório de adolescentes quando houver interrupção em caso de evasão.

I. Introdução

Tanto a prisão cautelar como a pena privativa de liberdade implicam a privação da liberdade pessoal do imputado, de maneira que desta identidade estrutural derivam determinados efeitos jurídicos: (a) o direito à indenização por privação injusta da liberdade; (b) a detração (cômputo) do tempo correspondente à privação de liberdade a título de prisão preventiva na futura pena porventura resultante de sentença condenatória.

---
[1] Professor Associado II da Faculdade de Direito da UFRGS. Doutor pela *Universitat Autònoma de Barcelona* – Espanha. Advogado. Desembargador aposentado.

II. A indenização estatal por prisão cautelar injusta

Filangieri, em 1821, na sua obra clássica *A ciência da Legislação*, teve o mérito de propor a reparação do ilícito por prisão injusta.[2] Posteriormente, os primeiros juristas que se ocuparam da questão do fundamento do direito à reparação por prisão injusta foram os criminalistas franceses que reconheciam o título do Estado a reparar as vítimas de erro judiciário na responsabilidade contratual derivada do "pacto social", isto é, entre o Estado e o cidadão subsistiam obrigações recíprocas: o Estado tinha o direito de exigir do indivíduo o respeito à lei; este estava habilitado a reivindicar todas as vantagens que tal respeito deveria assegurar-lhe. Toda vez que os cidadãos violavam a lei eram por justo título acusados e punidos. Quando a respeitavam, como sucedia no caso de condenação imerecida, estavam autorizados a demandar contra o Estado que havia reconhecido erroneamente a obrigação a seu respeito e, portanto, adquiriam o direito de serem indenizados pelo dano sofrido.[3]

Na época contemporânea, é indubitável que uma medida privativa da liberdade injustamente sofrida e que produz um prejuízo ao preso preventivo, deve sempre gerar uma reparação.[4] Sempre que após uma prisão cautelar não resultar condenação ou esta tenha sido inferior ao tempo que tenha durado aquela medida, seja qual for a causa da absolvição, deve-se abrir as possibilidades de indenização.[5]

A injustiça se refere à falta de resposta adequada do "sistema" de justiça criminal ou porque o mesmo incorreu em erro. A inocência do cidadão, presumida em princípio, foi em um primeiro momento afetada pela prisão antes da condenação. Dito resultado não provém sempre de um erro humano, mas sim com frequência, como disse John Rawls, de uma combinação fortuita de circunstâncias que se chocam com o fim fixado pelas regras legais. O processo penal é o próprio exemplo do que se pode chamar "uma justiça processual imperfeita", no sentido de que nunca haverá a certeza de que se possa alcançar com toda segurança a finalidade perseguida: identificar o culpado; não punir ao inocente.[6]

---

[2] Cfe. VANNI, Roberto: "La detenzione ingiusta. Il procedimento riparatorio", *in RIDPP*, fasc. 2, abril-junho, 1999, p.655.

[3] TURCO, Elga. L'equa riparazione tra errore giudiziario e ingiusta detenzione,

[4] GIUDICELLI, André: "L'indemnisation des personnes injustement détenues ou condamnées", *en Revue de Science Criminelle et de Droit Pénal Comparé*, n° 1, 1998, p. 11.

[5] MOVILLA ÁLVAREZ, Claudio: "Responsabilidad del Estado y del Juez en los supuestos de prisión provisional injusta", en VV.AA. *Detención y Prisión Provisional* (director Perfecto Andrés Ibáñez), em Cuadernos de Derecho Judicial, Consejo General del Poder Judicial, Madrid, 1996, p. 365.

[6] Cfe. GIUDICELLI, André: "L'indemnisation des personnes injustement détenues ou condamnées", *op. cit.*, p. 12.

Mas essa consciência da responsabilidade do Estado e do Juiz nos casos de prisão cautelar injusta nem sempre foi idêntica. Sobretudo em épocas antidemocráticas e autoritárias, dava-se uma hipertrofia da responsabilidade disciplinar, dado que o interesse do poder não estava na reparação dos prejuízos causados aos particulares, mas sim no controle, o mais férreo possível, do comportamento social e profissional do juiz em razão da incidência que dito controle podia determinar no exercício do poder jurisdicional. Por isso, não é em modo algum casual que a passagem da responsabilidade profissional a disciplinar, produzira-se progressivamente a partir do século XVI em conexão com a afirmação do Estado Absoluto e a burocratização do poder judicial. A fundamentação da responsabilidade disciplinar dos juízes é algo que também forma parte da "herança napoleônica" e corresponde intimamente a esse modo de articular a organização judicial como "carreira".[7]

A. A regulamentação na União Europeia

Superadas estas épocas, na atualidade, a garantia patrimonial do cidadão em relação aos prejuízos sofridos injustamente e derivados da atuação judicial está coberta diretamente pelo Estado segundo regulado em diversas normas de Convênios Internacionais.

Assim, o art. 5°, § 5°, da Convenção Europeia de Direitos Humanos estabelece que qualquer pessoa que tenha sido vítima de uma prisão ou detenção injusta em condições contrárias às disposições do art. 5° da CEDH deve ter um direito obrigatório à indenização. O direito à indenização parece considerar o aspecto mais amplo da "ilegitimidade" das medidas adotadas. Geralmente, a reparação é devida também quando a restrição da liberdade resulte "injusta" *a posteriori* –, ou seja, mesmo quando todas as condições legais da medida limitativa estivessem presentes no momento em que essa foi adotada – em razão de uma sentença absolutória ou de uma decisão de arquivamento.[8] A indenização pressupõe, portanto, que a violação de um dos §§ 1°, 2°, 3° ou 4° tenha sido estabelecida por uma autoridade nacional ou pelas instituições da Convenção. A circunstância de que a privação da liberdade tenha ocorrido

---

[7] MOVILLA ÁLVAREZ, Claudio: "Responsabilidad del Estado y del Juez en los supuestos de prisión provisional injusta", *op. cit.*, p. 344-345.
[8] Vide 'Introductory Summary', in VV.AA. Pre-trial Detention in the European Union. An Analysis of Minimum Standards in Pre-trial Detention and the Grounds for Regular Review in the Member States of the EU (coord. A.M. van Kalmthout, M. M. Knapen, C. Morgenstern). Wolf Legal Publishers, Nijmegen, 2009, p.88 e ss.; VV. AA.: Procedure Penali D'Europa (dirección de Mireille Delmas-Marty; edición italiana a cargo de Mario Chiavario), Cedam, Milán, 1998, p.520.

em conformidade com as regras do direito interno não tem influência sobre a obrigação de indenizar.[9]

Igualmente, o art. 9, item 5, do Pacto Internacional sobre Direitos Civis e Políticos – adotado em Nova Iorque pela Assembleia geral das Nações Unidas, em 16 de dezembro de 1966 –, dispõe que "toda pessoa que tenha sido ilegalmente detida ou presa, terá o direito efetivo a obter reparação".[10]

A Recomendação Rec (2006) 13, de 27/09/2006, do Comitê de Ministros do Conselho da Europa, estabelece o direito à indenização de todas as pessoas presas provisoriamente e posteriormente absolvidas, *verbis*: "deve ser prevista uma indenização às pessoas presas provisoriamente que não sejam posteriormente condenadas pelo crime pelo qual foram colocados em prisão provisória. Esta reparação poderia cobrir a perda de rendimentos, perda de uma chance e danos morais" (item 34.1). Nenhuma indenização é devida quando ficar comprovado que a pessoa presa, com seu comportamento, contribuiu ativamente para a razoabilidade das suspeitas de que ela tenha cometido um delito ou tenha deliberadamente obstruído a investigação do alegado crime (item 34.2).[11]

O art. 10° da Convenção Americana de Direitos Humanos (*Pacto de San José*) dispõe sobre o *direito à indenização por erro judiciário*: "Toda pessoa tem direito de ser indenizada conforme a lei, no caso de haver sido condenada em sentença passada em julgado, por erro judiciário", abarcando a reparação dos danos e prejuízos derivados da injusta privação de liberdade e todos os demais que a decisão judicial houver ocasionado (por exemplo, dano moral pela lesão à honra e reputação).[12]

Também o Estatuto da Corte Penal Internacional (TPI), adotado em Roma em 17 de julho de 1998, com vigência no plano internacional desde

---

[9] SSTEDH, casos Wassink c. Holanda, de 27/09/2007, § 38; Karaduman e outros c. Turquia, de 17/06/2008, § 94; Balik c. Turquia, de 15/02/2007, § 28; MICHIELS, Olivier; CHICHOYAN, Daisy; THEVISSEN, Patrick. La détention préventive, Anthemis, Louvain-La-Neuve, 2010, p..158-159.

[10] O PIDCP determina aos Estados membros a concessão do direito à reparação, nos termos da lei, nas hipóteses de restrição da liberdade pessoal qualificada *ex ante* ilegítima, diferenciando-a da indenização na hipótese de 'erro judiciário em sentido estrito', quando a condenação é anulada, ou é concedido indulto, a menos que se se lhe possa imputar, total ou parcialmente, não ter revelado oportunamente fatos desconhecidos (VANNI, Roberto: "La detenzione ingiusta. Il procedimento riparatorio", in *RIDPP*, fasc. 2, abril-junho, 1999, p.654; TURCO, Elga. *L'equa riparazione tra errore giudiziario e ingiusta* detenzione, *op.cit.*, p.64-66; SANTORIELLO, Ciro. La riparazione per l'ingiusta detenzione. In: VV.AA. Le misure cautelari personali (coord. Giorgio Spangher e Ciro Santoriello), Giappichelli, 2009, p. 616.

[11] Vide, também, PINTO DE ALBUQUERQUE, Paulo. Os princípios estruturantes do processo penal português – Que futuro?, In: VV.AA. Que futuro para o direito processual penal? Coimbra editora, 2009, p. 439.

[12] MINVIELLE, Bernadette: "La Convención Americana sobre Derechos Humanos (Pacto de San José de Costa Rica) y el Enjuiciamiento Penal", en *Doctrina Penal*, año 11, n?s 41 a 44, Depalma, Buenos Aires, 1988, p. 111.

01/07/2002, e no plano interno brasileiro desde 2002, estabelece no § 1º do art. 85 – sob a rubrica *compensation to an arrested or convicted person* – o seguinte: "quem quer que tenha sido vítima de prisão ou detenção injusta terá um direito executável à indenização".[13]

Não obstante, tais normas internacionais que conferem o direito à indenização por prisão injusta não constituem fontes diretamente aplicáveis no plano do ordenamento interno dos Estados, uma vez que preveem um genérico direito à reparação, sem ulteriores especificações sobre a disciplina de tal direito, não se prestando a uma aplicação imediata, mas assumindo somente o valor de um empenho por parte dos Estados contratantes a dar-lhe realização por meio de instrumentos dispostos pelo direito interno.[14]

Na União Europeia, vinte e sete Países incluíram nas suas legislações regras sobre indenização no caso de prisão preventiva *ilegal* (*unlawful*), bem como em relação à prisão injustificada (*unjustified*). Apenas nove destes Países (Bulgária, Chipre, República Checa, Estônia, Lituânia, Luxemburgo, Malta, Eslovênia e Reino Unido) não contêm dispositivos legais sobre esta última situação.[15]

Em geral, tais disposições vigentes sobre indenização se referem, em essência, às situações em que uma pessoa que tenha sido considerada suspeita é considerada inocente ou que o fato não constitui um crime. Em alguns Países, como Áustria, Bélgica, Holanda e Espanha, o legislador ampliou o direito à indenização por prisão ilegal (*ex ante*) ao direito à indenização por injustificada prisão (*ex post*) naqueles casos onde o acusado foi mais tarde absolvido ou o procedimento foi interrompido.[16]

Paradigmáticas são as normas vigentes em alguns países da União Europeia, que regulam detalhadamente as diversas hipóteses tanto de cabimento quanto de exclusão do direito à indenização por prisão cautelar injusta.[17]

Na *Espanha*, o fundamento da indenização por prisão cautelar injusta tanto pode derivar de (i) *erro judicial ou jurisdicional* (art. 293 da *Ley Orgánica do Poder Judicial* (LOPJ), de 01/07/1985) quanto de (ii) inde-

---

[13] Vide TURCO, Elga. *L'equa riparazione tra errore giudiziario e ingiusta detenzione*, *op. cit.*, p. 71 e ss. O Estatuto do TPI foi ratificado pelo Brasil em 06/06/2002, promulgado pelo Executivo pelo Decreto nº 4388, de 25/09/2002, porém, até o momento, ainda não foi implementado a nível interno, apesar de que há projeto de lei elaborado em 2008 em tramitação.

[14] APRILE, Ercole. *Le misure cautelari nel processo penale*. 2ª ed., Giuffrè, Milão, 2006, p.525.

[15] Vide quadro comparativo em "Introductory Summary", in VV.AA. Pre-trial Detention in the European Union, *op.cit.*, p.89.

[16] Vide "Introductory Summary", in VV.AA. Pre-trial Detention in the European Union, *op.cit.*, p.89-90 e *passim* em relação aos vinte e sete relatórios de cada País da União Europeia onde pode ser encontrada uma excelente informação sobre as regras para indenização aos presos preventivos.

[17] Vide "Introductory Summary", in VV.AA. Pre-trial Detention in the European Union, *op. cit.*, p. 89-90 e 172.

nização de quem, depois de ter sofrido prisão preventiva, seja absolvido por inexistência do fato imputado (art. 294 da LOPJ).

A primeira hipótese de indenização por *erro judicial* consiste no erro crasso, por desatenção do juiz, com ou sem culpa, na fixação dos fatos ou na interpretação ou aplicação da lei não sustentável por nenhum método hermenêutico, que haja provocado conclusões fáticas ou jurídicas ilógicas ou irracionais.

A segunda hipótese de indenização configura um *tertius genus* de responsabilidade objetiva do Estado cabível independentemente de se a decisão judicial foi errônea à época de sua decretação ou derivada de um funcionamento anormal da Administração da Justiça. Neste caso, a jurisprudência considerava incluído nesse dispositivo legal: (a) inexistência objetiva (na realidade fática) do fato delitivo imputado, inclusive por não constituir infração penal por ausência de tipicidade; (b) a inexistência subjetiva (jurídico-penal) do fato, ou seja, quando resulta indubitável a *impossibilidade de ter participado* no fato imputado ou (c) quando terceiro praticou o fato assim reconhecido na sentença.

Não obstante, recentemente o Tribunal Supremo da Espanha modificou sua jurisprudência a partir de 2010, aplicando a orientação do TEDH, segundo o qual não deve existir nenhuma diferença qualitativa entre uma sentença absolutória por falta de provas (v.g., não haver prova da participação do demandado nos fatos delituosos) e uma sentença absolutória resultante de uma constatação da inocência de uma pessoa sem nenhum tipo de dúvidas. Assim, o novo critério jurisprudencial restringe a amplitude da hipótese específica de erro judicial prevista no art. 294 da LOPJ, porém não deixa desprotegidas as situações de prisão preventiva seguida de sentença absolutória, qualquer que seja o motivo exposto pelo juiz penal, que devem ser apreciadas pela regra geral do art. 293 da LOPJ.

Por outro lado, a doutrina e a jurisprudência – bastante oscilante pela insuficiente regulação legislativa – exclui a indenização no caso de sentença absolutória por insuficiência de provas ou por *falta de provas* da autoria ou participação ou pelo reconhecimento de causas de exclusão da ilicitude, imputabilidade ou culpabilidade. Contudo, nestes casos não previstos em lei, não fica impedida a indenização com base no erro judicial ou por funcionamento anormal da administração da justiça com fundamento no art. 293, LOPJ, pois qualquer hipótese de prisão preventiva indevida não pode ficar sem reparação por motivos de justiça material e constitucional da responsabilidade dos Poderes Públicos.

Por fim, em relação ao *procedimento* para obter a indenização, quando estiver fundada em *erro judicial* deve ir precedida de uma decisão judicial que expressamente o reconheça (art. 293.1 da LOPJ), diferentemente da indenização por danos baseada no *funcionamento anormal da Administração de Justiça*, que deve ser formulada diretamente ante o Ministério de Justiça (art. 292 da LOPJ), sem a exigência de uma prévia declaração judicial.[18]

Na Itália, a legislação concede o direito a obter uma equânime *riparazione* para todas as formas de prisão injusta (*ingiusta detenzione*), cujos pressupostos aplicativos são autônomos em relação às hipóteses de erro judiciário, incluídas: (a) a prisão em flagrante e o *fermo* (espécie de prisão temporária decretada pelo Ministério Público) consideradas *ex ante ilegítimas ou ex post* injustas; (b) o internamento a título de medida de segurança detentiva provisória, quando faltem os graves indícios ou ocorra uma causa de exclusão da pena, diversa da inimputabilidade, ou extintiva da punibilidade ou resulte omitida a verificação da periculosidade social. O legislador não impôs a comprovação de se a medida cautelar sofrida decorreu de um ato ilícito realizado pela autoridade judiciária com dolo ou culpa grave, pois comportaria um ônus da prova muito pesado para o requerente.

O direito à reparação é cabível em duas situações de injustiça da medida cautelar: (1ª) injustiça *substancial*: hipóteses de privação da liberdade pessoal imposta legitimamente, mas considerada, *ex post*, objetivamente injusta em relação ao imputado inocente que, após ter sofrido um período de prisão cautelar – sem ter dado causa, por dolo ou culpa grave – tenha sido absolvido por sentença irrevogável (por ter sido comprovada a inocência ou pela insuficiência ou contradição probatória ou decisão de arquivamento): (a) pela inexistência material do fato; (b) por não ter cometido o fato; (c) o fato não constitui crime ou não está previsto pela lei como crime, por atipicidade ou quando a acusação postula a aplicação de normas ab-rogadas ou declaradas inconstitucionais; (d) o fato não constitui crime em razão de causas de justificação ou ausência do elemento psicológico; (e) prisão provisória a pedido de Estado estrangeiro em relação ao qual se comprova sucessivamente a falta de jurisdição. Em tais hipóteses, não importa saber se o decreto cautelar parece legítimo na perspectiva judicial, nem pressupõe erro ou ilegalidade de parte do juiz que decretou a medida, pois o que conta é o resultado final e como o imputado sofreu

---

[18] Vide, SANGUINÉ, Odone: *Prisión provisional y derechos fundamentales*, Valencia, 2003, p. 192 ss.; MORENO CATENA, Víctor/CORTÉS DOMÍNGUEZ, Valentín. *Derecho Procesal Penal, op. cit.*, p. 296; ARANDA ESTÉVEZ, José Luis. "La responsabilidad patrimonial del Estado derivada de la aplicación de la prisión provisional", in VV.AA. *Régimen jurídico de la prisión provisional* (coord. Alberto Dorrego Carlos), Sepín, Madrid, 2004, p. 396 e ss.; MANZANARES SAMANIEGO, José Luis. La responsabilidad patrimonial por el funcionamiento de la administración de justicia, La Ley, Madrid, 2012, p.45 e ss., 71 e ss. e 99 e ss.; FANEGO, Coral Arangüena. Reforma penal de 2010 y Medidas Cautelares Personales privativas de libertad. In: VV.AA. Temas Actuales en la persecusión de los hechos delictivos (dir. Raquel Castillejo Manzanares), coord. María Jesús Sande Mayo, La Ley, Madrid, 2012, p.74 e ss.; DE CABIEDES, Pablo Gutiérrez. *La Prisión Provisional, op. cit.*, p. 295 e ss.

uma custódia objetivamente iníqua, tem direito à reparação; (2ª) injustiça *formal* ou *ilegitimidade* da detenção: esta hipótese de reparação pressupõe uma violação da lei – não necessariamente dolosa ou culposa, mas objetivamente tal – e, portanto, prescinde do êxito do processo em relação ao imputado, não importando se sucessivamente condenado ou absolvido por qualquer causa, desde que tenha sido comprovado por decisão irrevogável que a medida foi decretada ou ilegitimamente mantida sem as suas *condições legais de aplicabilidade* referentes aos graves indícios de culpabilidade ou quando existente uma causa de não punibilidade ou de extinção do delito ou da pena ou, ainda, porque a medida foi adotada em relação a um crime cuja pena não permitia a limitação da liberdade, resultando *in re ipsa* a sua ilegitimidade ou "injustiça formal". Inclui-se aqui a reparação dos danos decorrentes da violação do direito à duração razoável do processo penal. Porém, certas causas impedem a reparação: (a) quando a detenção cautelar sofrida injustamente tenha sido computada em detração da pena do imputado que foi condenado ou legitimamente imposta, no mesmo ou em outro processo, ou sofrida por força de outro título (submissão simultânea de duas medidas cautelares, de idêntico conteúdo, uma das quais injusta ou ilegítima); (b) quando a custódia cautelar foi imposta antes de superveniente ab-rogação da norma incriminadora em razão de *abolitio criminis*; (c) o imputado tenha "dado causa" ou concorrido a dar causa, por dolo ou culpa grave, à injusta custódia cautelar. Porém, a opção pelo silêncio não pode ser considerado um comportamento doloso ou por culpa grave, porque o direito ao silêncio representa uma garantia cuja utilização não pode constituir objeto de valoração negativa; (d) na hipótese de sentença condenatória, ainda que seja pena pecuniária ou de duração menor que a prisão cautelar sofrida; (e) quando tenha sido concedido o benefício do *sursis*; (f) nos casos de sentença absolutória ou decisão de arquivamento por falta de uma condição de procedibilidade ou em face de uma causa de extinção do delito, pois nestes casos não existe a possibilidade de qualquer valoração sobre a injustiça da custódia.[19]

Na França, admite-se a indenização *integral* e de caráter automático de todo os prejuízos morais e materiais causados por prisão provisória

---

[19] TURCO, Elga. L'equa riparazione tra errore giudiziario e ingiusta detenzione, *op. cit.*, p. 2-26 e 117 e ss.; APRILE, Ercole. Le misure cautelari nel processo penale, *op. cit.*, p. 523 e ss.; MOLINARI, Francesca María: "Considerazioni in tema di riparazione per l'ingiusta detenzione", *op. cit.*, p. 984 ss.; LOZZI, Gilberto. Lezioni di Procedura Penale, 6ª ed., G. Giappichelli editore, Torino, 2004, p. 324-325; CORDERO, Franco. Procedura penale, 4ª ed., Giuffrè, Milão, 1998, p. 533-536; CONSO, Giovanni; GREVI, Vittorio. Compendio di Procedura Penale, *op. cit.*, p. 422-425; TONINI, Paolo. Manuale di Procedura Penale, op.cit., p. 385-386; BEVERE, Antonio: Coercizione personale. Limiti e garanzie, *op. cit.*, p.269 ss.; GAROFOLI, Vincenzo. Diritto processuale penale, *op. cit.*, p.257-258; CHIAVARIO, Mario. Diritto Processuale Penale, *op. cit.*, p. 616-619; SANTORIELLO, Ciro. La riparazione per l'ingiusta detenzione. In: VV.AA. Le misure cautelari personali, *op. cit.*, p.615 e ss.; VV. AA.: Procedure Penali D'Europa, *op. cit.*, p.520; SANGUINÉ, Odone: Prisión provisional y derechos fundamentales, Tirant lo Blanch, Valencia, Espanha, 2003, p. 203-204, nota 545.

injusta no curso de um processo concluído com uma decisão definitiva de arquivamento ou de absolvição. A indenização é normal e indispensável uma vez que resulta de um *mau funcionamento da justiça*. A reparação por prisão injustificada ocorre por intermédio de um procedimento de indenização especial e, além disso, existe a possibilidade de ajuizar uma ação de responsabilidade contra o Estado por culpa do serviço público. A indenização por prisão provisória injustificada: (a) constitui um direito que deve ser expressamente informado; (b) a indenização é automática (*in re ipsa*), sem necessidade de comprovar o dano, nas hipóteses já legalmente enumeradas nos arts. 149 e ss. do CPP, quando sobrevém uma decisão absolutória porque o fato não constitui crime ou que não estejam comprovados ou não sejam atribuíveis às pessoas acusadas ou na qual o juiz estima que os indícios de culpabilidade não são suficientes para submeter o imputado a julgamento, ou há exclusão da ilicitude ou causa extintiva da punibilidade (prescrição, anistia). Todo dano moral e material (perda de emprego, salário, problemas psíquicos, etc.) dá lugar à reparação, desde que haja relação causal com a detenção. O fundamento tradicional da indenização estava apoiado na denominada falta grave (*faute lourde*), é dizer, inescusável, imputável ao serviço judiciário, mas se observa uma evolução direcionada a basear a responsabilidade estatal na noção de *denegação da justiça* (*déni de justice*), que se encontra em plena expansão, e tem sido invocada para substituir a difícil prova da falta grave, *v. g.*, quando a demora em julgar é excessiva ou o juiz tenha agido irrefletidamente em comparação com um juiz consciente de suas responsabilidades. Porém, está *excluída* a indenização se a decisão de arquivamento ou de absolvição está fundada na irresponsabilidade, no caso de anistia posterior à prisão preventiva, na prescrição da ação pública após a liberação da pessoa se esta foi detida simultaneamente por uma outra causa, no caso de absolvição fundada em irresponsabilidade por doença mental, ou de autoacusação voluntária ou se deixou acusar injustamente para proteger o verdadeiro autor do fato criminoso imputado ou, ainda, se absolvido de um crime de estupro é condenado por um delito conexo de agressão sexual pelo qual a detenção provisória poderia ser imposta.[20] Entretanto, nenhuma reparação está prevista no caso de medida de controle judiciário socioeducativo.[21]

---

[20] GIUDICELLI, André: "L'indemnisation des personnes injustement détenues ou condamnées", *op. cit.*, p. 11; GUINCHARD/ BUISSON. *Procédure pénale, op. cit.*, p. 828, 966-969 e 1097; FOURMENT, François. *Procédure pénale, op. cit.*, p. 213; VARINARD, André. *Le détenu provisoire, op. cit.*, p. 675; BOULOC, Bernard. Procédure pénale, *op.cit.*, p. 706 e ss.

[21] PRADEL, Jean. La Détention avant jugement em droit français. In VV.AA. Pre-Trial Detention. Human rights, criminal procedural law and penitentiary law, comparative law/Détention avant jugement. Droits de l'homme, droit de la procédure pénale et droit pénitentiaire, droit comparé (ed. P.H.P.H.M.C van Kempen), Intersentia, Cambridge – Antwerp – Portland, 2012, p.386.

Na Bélgica, a legislação estabelece duas hipóteses de indenização de acusado injusta ou culposamente privado de sua liberdade: (a) a primeira hipótese, que poderia ser denominada *anticonvencional*, está prevista no art. 27 da Lei de 13 de março de 1973, com as modificações da Lei de 30/12/2009, em vigor desde 25/01/2010, e confere um direito à reparação, submetido à jurisdição civil, previsto expressamente pelo § 5°, art. 5°, CEDH, que será exercido contra o Estado Belga, na pessoa do Ministro da Justiça, para qualquer pessoa privada da sua liberdade com violação do art. 5° da CEDH; (b) a segunda hipótese, prevista no art. 28, permite à pessoa que foi detida injustamente de obter reparação no caso de *prisão preventiva ineficaz* ou *inoperante ou desnecessária*. A prisão preventiva *regular* ou *legal*, mas que é saldada sem que resulte condenação efetiva, abrange a noção de prisão preventiva *inoperante* ou *ineficaz*. A legislação exige duas condições cumulativas necessárias para uma eventual indenização: a duração da detenção, que deve durar mais de oito dias e a prisão ou sua manutenção não pode ter sido provocada negligentemente pelo próprio comportamento do detido, por exemplo, declarações contraditórias ou condutas que provoquem suspeitas. Este regime é supletivo, aplicando-se somente quando o requerente não ajuizar uma ação indenizatória perante as jurisdições ordinárias. O pedido indenizatório não é submetido à jurisdição civil, mas é encaminhada diretamente ao Ministro da Justiça. Se este se recusa a concedê-la ou se não decide no prazo de seis meses, é possível apelar para uma comissão administrativa, instalada especialmente para este fim, composta por dois magistrados e o vice-decano da Ordem dos Advogados.[22]

Ademais, a indenização é cabível nos seguintes casos: (a) decisão de absolvição transitada em julgado, mesmo que por falta de provas (*in dubio pro reo*). Não se exige mais que o acusado prove a sua inocência. Em virtude do princípio *in dubio pro reo*, o qual constitui uma expressão particular do princípio da presunção de inocência, nenhuma diferença deve existir entre uma absolvição por *falta de provas* e uma resultante da constatação de inocência do acusado *sem qualquer dúvida*. Portanto, viola a presunção de inocência impor ao acusado a demonstração de sua inocência no caso de *extinção do processo* para pretender uma indenização. A legislação de 2009 suprimiu a exigência de prova da inocência, de modo a englobar qualquer *forma* e qualquer *motivo de extinção do processo*; (b) detenção à época em que já havia a prescrição da ação penal; (c) condenação por um fato que foi objeto inicialmente de uma *qualificação despro-*

---

[22] RANERI, Gian-Franco. Détention préventive inopérante. Évolutions récentes. In VV.AA. Détention préventive: 20 ans après ? (coord. Damien Vandermeersch e Benoît Dejemeppe), Bruxelas, Larcier, 2011, p.112- 117; MICHIELS, Olivier; CHICHOYAN, Daisy; THEVISSEN, Patrick. La détention préventive, *op.cit.*, p.141-142; Vide 'Introductory Summary', in VV.AA. Pre-trial Detention in the European Union, *op.cit.*, p.89-90 e 172).

porcional depois *desclassificada* para um crime que que um juiz prudente e diligente manifestamente não teria decretado a prisão preventiva, por exemplo, crime de homicídio qualificado desclassificado para homicídio culposo no trânsito.[23] Por fim, a jurisprudência belga, por um lado, inclui a prisão extradicional e o monitoramento eletrônico assimilado à prisão preventiva para efeito de indenização, e, por outro lado, exclui a detenção sofrida por um estrangeiro após sua absolvição, por ordem do departamento de estrangeiros.[24]

Em Portugal, a recente reforma do CPP de 2007 estabelece a indenização por privação da liberdade ilegal ou injustificada nos seguintes casos: "1 – Quem tiver sofrido detenção, prisão preventiva ou obrigação de permanência na habitação pode requerer, perante o tribunal competente, indenização dos danos sofridos quando: (a) a privação da liberdade for *ilegal*, nos termos do n° 1 do art. 220 [= detenção ilegal por estar excedido o prazo para entrega ao poder judicial; ter sido a detenção efectuada ou ordenada por entidade incompetente; ser a detenção motivada por fato pelo qual a lei não a permite] ou do n° 2, do art. 222 [= prisão ilegal proveniente de ter sido efetuada ou ordenada por entidade incompetente; ser motivada por fato que a lei não a permite ou manter-se para além dos prazos fixados pela lei ou por decisão judicial]; (b) a privação da liberdade se tiver devido a *erro grosseiro* na apreciação dos pressupostos de facto de que dependia; ou (c) se comprovar que o arguido não foi o agente do crime ou agiu justificadamente. 2 – Nos casos das alíneas (b) e (c) do número anterior o dever de indenizar cessa se o arguido tiver concorrido, por dolo ou negligência, para a privação da sua liberdade". Além das duas cláusulas que constam do art. 225 do atual CPP (*ilegalidade e erro grosseiro*), o anteprojeto acrescenta *mais dois fundamentos* possíveis para o pedido de indenização: a comprovação de que o imputado *não foi agente do crime (nem a título de autor, nem como partícipe do crime) ou de que atuou justificadamente*. Essa comprovação pode decorrer de um despacho de arquivamento do inquérito ou de um despacho de impronúncia.[25]

Na Alemanha, também na hipótese de prisão preventiva legalmente decretada durante a persecução penal, o § 2 da *Gesetz über Entschädigung für Strafverfolgungsmassnahmen* concede direito à indenização. Se o imputado foi condenado, o Estado está obrigado, de um modo geral, a indenizar pelo tempo passado em prisão provisória quando a condenação é suprimida em razão de *absolvição* ou atenuada em um procedimento revisional. A indenização está excluída, entre outras hipóteses, quando o

---

[23] SSTEDH, casos Tendam c. Espanha, de 13/07/2010, § 37; Capeau c. Bélgica, de 13 janvier 2005, § 25.

[24] RANERI, Gian-Franco. Détention préventive inopérante, op. *cit.*, p. 116 e 132-146; MICHIELS, Olivier; CHICHOYAN, Daisy; THEVISSEN, Patrick. La détention préventive, *op. cit.*, p. 142-144.

[25] PIZARRO BELEZA, Teresa. Prisão preventiva e direitos do argüido, *op. cit.*, p. 683.

imputado provocou dolosamente ou de maneira grosseiramente imprudente a medida de persecução penal ou quando deu lugar a ela devido a que se autoincriminou mendazmente em pontos fundamentais. Se o imputado foi absolvido ou arquivado ou não recebido pelo Tribunal de julgamento, se lhe deve conceder indenização por prisão preventiva ou internamento provisório.[26]

B. A regulamentação no direito brasileiro

O sistema jurídico brasileiro consagra a regra geral da irresponsabilidade civil do Estado por atos jurisdicionais.

Não obstante, o art. 5º, inciso LXXV, segunda parte, da Constituição Federal de 1988 estabelece a indenização no caso de *erro judiciário*: "O Estado indenizará o condenado por erro judiciário, assim como o que ficar preso além do tempo fixado na sentença".

Ao interpretar essa norma constitucional, um segmento doutrinário preconiza a necessidade de incluir a indenização por prisão cautelar injusta ou indevida com amparo em diversos argumentos ainda carentes de sistematização ante a falta de regulamentação da matéria.[27]

É necessário distinguir três situações de indenização conforme seja decorrente de: (a) prisão cautelar ilegal; (b) prisão cautelar e subsequente desconstituição da condenação em ação de revisão criminal; (c) prisão cautelar injusta, que é a mais controvertida.

1. A indenização na hipótese de prisão cautelar ilegal

A indenização por prisão ilegal – seja de natureza cautelar, seja de prisão pena – está prevista expressamente pelo novo Código Civil (Lei nº 10.406, de 10/01/2002) como ofensiva da liberdade pessoal. A indenização por ofensa à liberdade pessoal consistirá no pagamento das perdas e danos que sobrevierem ao ofendido e se este não puder provar prejuízo material, caberá ao juiz fixar, equitativamente, o valor da indenização, na conformidade das circunstâncias do caso (parágrafo único do art. 954 do CC /2002).

Pode incluir-se, por exemplo, entre as hipóteses de indenização estatal (responsabilidade objetiva por falha da administração) por prisão

---

[26] ROXIN, Claus: *Derecho Procesal Penal*, p. 512, GÓMEZ COLOMER, Juan-Luis: *El proceso penal alemán*, op. cit., p. 224-225; PINTO DE ALBUQUERQUE, Paulo. Os princípios estruturantes do processo penal português – Que futuro?, op. cit., p. 439.

[27] FLACH, Norberto: *Prisão processual penal: discussão à luz dos princípios constitucionais da proporcionalidade e da segurança jurídica*, op. cit., p. 72-73, com indicações bibliográficas; NERY JÚNIOR, Nelson/DE ANDRADE NERY, Rosa Maria. Constituição Federal Comentada e legislação constitucional, op. cit., p.192-193 e 360-361.

ilegal: (a) a permanência do preso encarcerado além do tempo fixado na sentença; (b) a prisão ilegal de pessoa inocente, por equívoco da autoridade, em razão de homonímia, falsa identificação, semelhança ou parentesco, ou em cumprimento de mandado de prisão revogado;[28] (c) a prisão constitutiva de crime de abuso de autoridade, quando o juiz deixa de ordenar o relaxamento da prisão ou detenção ilegal que lhe seja comunicada ou quando levar à prisão e nela deter quem se proponha a prestar fiança, permitida em lei (art. 4º, letras "d" e "e", da Lei nº 4898, de 09/12/1965);[29] (d) prisão cautelar com *utilização injustificada* de *algemas* implica a responsabilidade civil objetiva do Estado pelo ato de seu agente ou autoridade, nos termos do verbete da Súmula Vinculante n. 11 do STF, segundo a qual "só é lícito o uso de algemas em caso de resistência e de fundado receio de fuga ou de perigo à integridade física própria ou alheia, por parte do preso ou de terceiros, justificada a excepcionalidade de por escrito, sob pena de responsabilidade disciplinar civil e penal do agente ou da autoridade e de nulidade da prisão ou do ato processual a que se refere, sem prejuízo da responsabilidade civil do Estado"; (e) prisão ilegítima do autor, motivada tão somente por *razões políticas*, resultando sua absolvição pelo Superior Tribunal Militar;[30] (f) prisão em flagrante ilegal por cinco dias em caso de infração de menor potencial ofensivo, vedada pelo parágrafo único do art. 69, da Lei nº 9.099/ 1995.[31]

Contudo, o STJ surpreendentemente – por maioria de votos, vencido o relator, a nosso ver com a melhor tese – denegou a indenização em hipótese de prisão preventiva reconhecida de Prefeito como *ilegal* pela própria Corte por inobservância do contraditório inaugural (falta intimação para defesa prévia e ausência dos pressupostos legais do art. 312 do CPP), sob o argumento inconvincente de que a "prisão foi realizada dentro dos parâmetros legais, mesmo ante a pertinência da questão afeita à

---

[28] CAHALI, Yussef Said. *Dano Moral*, 3ª edição, RT, 2005, p.779-780; AgRg no Ag 1429216/MG, 1ª T., STJ, rel. Min. Arnaldo Esteves Lima, j. 24/04/2012, DJe 04/05/2012; REsp 666822/RS, 5ª T., STJ, rel. Min. José Arnaldo da Fonseca, j. 26/04/2005, DJ 23/05/05, p.335: caso de prisão injusta de acusado de homicídio, praticado por homônimo; AgRg no AREsp 1.040/PE, 1ª T., STJ, rel. Min. Hamilton Carvalhido, j. 12/04/2011, DJe 25/04/2011; RESP 427560/TO, 1ª T, STJ, rel. Luiz Fux, j. 05/09/2002, DJ 30/09/2002, p. 204; REsp 1147513/SC, 2ª T., STJ, rel. Min. Herman Benjamin, j. 17/08/2010, DJe 28/04/2011; Ap. Cível n. 2000.04.01.134181-6/PR, TRF 4ª Região, 4ª T.,rel. Des. Federal Valdemar Capeletti, rel. p/ acórdão Des. Federal Amaury Chaves de Athayde, j. 06/09/06; Ap. Cível n. 2002.72.08.004688-8/SC, TRF 4ª Região, 3ª T., rel. Des. Carlos Eduardo Thompson Flores Lenz, j. 14/12/2004: prisão preventiva em razão de que o nome constava erroneamente no Sistema de Procurados da Polícia Federal.

[29] DE CAMPOS BARROS, Romeu Pires. *Processo Penal Cautelar*, *op. cit.*, p. 515; CAHALI, Yussef Said. *Dano Moral*, 3ª edição, RT, 2005, p.779-780; NUCCI, Guilherme de Souza. *Manual de Processo e Execução Penal*, *op. cit.*, p. 866-867.

[30] Apel. Cível n. 2001.04.01.034962-9/PR, 3ª T., TRF 4ª Região, rel. Juiz Federal Fernando Quadros da Silva, j. 24/10/06.

[31] Apel. Cível n. 1.0035.10.013334-3/001, 7ª Câmara Cível do TJMG, rel. Des. Washington Ferreira, j. 16/04/2013.

falta de intimação do ato judicial, o que mitiga o erro judiciário a ponto de não impor a indenização por dano moral".[32]

2. A indenização na hipótese de revisão criminal

O Código de Processo Penal de 1941 contempla a indenização civil nas hipóteses de ação de revisão criminal (art. 621, CPP) de processos findos, quando a sentença condenatória ou absolutória imprópria aplicou medida de segurança: (I) for contrária ao texto expresso da lei penal ou à evidência dos autos; (II) se fundar em depoimentos, exames ou documentos comprovadamente falsos; (III) quando, após a sentença, se descobrir novas provas de inocência do condenado ou de circunstância que determine ou autorize diminuição especial da pena.

A indenização por danos morais decorrentes de prisão preventiva e de condenação desconstituída em revisão criminal (CPP, art. 630) constitui uma espécie de *responsabilidade civil objetiva do* Estado pela falta objetiva do serviço da Administração pública (*faute du service*), não se exigindo dolo ou culpa do magistrado.[33]

Neste caso, o tribunal, se o interessado o requerer, poderá reconhecer o direito a uma justa indenização pelos prejuízos sofridos. O procedimento de reparação por injusta detenção, mesmo quando disciplinado no Código de Processo Penal, tem natureza civil e, por isso, incidem as normas do rito processual civil.[34] Conforme disposto no art. 630, § 1°, do CPP, reconhecida essa indenização, o Tribunal se limitará a estabelecer o *an debeatur*, devendo ser promovida a liquidação no âmbito civil para apuração do *quantum debeatur*. Por essa indenização responderá a União, se a condenação tiver sido proferida pela justiça do Distrito Federal, ou o Estado, se o tiver sido pela respectiva justiça.[35]

---

[32] RESP 815004/RJ, 1ª T., STJ, rel. Min. José Delgado, rel. p/ acórdão Min. Francisco Falcão, j. 12/09/06, DJ 16/10/06, p. 309.

[33] RE 505393/PE, 1ª T., STF, rel. Min. Sepúlveda Pertence, j. 26/06/07, DJ 04/10/2007, DJ 05/10/07, p. 717. O caso em julgamento era de um Reitor de Universidade Federal preso preventivamente e condenado por crime de peculato culposo, porém, posteriormente, eximido de toda responsabilidade pelo Tribunal de Constas da União e, em consequência, desconstituída a sentença condenatória em ação de revisão criminal (art. 630, inciso I, do CPP). Conforme mencionou o Ministro relator em seu voto, especificamente à revisão criminal, já em 1875, a França a estabelecia, e os seus grandes juristas, na época e no princípio do século XX, já se punham de acordo em ser um caso de responsabilidade civil, fundada no risco da atividade e da administração da Justiça. O problema sofreu, na Itália, o retrocesso da teoria de Rocco, que equipara o erro judiciário a uma calamidade pública, a um acidente e, consequentemente, só concede indenização àquele que fosse extremamente necessitado como mero ato de assistência social, doutrina que veio a incorporar-se ao Código de Processo Penal de 1930.

[34] SANTORIELLO, Ciro. La riparazione per l'ingiusta detenzione. In VV.AA. Le misure cautelari personali, *op. cit.*, p. 618.

[35] BADARÓ, Gustavo. Processo penal, *op. cit.*, p. 699.

A indenização não será devida se o erro ou a injustiça da condenação proceder de ato ou falta imputável ao próprio impetrante, como, *v. g.*, a confissão do imputado – salvo se decorrente de tortura ou outra forma de coação – ou a ocultação de prova em seu poder (alínea *"a"*, § 2°, art. 630 do CPP). Não há impedimento, porém, ao ajuizamento de ação de reparação de danos diretamente no juízo cível com fundamento no Código Civil.

3. A indenização na hipótese de prisão cautelar injusta

A doutrina ainda predominante afirma que, por se tratar de ato judicial típico, efetivo exercício da função jurisdicional, o Estado somente poderá ser responsabilizado se ficar provado o erro judicial, o abuso de autoridade, a ilegalidade do ato. Decretada a prisão cautelar nos termos e nos limites da lei, não há como responsabilizar o Estado porque não há nenhuma ilicitude no ato. A responsabilidade do Estado, de que trata o art. 37, § 6°, do CF, só é de admitir-se nas hipóteses de atos eivados de alguma ilicitude. Assim, mesmo que sobrevenha absolvição do preso por falta de provas, não tem essa decisão, por si só, o condão de transmudá-la em ato ilegal, capaz de respaldar pretensão indenizatória.[36]

A jurisprudência tradicional do Supremo Tribunal Federal considerava que o decreto judicial de prisão preventiva não se confunde com o erro judiciário mesmo que o acusado, ao final da ação penal, venha a ser absolvido. Esse ato jurisdicional configura emanação da soberania estatal, razão por que não se iguala o juiz ao ato do administrador. A responsabilidade objetiva do Estado não se aplica aos atos dos juízes, a não ser nos casos expressamente declarados em lei.[37] No mesmo diapasão, o Superior Tribunal de Justiça vinha decidindo que a prisão cautelar, devidamente fundamentada e nos limites legais, ainda que o acusado seja absolvido por falta de provas, por não configurar erro judicial. A responsabilidade do Estado não é objetiva, dependendo da prova de que seus agentes (policiais, membro do Ministério Público e juiz) agiram com abuso de autoridade.[38]

---

[36] CAVALIERI FILHO, Sérgio. *Programa de responsabilidade civil*, 7ª ed. Atlas, 2007, p. 253.

[37] RE 429518 AgR/SC, rel. Min. Carlos Velloso, 2ª T., STF, j. 05/10/2004, DJ 28/10/04, p.707: caso de *absolvição por falta de provas* de homônimo de traficante. "I. – A responsabilidade objetiva do Estado não se aplica aos atos dos juízes, a não ser nos casos expressamente declarados em lei. Precedentes do Supremo Tribunal Federal. II. – Decreto judicial de prisão preventiva não se confunde com o erro judiciário – C.F., art. 5°, LXXV – mesmo que o réu, ao final da ação penal, venha a ser absolvido". Em seu voto, o Min. Carlos Velloso afirmou que *o ato jurisdicional é emanação da soberania estatal*, razão por que não se iguala o juiz ao administrador que, ao revés, exerce atos de execução lastreados pela legalidade, o que permite o amplo controle da atividade administrativa e a direta responsabilidade (objetiva) do Estado pelo funcionamento deletério do serviço público. Precedente citado: RE 219.117, Rel. Min. Ilmar Galvão, DJ de 20/10/1999; AI-AgR 465604 / RS, 1ª T, STF, Relator Min. Cezar Peluso, j. 21/02/ 2006, DJ 17/03/06, p.12: caso de absolvição por *atipicidade* da conduta.

[38] AgRg no REsp 945.435/PR, Min. Humberto Martins, DJe de 25.8.2009; REsp n. 1.169.029/PR, rel. Min. Herman Benjamin, j.17/02/2011; AgRg no REsp 1295573/RJ, 2ª T., STJ, rel. Min. Cesar

Não obstante, outras decisões recentes do Supremo Tribunal Federal e do Superior Tribunal de Justiça indicam uma tendência evolutiva direcionada a alterar essa orientação tradicional, conforme se deduz da *ratio decidendi*.

Em um desses precedentes, o STF admitiu a indenização em caso de prisão preventiva seguida de condenação, porém posteriormente desconstituída em ação revisional criminal, com fundamento na responsabilidade civil objetiva do Estado. O art. 5º, LXXV, da CF é uma garantia individual mínima que não impede que a lei ou eventuais construções doutrinárias venham a reconhecer a responsabilidade do Estado em hipóteses diversas das de erro judiciário *stricto sensu* por atos de jurisdição, tais como as hipóteses de prisão preventiva indevida por decisões errôneas por evidente *falta objetiva do serviço público* (*faute de service*) *da administração da Justiça*, que não estão efetivamente previstas no art. 5º, LXXV, da CF.[39]

Posteriormente, no precedente *Bar Bodega*, a Corte Suprema reafirmou a configuração de responsabilidade civil objetiva do Estado (art. 37, § 6º, da CF), fundada na teoria do "risco administrativo", na hipótese de decretação de prisão cautelar e subsequente arquivamento do inquérito policial por falta de qualquer participação ou envolvimento no fato investigado.[40]

Idêntica tendência também pode ser observada em dois precedentes recentes do Superior Tribunal de Justiça. No primeiro precedente, o STJ reconheceu que o Estado está obrigado a indenizar por danos morais a um acusado que fora submetido à prisão cautelar arbitrária ou indevida porque o *fato não constituía crime*. O fundamento indenizatório da responsabilidade do Estado deve ser enfocado sobre o prisma de que a entidade estatal assume o dever de respeitar, integralmente, os direitos subjetivos constitucionais assegurados aos cidadãos, especialmente, o de ir e vir. O Estado, ao prender indevidamente o indivíduo, atenta contra os direitos humanos e provoca dano moral ao paciente, com reflexos em suas atividades profissionais e sociais. A indenização por danos morais é uma compensação pelo sofrimento vivenciado pelo cidadão, ao ver, publicamente, a sua honra atingida e o seu direito de locomoção sacrificado. A responsabilidade pública por prisão indevida, no Direito brasileiro, está

Asfor Rocha, j. 27/03/2012, DJe 16/04/2012; AgRg no AREsp 182.241/MS, 1ª T., STJ, rel. Min. Ari Pargendler, j. 20/02/2014, DJe 28/02/2014; RESP 337225/SP, rel. Min. Eliana Calmon, 2ª T., STJ, j. 25/03/2003, DJ 14/04/2003, p. 213: exercício regular da atividade estatal não pode ser capaz de gerar indenização, uma vez que as circunstâncias fáticas que envolveram a investigação davam suporte à atuação policial.

[39] RE 505393/PE, 1ª T., STF, rel. Min. Sepúlveda Pertence, j. 26/06/07, DJ 04/10/2007, DJ 05/10/07, p. 717.

[40] RE 385943 AgR/SP, 2ª T., STF, rel. Min. Celso de Mello, j. 15/12/2009, DJe 19/02/2010.

fundamentada na expressão contida no art. 5°, LXXV, da CF. A restrição preventiva da liberdade de alguém constitui situação equivalente à hipótese de indenizabilidade por erro judiciário, regra constitucional expressa que obriga o Estado a indenizar o condenado por erro judiciário ou quem permanecer preso por tempo superior ao fixado pela sentença. A prisão injusta revela ofensa à honra, à imagem, mercê de afrontar o mais comezinho direito fundamental à vida livre e digna. *A absolvição futura revela a ilegitimidade da prisão pretérita*, cujos efeitos deletérios para a imagem e a honra do homem são inequívocos (*notoria non egent probationem*). Trata-se de *responsabilidade civil objetiva* do Estado (art. 37, § 6°, CF) por ato jurisdicional danoso (voluntário ou involuntário), flagrantemente ilegal e atentatório não só à liberdade da pessoa, como a sua imagem, capaz de identificar danos morais cometidos por seus agentes, em face da prisão arbitrária. A responsabilidade do Estado decorrente da atividade judiciária é espécie do gênero responsabilidade do Estado pelo exercício do serviço público.[41]

No segundo precedente, o STJ reconheceu o direito à indenização por dano moral decorrente de prisão preventiva inicialmente considerada lícita, mas que se tornou ilegal por *excesso expressivo do prazo legal*. Em seu voto condutor, o Min. Luiz Fux asseverou que a prisão preventiva, desde que preenchidos os requisitos legais, revela aspectos da tutela antecipatória no campo penal, por isso que, na sua gênese, deve conjurar a ideia de arbitrariedade. A coerção pessoal que não enseja o dano moral pelo sofrimento causado ao cidadão é aquela que se lastreia nos parâmetros legais. Ao revés, empreendida a prisão cautelar com *excesso de prazo*, ultrapassando o lapso legal em quase um décuplo, restando, após, *impronunciado o acusado por inexistência de autoria*, por ter trazido aos autos prova razoável de registro de sua presença em outro local, revela-se inequívoco o direito à percepção de indenização por dano moral, por violação do cânone constitucional específico, além de afrontar o princípio fundamental da dignidade humana. Em *obter dictum*, acrescentou que ocorrendo prisão ilegal, em desatendimento aos pressupostos que a informam, com notória repercussão negativa pela mídia, cabe ao Estado o dever de indenizar, tendo em vista a responsabilidade objetiva consagrada na Carta Constitucional.[42]

---

[41] RESP 220982/RS, 1ª T., STJ, rel. Min. José Delgado, j. 22.02.2000, DJ de 03.04.2000, RSTJ 134, p.93 ss.; RJTJRS 210/29-48 (destaquei texto em itálico). Convém destacar que neste acórdão o STJ rechaça expressamente o usual, porém, equivocado argumento de que seriam irrelevantes circunstâncias posteriores à prisão, pois bastaria a constatação dos seus pressupostos formais aferidos considerando-se os indícios concomitantes à prisão.

[42] RESP 872630/RJ, 1ª T., STJ, Rel. originário Min. Francisco Falcão, Rel. para acórdão Min. Luiz Fux, j. 13/11/2007, DJ 26/03/08, p.1. Esta decisão foi confirmada, por unanimidade, pela 1ª Seção do STJ: EResp 872630/RJ, rel. Min. Mauro Campbell Marques, j. 26/11/2008, DJe 09/12/2008.

A jurisprudência deveria evoluir ainda mais para reconhecer outras hipóteses de responsabilidade decorrentes de prisão cautelar injusta ou indevida – negadas pela jurisprudência predominante – sempre que sobrevier decisão de arquivamento, de extinção do processo ou qualquer espécie de sentença absolutória.

Com efeito, a tendência no direito comparado se inclina no sentido de ampliar, cada vez mais, a indenização no caso de prisão indevida. Se na decretação de uma medida cautelar ocorrer erro judicial ou funcionamento anormal da Administração de Justiça (*faute du service*) e se produzir um prejuízo para o imputado, o Estado deverá indenizá-lo pelas consequências derivadas de tal prejuízo.[43] A responsabilidade "ressarcitória" do Estado por prisão injusta não é considerada necessariamente, por si só, nem um caso de responsabilidade dos juízes, nem de responsabilidade substitutiva do Estado que se acrescente ou substitua à primeira, mas, sobretudo, um caso de *responsabilidade direta e objetiva* (do aparato judiciário, separada da responsabilidade dos juízes) do Estado de indenizar quem se tornou vítima do "erro judiciário", independente da existência ou não de dolo ou culpa do juiz.[44] A responsabilidade por prisão preventiva injusta se configura, portanto, como uma hipótese autônoma e independente do erro judicial e do funcionamento anormal da administração, como uma responsabilidade não somente direta e objetiva, mas também necessária enquanto constatável de forma automática a partir do resultado do processo, se estendendo a todos os casos em que suceder privação de liberdade individual sem o amparo em condenação com definitiva aplicação de pena de prisão.[45]

Mesmo que a medida cautelar de privação antecipada da liberdade tenha sido *corretamente* aplicada, é justo que o Estado de Direito assuma a responsabilidade pelos danos sofridos por imputados inocentes.[46]

No sistema italiano, o direito à reparação equitativa está fundamentado na solidariedade como um instituto autônomo, um *tertium genus* entre ressarcimento e indenização, no qual a prova é *in re ipsa*, resultando da comprovação da mera existência do erro. Essa espécie de responsabilidade estatal qualifica-se como um verdadeiro e próprio direito subjetivo público, pois um ato do poder público, como o que determina a submissão do imputado à custódia cautelar não pode ser qualificado como ilícito, gerador de responsabilidade aquiliana, mas sim que nasce de um ato legítimo

---

[43] MORENO CATENA, Víctor; GIMENO SENDRA, Vicente; CORTÉS DOMÍNGUEZ, Valentín. *Derecho Procesal Penal.*, op.cit., p. 481-484; ASENCIO MELLADO, José María. *Derecho Procesal Penal*, op.cit., p. 175-176 y 185; ARMENTA DEU, Teresa. *Lecciones de Derecho Procesal Penal*, op. cit., p.196.

[44] CAPPELLETTI, Mauro. Juízes irresponsáveis ? (trad. de Carlos Alberto Álvaro de Oliveira), Porto Alegre: Sergio Antonio Fabris, 1989, p.53 e nota 81.

[45] Vide: DE CABIEDES, Pablo. *La prisión provisional*, op.cit., p.297; SOARES HENTZ, Luiz Antonio: Indenização da Prisão Indevida, Leud, São Paulo, 1996, p. 130.

[46] PEREIRA, Rui. Entre o 'garantismo' e o 'securitarismo', *op.cit.*, 2009, p.261.

consubstanciado na medida restritiva da liberdade pessoal considerado como dano injusto diretamente pelo legislador. O instituto da reparação concernente aos direitos fundamentais da pessoa consistente no prejuízo decorrente de ter sido submetida a processo e injusta privação da liberdade pessoal cumpre uma *função solidarista* compensando a vítima dos sofrimentos morais e psíquicos ou das drásticas alterações pejorativas da própria vida, sofridas por causa da injusta detenção. O Estado tem a obrigação de restaurar os direitos fundamentais da liberdade e da dignidade humana da pessoa lesionada pelo erro cometido, ainda que não seja reconhecível uma responsabilidade atribuível ao órgão que adotou a medida. A obrigação estatal é congênita ao ineliminável *risco funcional da atividade da administração da justiça*; erro que denota a injustiça, de caráter objetivo, do provimento adotado pelo juiz. Em suma, o erro é reparado porque o cidadão tem direito a uma decisão jurisdicional "justa", de modo que o direito à reparação representa uma reação do próprio ordenamento jurídico à injusta coação dos direitos fundamentais à liberdade e dignidade pessoal. O direito à reparação por detenção ilegal prescinde da "injustiça" demonstrada *a posteriori* pelo conteúdo da decisão final e pode ser reconhecida inclusive no caso de condenação do acusado.[47] O direito à reparação por injusta detenção não nasce *ex illicito*, mas sim de um *dever de solidariedade* que onera a coletividade em relação àqueles que sofreram uma *ofensa a um bem constitucionalmente garantido qual seja a liberdade pessoal*: o ordenamento jurídico consente a limitação da liberdade alheia quando isso seja necessário para a segurança da sociedade, mas simultaneamente sobre esta última grava a obrigação jurídica de pagar uma soma de dinheiro que restaure o sacrifício injustamente imposto ao indivíduo.[48]

Nos casos de prisão preventiva legalmente justificada, mas tornada depois materialmente injusta, não é suficiente dizer, para arredar um dever ressarcitório do Estado, que aqueles que passam pela malha do judiciário depois de terem sido retidos durante tempo mais ou menos longo, não são sempre modelos de honra e de virtude; nem que a recusa

---

[47] TURCO, Elga. L'equa riparazione tra errore giudiziario e ingiusta detenzione, *op. cit.*, p. 2-26 e 117 e ss.; APRILE, Ercole. Le misure cautelari nel processo penale, *op. cit.*, p.523 e ss.; MOLINARI, Francesca María: "Considerazioni in tema di riparazione per l'ingiusta detenzione", op.cit., p. 984 ss.; LOZZI, Gilberto. Lezioni di Procedura Penale, 6ª ed., G. Giappichelli editore, Torino, 2004, p.324-325; CORDERO, Franco. Procedura penale, 4ª ed., Giuffrè, Milão, 1998, p.533-536; CONSO, Giovanni; GREVI, Vittorio. Compendio di Procedura Penale, *op. cit.*, p. 422-425; TONINI, Paolo. Manuale di Procedura Penale, *op. cit.*, p. 385-386; BEVERE, Antonio: Coercizione personale. Limiti e garanzie, *op. cit.*, p.269 ss.; GAROFOLI, Vincenzo. Diritto processuale penale, op.cit., p.257-258; CHIAVARIO, Mario. Diritto Processuale Penale, *op. cit.*, p. 616-619; SANTORIELLO, Ciro. La riparazione per l'ingiusta detenzione. In: VV.AA. Le misure cautelari personali, *op.cit.*, p. 615 e ss.; VV. AA.: Procedure Penali D'Europa, *op. cit.*, p. 520; SANGUINÉ, Odone: Prisión provisional y derechos fundamentales, *op. cit.*, p.203-204, nota 545.

[48] SANTORIELLO, Ciro. La riparazione per l'ingiusta detenzione. In VV.AA. Le misure cautelari personali, *op. cit.*, p.618, com indicações bibliográficas.

da reparação é condição necessária para se evitar o descrédito da justiça penal; tampouco é legítimo afirmar que a prisão preventiva equivale sempre a um sacrifício especial e grave, pois isso implicaria a paralisação da atividade punitiva-preventiva do Estado.[49] A responsabilidade por atos lícitos – afirma Canotilho – não poderá assentar-se num princípio exclusivamente publicístico, como é o da igualdade perante os encargos públicos, mas sim em um princípio jurídico material diverso como fundamento da noção privatística de *responsabilidade pelo risco*: a compensação entre as vantagens e as perdas derivadas de exercício de determinadas atividades.[50] Portanto, o princípio da reparabilidade dos danos derivados de prisões preventivas injustas se fundamenta no fato de que, como a Constituição condiciona a expropriação da propriedade ao pagamento de uma justa indenização, não pode desproteger, então, a liberdade individual, situada axiologicamente no catálogo dos direitos fundamentais pelo menos em um plano igual ao da propriedade. A *expropriação da liberdade* não tolera, dentro das coordenadas da Constituição, um tratamento mais desfavorável que a expropriação da propriedade. Também aqui o legislador tem o dever, sob pena de inércia legislativa inconstitucional, de adotar as medidas necessárias à efetivação das imposições constitucionais.[51]

Destarte, ainda que tenha sido decretada conforme a Constituição Federal e a lei processual, a prisão cautelar implica na privação da liberdade do acusado, razão pela qual pode acarretar o dever Estatal de indenizar danos materiais e morais que sofreu, caso sobrevenha absolvição, por haver sido privado de sua liberdade, ainda que não tenha nenhuma ilegalidade no momento em que foi decretada, independentemente do fundamento (negativa de autoria e/ou materialidade, atipicidade da conduta, etc., inclusive na hipótese de absolvição por falta de provas, pela aplicação do princípio *in dubio pro reo*). Trata-se aqui de *responsabilidade objetiva* do Estado por *ato lícito* (art. 37, § 6º, da CF), similar à indenização devida em razão da desapropriação (também ato lícito praticado pelo Estado que, contudo, não o isenta de indenizar pelo dano que provoca ao direito fundamental de propriedade). Difere, portanto, da hipótese distinta da responsabilidade por ato ilícito, em razão de erro judiciário ou de o acusado ficar preso por tempo superior ao determinado na lei ou na sentença.[52]

---

[49] CANOTILHO, José Joaquim Gomes. O problema da responsabilidade do Estado por actos lícitos, *op. cit.*, p.219-220.

[50] CANOTILHO, José Joaquim Gomes. *O problema da responsabilidade do Estado por atos lícitos*, Livraria Almedina, Coimbra, 1974, p. 84-85; no mesmo sentido, DERGINT, Augusto do Amaral. *Responsabilidade do Estado por Atos Judiciais*, RT 1994, p. 178-180.

[51] CANOTILHO, José Joaquim Gomes. O problema da responsabilidade do Estado por atos lícitos, *op. cit.*, p.221-223.

[52] NERY JÚNIOR, Nelson/DE ANDRADE NERY, Rosa Maria. Constituição Federal Comentada e legislação constitucional, *op. cit.*, p.192-193 e 360-361, com indicações bibliográficas.

Por conseguinte, a indenização por prisão cautelar indevida, fora dos casos em que ocorra um erro crasso pessoal do magistrado, apesar de se tratar de uma medida correta quando decretada de acordo com seus pressupostos legais (*fumus commissi delicti* e *periculum libertatis*) e as circunstâncias do caso e do momento, constitui uma hipótese claríssima de *responsabilidade pelo risco*, ou seja, de funcionamento normal da justiça, não importando eventual licitude do motivo.[53] O Estado, por intermédio da sua atividade legislativa, ao possibilitar a prisão cautelar, aplicada ou mantida pelo Estado-jurisdição, *assume riscos na defesa dos interesses da coletividade*, e, tendo a custódia preventiva o sentido de antecipação do efeito definitivo da tutela estatal, na hipótese de esta não se verificar enseja obrigação ao poder público. O fundamento da indenização por prisão indevida *é a assunção de responsabilidade, frente ao risco assumido* (teoria do risco administrativo).[54] Se a Constituição assegura a presunção de inocência e reconhece o direito de indenização ao réu que ficar preso além do tempo fixado na sentença, o tempo de prisão provisória deve merecer reparação: havendo uma *sentença absolutória*, o tempo de prisão cautelar será sempre maior do que o fixado na sentença.[55] Seria incompreensível que, sendo injusta a prisão no que exceder o prazo fixado na sentença condenatória, tenha sido menos injusta a prisão do réu que nela é mantido, se ao final vem a ser absolvido.[56] Não se trata somente de erro judiciário, mas também de manter preso, por mais tempo que o devido, alguém que é considerado inocente, porém que sofreu privação de liberdade ainda que sob o rótulo "cautelar".[57]

O Código Civil, no parágrafo único do art. 927, oferece um fundamento à obrigação de indenizar o dano, independentemente de culpa, quando a atividade (incluída a do Estado) normalmente desenvolvida pelo autor do dano implicar, por sua natureza (atividade jurisdicional), risco para os direitos de outrem (*responsabilidade pelo risco*). Com efeito, o jurisdicionado não pode ser obrigado a assumir o risco da atividade jurisdicional monopolizada pelo Estado, cabendo a este os riscos do sistema, é dizer, criado pelo próprio serviço ou atividade que, embora inicialmente lícito, se revela ao final injusto.[58] Aliás, o inciso I do art. 811 do

---

[53] PARADA VÁZQUEZ, José Ramón. Prólogo, In MANZANARES SAMANIEGO, José Luis. La responsabilidad patrimonial por el funcionamento de la administración de justicia, *op.cit.*, p.20-21; SOARES HENTZ, Luiz Antonio: Indenização da Prisão Indevida, *op. cit.*, p. 131-136.

[54] SOARES HENTZ, Luiz Antonio: Indenização da Prisão Indevida, *op. cit.*, p. 188-189.

[55] SUANNES, Adauto Alonso S.: "Indenização por prisão injusta", in Revista Brasileira de Ciências Criminais, n° 21, p. 246; MAGALHÃES GOMES FILHO, Antonio. "Prisão cautelar e o Princípio da Presunção de Inocência", *in* Fascículos de Ciências Penais, Sérgio Antonio Fabris editor, ano 5, vol. 5, n° 1, p. 24.

[56] CAHALI, Yussef Said. *Dano Moral, op. cit.*, p.780.

[57] NUCCI, Guilherme de Souza. *Manual de Processo e Execução Penal, op. cit.*, p. 867.

[58] A tese do '*risco social*' vem sendo defendida há bastante tempo por alguns autores como fundamento da indenização por prisão preventiva decorrente de erro judiciário: DE CAMPOS BARROS,

CPC,[59] estabelece a responsabilidade processual *objetiva* do autor de medida cautelar civil, independentemente da existência de má-fé, bastando a comprovação de prejuízo, quando a sentença no processo principal lhe for desfavorável.

Não obstante, a ausência de legislação infraconstitucional regulando especificamente a matéria da indenização no caso de prisão cautelar cria uma zona de insegurança jurídica, uma vez que a jurisprudência considera que a regra constitucional sobre erro judiciário não abrange propriamente as hipóteses de prisão provisória injusta, razão pela qual vem negando, na maioria dos casos, a indenização quando sobrevém sentença absolutória ou extintiva do processo penal.

Enquanto não houver, no Brasil, legislação nos moldes dos países da União Europeia reguladora dos casos de cabimento de indenização decorrente de prisão cautelar injusta, é indispensável fazer um esboço sistemático das diversas situações tomando como referência as hipóteses de absolvição ou de extinção do processo.

Assim, a indenização por prisão indevida será cabível quando: a) estiver provada a inexistência do fato (arts. 386, inciso I, e 415, inciso I, ambos do CPP);[60] b) estiver provado que o réu não concorreu para a infração penal (arts. 386, inciso IV, e 415 inciso II, ambos do CPP),[61] isto é, que o acusado *não foi autor ou partícipe do fato* cometido por outra pessoa,[62] *v. g.*,

---

Romeu Pires. *Processo Penal Cautelar, op. cit.*, p. 513-514, invocando o magistério de José de Aguiar Dias; recentemente segue essa teoria, ALBRECHT, Luiz Vinicius. "O Dever do Estado de Indenizar a Vítima de Prisão Injusta", RDCPC nº 30, 2004, p.158.

[59] Dispõe esse dispositivo, *verbis*: "o requerente do procedimento cautelar responde ao requerido pelo prejuízo que lhe causar a execução da medida: I – se a sentença no processo principal lhe for desfavorável".

[60] Cfe. CAHALI, Yussef Said. *Dano Moral, op. cit.*, p. 779-780; NUCCI, Guilherme de Souza. *Manual de Processo Penal e Execução Penal, op. cit.*, p. 945; Apelação cível e reexame necessário nº 70008669137, 10ª Câmara Cível, TJRS, j. 16/09/2004, rel. Des. Luiz Ary Vesini de Lima: absolvição criminal por *inexistência do fato delituoso* e que gerou prisão indevida por estupro da sobrinha em razão de erro (falha na prestação do serviço, responsabilidade objetiva por atividade administrativa Estatal realizada pelo Poder Judiciário, com fulcro no § 6º do art. 37 da CF, mas não por erro judiciário) dos agentes do Estado induzidos por laudo médico que apontava o desvirginamento da suposta vítima, o que posteriormente se verificou não ser verdadeiro.

[61] Cfe. SANGUINÉ, Odone. *Prisión provisional y derechos fundamentales, op.cit.*, p.201; CAHALI, Yussef Said. *Dano Moral, op.cit.*, p.779-780; NUCCI, Guilherme de Souza. *Manual de Processo Penal e Execução Penal, op.cit.*, p.945.

[62] Nesse sentido: SANGUINÉ, Odone. *Prisión provisional y derechos fundamentales, op.cit.*, p.197-201; AI 798396/MG, 2ª T. STF, rel. Min. Gilmar Mendes, j. 25/10/2010, DJe 05/11/2010; RE 385943 AgR/SP, 2ª T., STF, rel. Min. Celso de Mello, j. 15/12/2009, DJe 19/02/2010; RESP 872630/RJ, 1ª T., STJ, Rel. originário Min. Francisco Falcão, Rel. para acórdão Min. Luiz Fux, j. 13/11/2007, DJ 26/03/08, p.1. Esta decisão foi confirmada, por unanimidade, pela 1ª Seção do STJ: EResp 872630/RJ, rel. Min. Mauro Campbell Marques, j. 26/11/2008, DJe 09/12/2008 ; caso de prisão processual e posterior absolvição pelo Tribunal do Júri porquanto evidenciado que o *crime fora cometido por uma terceira pessoa*: "1. A prisão por erro judiciário ou permanência do preso por tempo superior ao determinado na sentença, de acordo com o art. 5º, LXXV, da CF, garante ao cidadão o direito à indenização. 2. Assemelha-se à hipótese de indenizabilidade por erro judiciário, a restrição preventiva da liberdade

porque comprovado um *álibi*, tal como expressamente previsto na legislação de outros países;[63] c) inexistência de prova da autoria ou participação criminal e subsequente prisão cautelar;[64] d) existirem defesa e estrito

de alguém que posteriormente vem a ser absolvido. A prisão injusta revela ofensa à honra, à imagem, mercê de afrontar o mais comezinho direito fundamental à vida livre e digna. A absolvição futura revela a ilegitimidade da prisão pretérita, cujos efeitos deletérios para a imagem e a honra do homem são inequívocos (*notoria non egent probationem*)(...). O constituinte de 1988, dando especial relevo e magnitude ao *status libertatis*, inscreveu no rol das chamadas franquias democráticas uma regra expressa que obriga o Estado a indenizar o condenado por erro judiciário ou quem permanecer preso por tempo superior ao fixado pela sentença (CF, art. 5°, LXXV), situações essas equivalentes a de quem submetido à prisão processual e posteriormente absolvido"(RESP 427560/TO, 1ª T, STJ, rel. Luiz Fux, j. 05.09.2002, DJ 30/09/2002, p. 204, que em seu voto declarou que "a situação de o cidadão ser submetido à prisão processual e depois absolvido, é equivalente àquela em que o Estado indeniza o condenado por erro judiciário ou pelo fato de este permanecer preso além do tempo fixado na sentença. Forçoso, assim, concluir, que quando preso preventivamente o cidadão e depois é absolvido, *in casu*, pelo Tribunal do Júri, também se configura situação em que houve erro judiciário, sem que tenha havido condenação" (RESP 434970/MG, 1ª T., STJ, rel. Min. Luiz Fux, j. 26/11/2002, DJ 16/12/02, p.257); caso de prisão preventiva e posterior absolvição pelo Tribunal do Júri por *negativa de autoria* (Apelação Cível n° 2003.001.35541,11ª CCível do TJRJ, rel. Des. Cláudio de Mello Tavares, j. 05/05/2004; Ap. Cível n. 121262-5/188, 4ª CCível do TJGO, rel. Dr. Sérgio Mendonça de Araújo, j. 29/01/2009, DJe 290 de 09/03/2009; Embargos Infringentes n° 347/2000, 5° Grupo de Câmaras Cíveis do TJRJ, j. 08/11/2000, Revista de Direito, vol. 48, p.164 ss.; voto vencido Des. Odone Sanguiné, na Apelação Cível n° 70012375002, 9ª Câmara Cível, TJRS, j. 14/12/2005; absolvição pelo Tribunal do Júri por *negativa de autoria* (Ap. Cível n° 200300135541, TJRJ, 11ª Câmara Cível, rel. Des. Cláudio de Mello Tavares, j. 05/05/2004) ou de prisão em flagrante de *pessoa reconhecidamente inocente* (V Grupo de Câmaras Cíveis TJRJ, Embargos Infringentes n° 347/2000, j. 08/11/2000, Revista de Direito, vol. 48, p.164 ss.); Apelação Cível com revisão n° 247.809-5/2-00, 9ª Câmara de Direito Público, TJSP, rel. Des. Osni Souza, j. 22/04/2009: prisão preventiva e subsequente absolvição porque as vítimas, corréus e testemunhas excluíram a participação do demandante no roubo, evidenciando a falha dos agentes públicos; Apelação Cível 70000519843, 5ª Câmara Cível, TJRS, rel. Des. Marco Aurélio dos Santos Caminha, j. 21/06/00: "falsa imputação de crime e prisão indevida, demonstradas pela absolvição em sede criminal, com base no art. 386, I, do CP. Gera indenização por dano moral"; Ap. Cível 597176387, 1ª CC, TJRS, rel. Des. Léo Lima, j. 10/06/98: "Autor, alvo de prisão preventiva injusta, equiparada a erro judiciário, pois absolvido no feito criminal que respondia por latrocínio, a par da identificação dos verdadeiros autores do delito, confessos e denunciados, há de restar ressarcido pelo dano moral sofrido. Artigos 5°, LXXV e 37, § 6°, da Constituição Federal".

[63] SANGUINÉ, Odone. *Prisión provisional y derechos fundamentales*, op. cit., p. 199; Voto vencido do Des. Odone Sanguiné, na Apelação n° 70006406748, 9ª Câmara Cível, TJRS, j. 20/07/2005; no mesmo sentido, Ap. Cível n° 130478, rel. Des. Ricardo Lewandowski, 9ª Câmara de Direito Público do TJSP, j. 24/09/2003; ARANDA ESTÉVEZ, José Luis. "La responsabilidad patrimonial del Estado derivada de la aplicación de la prisión provisional", op. cit., p. 396 e 413; DE CABIEDES, Pablo. *La prisión provisional*, Aranzadi, Navarra, 2004, p. 301.

[64] Nesse sentido há uma jurisprudência ainda incipiente mas que vai ganhando corpo: (a) RESP 872630/RJ, 1ª T., STJ, Rel. originário Min. Francisco Falcão, Rel. para acórdão Min. Luiz Fux, julgado em 13/11/2007, DJ 26/03/08, p.1. Esta decisão foi confirmada, por unanimidade, pela 1ª Seção do STJ: EResp 872630/RJ, rel. Min. Mauro Campbell Marques, j. 26/11/2008, DJe 09/12/2008 ; (b) "ADMINISTRATIVO. RESPONSABILIDADE CIVIL DO ESTADO. ERRO JUDICIÁRIO. EMBARGOS INFRINGENTES. INDENIZAÇÃO. Caso em que escrevente de Tabelionato foi preso temporariamente em local de trabalho, com intervenção de órgãos da imprensa, em rua de grande afluxo de público, apesar de não haver qualquer prova contra ele na investigação criminal. Sua participação foi deduzida exclusivamente porque ele foi contatado, por telefone – em conversa interceptada pela polícia – por integrante de organização criminosa para lavrar uma escritura, ato de seu ofício. A tendência jurisprudencial no Brasil é de conceder indenização por erro judiciário apenas nos casos previstos em lei ou em caso de dolo ou culpa grave. Por conta disso, prisão provisória não implica dever de indenizar por parte do Estado, ainda que o indiciado venha a ser absolvido. Não obstante, se o erro do magistrado na avaliação da prova for evitável, e tenha causado dano anormal e grave

cumprimento de dever legal) ou da culpabilidade (erro de proibição, coação irresistível e obediência hierárquica, inimputabilidade e embriaguez completa decorrente de caso fortuito ou força maior). Por analogia, conforme jurisprudência consolidada, cabe incluir também a inexigibilidade de conduta diversa circunstâncias excludentes da ilicitude (estado de necessidade, legítima considerada causa supralegal excludente da culpabilidade (art. 386, inc. VI, c/c art. 314 e 414, inciso IV do CPP).[65]

Convém destacar que no caso de inimputabilidade ou semi-imputabilidade que legitime inicialmente a medida alternativa de internação provisória (art. 319, inciso VII, do CPP) e superveniente sentença absolutória imprópria, com a imposição de medida de segurança, não é cabível indenização se posteriormente sobrevier a imposição de medida de segurança definitiva.

a) não constituir o fato infração penal (arts. 386, inciso III; 397 e 415, inciso III, ambos do CPP),[66] por exemplo, fato atípico (ausência de tipicidade por falta de subsunção no tipo objetivo ou subjetivo) que não configura infração (crime ou contravenção) penal;[67]

b) prolatadas sentenças absolutórias por *falta ou insuficiência de provas*.

Há um grupo de situações legalmente previstas de sentença absolutória cujo fundamento comum reside na incerteza ou falta de provas sobre a inocência do acusado com aplicação da regra *in dubio pro reo*: (i) se não houver prova da existência do fato (inc. II, do art. 386 e 414, ambos do CPP); (ii) não existir prova de ter o réu concorrido para a infração penal (inciso V do art. 386 e 414 do CPP); (iii); se houver fundada dúvida sobre a existência de circunstâncias que excluam o crime ou isentem o réu de pena (inciso VI, *última* parte, do art. 386 do CPP); não existir prova suficiente para a condenação (art. 386, inciso VII, do CPP). Nessas

---

ao jurisdicionado, não é razoável que ele suporte esses danos sem qualquer compensação, apenas porque derivam de ato judicial" (Embargos Infringentes n. 5014759-32.2010.404.7000/PR, 2ª Seção, TRF4, m. v., rel. Des. Federal Carlos Eduardo Thompson Flores Lenz, j. 18/05/2012).

[65] FUENTE ÁLVAREZ, Francisco: "El derecho a al indemnización em el supuesto de prisión preventiva seguida de sentencia absolutoria", in Actualdad Jurídica Aranzadi, n. 85, 21 de janeiro de 1993, p. 2, cfe. SANGUINÉ, Odone. *Prisión provisional y derechos fundamentales*, op.cit., p.199; NUCCI, Guilherme de Souza. *Manual de Processo Penal e Execução Penal*, op.cit., p.945; voto vencido Des. Odone Sanguiné, na Apelação 70006406748, 9ª Câmara Cível, TJRS, j. 20/07/2005; CAHALI, Yussef Said. *Dano Moral*, op. cit., p. 779-780; NUCCI, Guilherme de Souza. *Manual de Processo Penal e Execução Penal*, op. cit., p. 945.

[66] RESP 220982/RS, 1ª T., STJ, rel. Min. José Delgado, j. 22/02/2000, DJ de 03/04/2000, RSTJ 134, p.93 ss.; RJTJRS 210/29-48.

[67] A falta de tipicidade penal do fato retira o fundamento da prisão cautelar, que somente poderá ser decretada se houver prova da existência do crime. A decretação de prisão preventiva por fato atípico é ilegal e gera direito à indenização (SANGUINÉ, Odone. *Prisión provisional y derechos fundamentales*, op.cit., p.198-200, com indicações bibliográficas e jurisprudenciais do TS da Espanha). O STF, em razão da não admissibilidade do Recurso Extraordinário, rejeitou a possibilidade de discutir o cabimento de indenização no caso de prisão preventiva e absolvição posterior por *atipicidade* da conduta (AI-AgR 465604 / RS, 1ª T, STF, Relator Min. Cezar Peluso, j. 21/02/ 2006, DJ 17/03/06, p.12).

situações a doutrina e jurisprudência majoritária consideram incabível a indenização por prisão cautelar injusta.[68]

Todavia, essa posição que rejeita a indenização nesse grupo de casos deve ser superada porque sua fundamentação não é convincente.

A distinção entre duas espécies de absolvição *viola o princípio constitucional da presunção de inocência* e o princípio *in dubio pro reo*. A presunção de inocência afirma-se e torna-se absoluta sempre que há absolvição, independentemente de tal decisão resultar de dúvida sobre quem praticou o fato, ou de haver a certeza de que não foi o imputado quem o cometeu ou de que o praticou justificadamente. *Ao exigir, como condição da indenização, a prova de que não foi o imputado que cometeu o crime ou de que ele atuou justificadamente*, está a transformar, neste aspecto da indenização, o princípio *in dubio pro reo* em *in dubio contra reum*. Em qualquer das hipóteses, o imputado é considerado inocente e, como tal, tem igual direito a ser indenizado. Inadmissível estabelecer distinções entre absolvições de primeira e absolvições de segunda categoria.[69]

Essa vetusta distinção entre sentenças absolutórias de primeira categoria (aquelas em que se comprove a inocência do acusado ou a justificação da conduta), em relação às quais é cabível a indenização da prisão preventiva, e sentenças absolutórias de segunda categoria (aquelas em que não comprove a inocência do imputado, por exemplo, por força do funcionamento do princípio *in dubio pro reo*, ou a justificação da conduta), que não dão lugar à indenização, constitui um retrocesso à dogmática pré-liberal, anterior à Revolução Francesa, que distinguia entre vários tipos de absolvições. Das duas uma: ou o legislador indeniza todos os acusados presos preventivamente e posteriormente absolvidos, ou não pode indenizar nenhum acusado absolvido. O legislador não pode estabelecer diferenças de

---

[68] Vide, por todos, STJ: "a prisão preventiva, quando fundamentada, não gera ao Estado obrigação de indenizar o acusado, em face da sua absolvição por insuficiência de provas, posto ser ato de persecução criminal que repousa em juízo provisório"(REsp 139980/MS, 1ª Turma, STJ, rel. Min. Garcia Vieira, j. 07/11/1997, DJ de 16/02/1998, p.38); AgRg no RESP 826814/RS, 1ª T., STJ, rel. Min. Francisco Falcão, j. 16/05/06, DJ 01/06/06, p.169; CAVALIERI FILHO, Sérgio. Programa de Responsabilidade Civil, 6ª ed., São Paulo: Malheiros, 2005, p.283-284. Contra, com acerto, reconhecendo a indenização, vide: Apelação Cível nº 852.523.5/3-00, TJSP, 3ª Câmara de Direito Público, rel. Des. Magalhães Coelho, j. 03/02/2009: responsabilidade objetiva do Estado por ato lícito (art. 5º, LXXV, CF): prisão preventiva e posterior absolvição por falta de provas.

[69] TAIPA DE CARVALHO, Américo A. Sucessão de Leis Penais. 3ª ed., Coimbra editora, 2008, p.428-431; a doutrina brasileira vai ganhando corpo no sentido de que se não há restrição constitucional, à luz da presunção de inocência qualquer caso de absolvição previsto no art. 386 do CPP enseja reparação porque no final do processo a prisão cautelar mostrou-se indevida ou desnecessária (MACHADO, Antônio Alberto. Curso de Processo Penal, 4ª ed., Atlas, 2012, p.671). Em sentido similar, Dergint argumenta que se o acusado foi absolvido por insuficiência de provas, em virtude do princípio *in dubio pro reo*, a dúvida deveria beneficiá-lo, porquanto não se pode levar em conta suspeitas para recusar-lhe indenização pelos prejuízos causados. Ademais, seria contra a equidade criarem-se duas categorias de absolvição, uma prova de inocência, a outra simples declaração de incerteza (DERGINT, Augusto do Amaral. *Responsabilidade do Estado por Atos Judiciais, op. cit.*, p.181).

tratamento entre imputados absolvidos, uma vez que, por força de uma conquista da Revolução Francesa, todas as absolvições são iguais e a absolvição por força do *in dubio pro reo* não vale menos que qualquer outra.[70]

Apesar de que o Tribunal Constitucional português julgou constitucional a norma constante do nº 2 do artigo 225 do CPP, interpretada no sentido do não cabimento de indenização na hipótese de prisão preventiva aplicada a um imputado que vem a ser absolvido com fundamento no princípio *in dubio pro reo*,[71] diversos votos dissidentes seguiram orientação que consideramos mais correta e, de resto, conforme a recente jurisprudência do Tribunal Europeu de Direitos Humanos adiante mencionada.

Assim, o Conselheiro Vítor Gomes, por exemplo, declarou que na indenização por prisão preventiva decorrente de absolvição *não pode haver duas categorias de absolvidos*, os que o foram pelo funcionamento do princípio *in dubio pro reo* e os restantes. Ademais, não existe razão válida para que a indenização por privação injustificada da liberdade fique condicionada à existência de erro grosseiro na imposição desta. Nem sequer à existência de erro censurável no momento da aplicação. Essa restrição não existe no caso de danos causados a outros direitos fundamentais por atos lícitos do poder público, notadamente pelo sacrifício do direito de propriedade como sucede na expropriação por utilidade pública. Não se vê em salvaguarda de que valores haveria a Constituição de tolerá-la perante o sacrifício (materialmente) injustificado da liberdade. Seria incongruente admitir o dever de indenizar do Estado sempre que um ato do poder público afete licitamente, para persecução do interesse público, os interesses patrimoniais do cidadão, deixando desprotegida a lesão, lícita, mas não menos gravosa, de um valor elementar como o da liberdade pessoal, ao sujeitar o ressarcimento dos danos decorrentes da prisão preventiva à prova de erro do aplicador do direito avaliável por referência à realidade processual no momento em que a decretou. A imposição da prisão preventiva está justificada para salvaguarda de outros valores constitucionalmente protegidos, como os da eficácia da justiça penal, da segurança e da própria liberdade individual dos demais membros da comunidade. Mas fazer recair o risco de a sua imposição vir a revelar-se objetivamente desnecessária, exclusivamente, sobre o indivíduo a ela sujeito, afigura-se uma restrição desproporcional do direito à liberdade individual porque não passa o teste da necessidade.

Com efeito, a prossecução dos valores que constitucionalmente justificam a restrição da liberdade autorizada pela Constituição alcança-se com a decretação judicial da prisão cautelar, de acordo com o regime legal

---

[70] PINTO DE ALBUQUERQUE, Paulo. Os princípios estruturantes do processo penal português – Que futuro? In Que futuro para o direito processual penal ? Coimbra editora, 2009, p.438-439; PIZARRO BELEZA, Teresa. Prisão preventiva e direitos do argüido, *op. cit.*, p.684.

[71] Acórdão n. 185/2010, 3ª Secção, rel. Conselheira Maria Lúcia Amaral, j. 12/05/2010, in , acesso em 06/07/2010.

e os pressupostos de fato que à data da sua imposição o processo revelava. E nisso se esgota. Não justifica que, em nome deles (ou dessa autorização constitucional para restringir), continue, depois da absolvição por falta de provas, a sacrificar-se o indivíduo que foi sujeito à medida cautelar, privando-o do ressarcimento dos prejuízos dessa prisão preventiva que a evolução do processo revelou ser materialmente injustificada, em vez de repartir o seu custo por toda a comunidade em benefício de quem foi decretada. Pelo menos é excessivo (proporcionalidade em sentido estrito) que seja o imputado a suportar as gravosas consequências de uma decisão que, em nome de interesses opostos aos seus, teve de ser tomada perante prova indiciária que vem a revelar-se insubsistente, quando para esse sentido da decisão não tenha ele dado causa determinante, por qualquer comportamento processual doloso ou negligente.

A prisão preventiva lícita, mas que vem a revelar-se materialmente injustificada, não deixa de constituir uma lesão do direito de liberdade individual. A conformidade à lei e a correção de apreciação dos pressupostos de fato no momento da imposição da medida cautelar é o bastante para a privação da liberdade, mas não explica a privação da compensação pelo sacrifício. Negar indenização pelo sacrifício aos indivíduos particularmente atingidos por prisão preventiva que o desfecho do processo venha a revelar materialmente injustificada por receio de que isso possa induzir os juízes a um uso mais frequente da prisão preventiva, é adotar um meio que, à luz dos princípios do Estado de direito, tem de ser considerado, se não inadequado, pelo menos manifestamente excessivo para esse mesmo fim da tutela da liberdade.[72]

Também os votos vencidos dos conselheiros Maria Fernanda Palma e Rui Manoel Moura Ramos consideram que esta questão versa sobre uma ponderação de interesses que exige um dever de solidariedade. Se a Constituição admite em certos casos a sobreposição do interesse público ao individual, também tal princípio tem como geral contrapartida a ressarcibilidade da lesão dos interesses e direitos individuais. Assim acontece, de modo muito claro, na expropriação por utilidade pública (artigo 22º, nº 2, da Constituição) e se revela, igualmente, no âmbito da responsabilidade por atos lícitos das entidades públicas (artigos 62º, nº 2, e 22º, respectivamente, da Constituição). Tal princípio de reparação das lesões dos direitos individuais sacrificados num conflito de interesses em que o agente sacrificado não provocou a situação de conflito terá de valer inteiramente, por igualdade ou maioria de razão, quando o interesse sacrificado é o direito à liberdade. São os fundamentos do Estado de Direito

---

[72] Voto proferido no Acórdão n. 185/2010, 3ª Secção, Tribunal Constitucional de Portugal, rel. Conselheira Maria Lúcia Amaral, j. 12/05/2010, in www.tribunalconstitucional.pt, acesso em 06/07/2010), com fundamento em Maria Paula Ribeiro de Faria e Gomes Canotilho.

baseado na dignidade da pessoa humana que justificarão esta solução. Nesta perspectiva não poderá ser aceitável um sistema de responsabilidade civil pela prisão preventiva, revelada injustificada *ex post*, devido à absolvição do imputado, que se baseie apenas na legalidade *ex ante* da sua aplicação em face dos elementos então disponíveis. Mesmo a mais perfeita justificabilidade da prisão preventiva numa perspectiva *ex ante* não pode, em nome do carácter absoluto de uma necessidade processual, sobrepor-se ao direito do imputado – que não deu causa a essa situação por qualquer comportamento doloso ou negligente – a ser reparado dos prejuízos sofridos nos seus direitos fundamentais. Mas, muito menos será aceitável uma restrição da relevância ao erro grosseiro, deixando-se sem qualquer indenização todos os casos de erro constatável *ex ante* (eventualmente por um jurista mais sagaz), mas que não atingem uma manifesta evidência. Não deve, assim, em geral, um juízo provisório sobre a culpabilidade do imputado ser mais valioso do que um juízo definitivo de absolvição, e em particular quando haja erro susceptível de ser ex ante configurado, justificando, em absoluto, os danos sofridos nos seus direitos. Isso limitaria, do ponto de vista das consequências, o valor da presunção de inocência. A esta razão de fundo acresce a da inexplicável desigualdade entre aquele que, sendo condenado, viria a ser compensado pelo período em que cumpriu a prisão preventiva, mesmo em caso de perfeita justificabilidade *ex ante* de tal medida, através do desconto na pena de prisão em que seja condenado, e o imputado absolvido que não obteria qualquer compensação pela privação da liberdade se revelada *ex post* injustificada".

Por outro lado, a obrigação jurídica de o Estado reparar os danos não patrimoniais (compensação) causados por uma privação da liberdade que, *a posteriori*, se veio a revelar como objetivamente injustificada, *não pode ficar dependente da existência de erro na apreciação dos pressupostos da prisão cautelar*. O dever jurídico de reparação impõe-se, mesmo que a decisão do juiz que determinou tais medidas seja irrepreensível e inteiramente justificada, pois, o que está em causa não é o juízo sobre razoabilidade ou irrazoabilidade da decisão, mas sim o fato objetivo – constatado *a posteriori* – de que alguém esteve privado da sua liberdade injustificadamente. A sociedade pode precisar ter de sacrificar a liberdade de uma determinada pessoa, mas *vindo a verificar-se que este sacrifício foi, objetivamente, injustificado, tem o Estado a obrigação de reparar tal sacrifício*.[73]

Destarte, o pedido de indenização não deveria depender da comprovação positiva da inexistência de responsabilidade (por falta de imputação ou por funcionamento duma causa de justificação): *qualquer sentença absolutória deveria ter esse efeito, independentemente do fundamento da absolvição*. Se o Estado não logrou ultrapassar a dúvida razoável no julgamento

---

[73] TAIPA DE CARVALHO, Américo A. Sucessão de Leis Penais. 3ª ed., *op. cit.*, p. 429-430.

ou não levou o caso tempestivamente a julgamento pela incidência da prescrição, deve responder civilmente pela privação da liberdade a que o acusado ficou submetido, porque ela só se justificava funcionalmente e o Estado falhou na realização dessas funções, notadamente porque a presunção de inocência nunca chegou a ser afastada por uma sentença penal condenatória transitada em julgado.[74]

A jurisprudência reiterada e consolidada do Tribunal Europeu de Direitos Humanos estabelece que, em virtude do princípio *in dubio pro reo*, o qual constitui uma expressão específica do princípio da presunção de inocência, *não deve existir nenhuma diferença qualitativa entre absolvição por falta de provas e a resultante da constatação da inocência da pessoa sem qualquer dúvida*. A distinção entre absolvição completa e absolvição *in dubio pro reo* é contrária à presunção de inocência como *também é incompatível com este princípio ter duas classes de absolvição. Sempre que uma decisão absolutória* tenha transitado em julgado – mesmo que a absolvição tenha sido determinada pela regra *in dubio pro reo* –, qualquer rumor ou indicação de suspeitas de culpabilidade, incluindo as que foram expressas na motivação da absolvição, é incompatível com a presunção de inocência. Na verdade, as decisões de absolvição não se distinguem em função dos motivos que são cada vez sustentados pelo juiz penal. Pelo contrário, no contexto do § 2º do art. 6º da CEDH, o dispositivo da sentença de absolvição deve ser respeitado por qualquer autoridade que se manifeste de maneira direta ou incidental sobre a responsabilidade penal da pessoa. Portanto, o raciocínio que realiza uma distinção entre uma absolvição por falta de provas e uma absolvição resultante de uma constatação da inexistência dos fatos criminosos, ignora a absolvição prévia dos acusados, cujo dispositivo deve ser respeitado por toda autoridade judicial, sejam quais forem os motivos invocados pelo juiz penal. Ademais, a exigência de que uma pessoa produza a prova da sua inocência no processo de indenização por prisão provisória é desarrazoada e revela uma violação da presunção de inocência.[75]

---

[74] PIZARRO BELEZA, Teresa. Prisão preventiva e direitos do argüido, *op. cit.*, p. 684.

[75] SSTEDH, caso Weixelbraun c. Áustria, de 20/12/2001, §§ 22-31;Sekanina v. Áustria, j. 25/08/1993, §§ 23-31; Asan Rushiti v. Áustria, j. 21/03/2000, §§ 24-32; Del Latte c. Holanda, n° 44760/98, § 30, 09/11 2004; Capeau c. Bélgica, n° 42914/98, § 25, 2005-I; Vassilios Stavropoulos c. Grécia, n°. 35522/04, § 39, 27/09/2007; Tedam c. Espanha, j. 13/07/2010, §§ 37 e 39 e 41; TAIPA DE CARVALHO, Américo A. Sucessão de Leis Penais. 3ª ed., *op.cit.*, p.428, nota 545; PINTO DE ALBUQUERQUE, Paulo. Os princípios estruturantes do processo penal português – Que futuro?, *op.cit.*, p. 438-440; FANEGO, Coral Arangüena. Reforma penal de 2010 y Medidas Cautelares Personales privativas de libertad, *op.cit.*, p.75-77. Na Inglaterra, a Corte de Apelações, em 11/05/2011, ampliou os casos de indenização por erro judicial, para abranger também os casos de nulidade da condenação do réu porque surgiram provas que, se tivessem sido apresentadas no julgamento, o corpo de jurados não teria decidido pela condenação. Por exemplo, condenação anulada porque os condenados conseguiram comprovar que o júri se baseou na confissão deles para dar o veredicto, mas havia indícios razoáveis de que eles só confessaram porque foram torturados por policiais. Doravante, portanto, não é mais necessário provar a inocência com a nova prova (Pinheiro, Aline. Justiça britânica amplia conceito de erro judicial. In www.conjur.com.br/2011, acesso em 12/07/2013). Todavia,

Assim, uma vez reconhecida a indenização por prisão cautelar indevida serão indenizáveis os danos *patrimonial* e *morais* resultantes da perda da liberdade individual do cidadão.[76] O *dano é presumido* pelo mero fato da vítima estar tolhida em sua liberdade de locomoção.[77] Basta a aferição da indevida privação da liberdade individual *in concreto* para a imposição da obrigação ao Estado de indenizar o dano, ficando afastada a possibilidade de alegação de normalidade do dano e culpa da vítima.[78]

De qualquer modo, mesmo quando a legislação proclama a indenização por prisão provisória injusta, não é demasia conclamar a responsabilidade *metajurídica* do juiz nos casos de prisão provisória injusta. O magistrado do Tribunal Supremo da Espanha, Movilla Alvarez, adverte que, se o Estado responde objetivamente pelos danos causados por erro judicial ou funcionamento anormal da Administração de Justiça, enquanto que o juiz responde por atos culpáveis, de maneira que ao prejudicado lhe será normalmente menos oneroso reclamar do Estado que acionar o juiz, pois em relação a este, se encontraria com o encargo adicional da prova da culpa, sem contar com o dado de que o patrimônio do juiz nunca poderá ser comparável aos recursos do Estado, não se podendo esquecer que os danos e prejuízos originados pela atuação do Poder Judiciário e em particular os determinados por uma prisão que não se devia sofrer, não são resultado da atividade de uma impessoal organização defeituosa, mas sim *são manifestações do exercício pessoal do poder jurisdicional*. A circunstância de que o Estado responda pelos prejuízos derivados de uma decisão não justificada de privação de liberdade, não pode produzir nos juízes um determinado "efeito-escudo" de irresponsabilidade, ao ter a segurança de que os danos terão a cobertura do Estado, nem levá-los a abdicar do cuidado extraordinário com que devem

---

em uma situação diversa das mencionadas, em que o TEDH negou o direito à indenização no caso de *condenação anulada* por insegura em razão de terem surgido novas provas de peritos médicos de que as lesões cerebrais sofridas pelo bebê podiam ter sido produzidas por outra causa diversa de chacoalhada ou impacto. Para o TEDH a linguagem usada por os tribunais internos não minou a absolvição do requerente nem o tratou de um maneira inconsistente com sua inocência. Ao avaliar se havia um erro judicial, os tribunais não fizeram nenhum comentário, com base na prova, sobre se a requerente deveria ser, ou iria provável ser, absolvida ou condenada, ou se a prova era indicativa de culpa ou inocência da requerente, nem determinaram novo julgamento, pois a acusada já tinha cumprido sua pena quando sua condenação foi anulada, mas somente que a nova prova criou a possibilidade de que um júri poderia absolvê-la. Eles simplesmente reconheceram que um um júri teria de avaliar a prova nova, teve um novo julgamento sido encomendado, ficando muito aquém de demonstrar acima de qualquer dúvida razoável de que tinha havido um erro judicial (Allen v. Reino Unido, Grande Câmara, de 12/07/2013, §§ 10-13 e 127-134).

[76] SOARES HENTZ, Luiz Antonio: Indenização da Prisão Indevida, *op. cit.*, p. 152-153 e 190.

[77] SOARES HENTZ, Luiz Antonio: Indenização da Prisão Indevida, *op. cit.*, p. 154-155.

[78] Em todo caso, a responsabilidade do Estado por prisão indevida autoriza o *regresso contra o causador do dano* (art. 37, § 6°, da CF), dependente esta ação regressiva de prova de conduta dolosa ou culposa, incidindo o princípio do *solve et repete*, consequência do fim da solidariedade entre o Estado e o causador direto do dano (SOARES HENTZ, Luiz Antonio: Indenização da Prisão Indevida, *op. cit.*, p. 189-190).

utilizar um instrumento que pode vulnerar a presunção de inocência e antecipar, ao menos no plano social, uma declaração de culpabilidade do preso preventivo. A privação da liberdade pessoal deve realizar-se com um cuidado extraordinário e com um *plus* de exigência na responsabilidade do juiz, prevenindo-se, sobretudo, contra as perigosas tentações que desviem a prisão provisória das finalidades atribuídas pela Constituição e pela legislação.[79]

Portanto, impõe-se fazer uma chamada à autorresponsabilidade *moral* do próprio juiz na utilização da prisão provisória, a sua *ética pessoal e profissional*, ao encargo de *sua missão constitucional de garante e defensor dos direitos fundamentais*. O *princípio de intervenção mínima* deve presidir também o ordenamento processual, evitando um determinado abuso da instituição por parte dos juízes, não só quanto à falta de motivação da decisão ou pseudolegitimada com uma fundamentação estereotipada, mas também em sua utilização para finalidades muito diferentes das que são inerentes à medida, como a de constranger ao imputado em busca de uma confissão ou, o que ainda é pior, como primeiro e antecipado "castigo" do acusado ou com pretensões de "exemplaridade" e defesa social, a fim de satisfazer a uma opinião pública que é alheia ao significado dos direitos constitucionais.[80] Porém, cabe reivindicar igualmente a necessidade de o Estado responder não somente por eventuais condutas irresponsáveis de seus juízes, mas igualmente pelo fracasso das iniciativas da autoridade policial e/ou do representante do Ministério Público na decretação e manutenção abusiva da prisão cautelar com violação de direitos constitucionais fundamentais, alheios aos parâmetros de legalidade estrita, incentivando, assim, a corresponsabilidade na utilização do aparato coercitivo.[81]

Por fim, há outras hipóteses em que também é cabível a indenização por prisão injusta: a) decisão de arquivamento de inquérito (art.18 do CPP) posteriormente à prisão cautelar;[82] b) decisão que rejeita a denúncia ou queixa por manifestamente inepta, por faltar pressuposto processual ou condição para o exercício da ação penal ou faltar justa causa para o exercício da ação penal (art. 395, incisos I a III, do CPP); c) decisão que absolve sumariamente o acusado quando: verificar a existência manifesta de causa excludente da ilicitude do fato ou da culpabilidade do agente – exceto a inimputabilidade –, ou que o fato narrado evidentemente não constitui crime; ou sentença terminativa de mérito que reconhece a extinção

---

[79] MOVILLA ÁLVAREZ, Claudio: "Responsabilidad del Estado y del Juez en los supuestos de prisión provisional injusta", *op. cit.*, p. 369-370.

[80] MOVILLA ÁLVAREZ, Claudio: "Responsabilidad del Estado y del Juez en los supuestos de prisión provisional injusta", *op. cit.*, p. 385.

[81] LANFREDI, Luís Geraldo Sant'Ana. Prisão Temporária, *op. cit.*, p.242 e ss.

[82] RE 385943 AgR/SP, 2ª T., STF, rel. Min. Celso de Mello, j. 15/12/2009, DJe 19/02/2010: arquivamento por falta de participação no fato que ensejou a prisão cautelar.

da punibilidade do agente. (art. 397, inciso IV, do CPP), por exemplo, pela ocorrência da *prescrição*;[83] d) excesso de prazo expressivo de prisão cautelar;[84] e) arbitrariedade na decretação da prisão cautelar, *v.g.*, nulidade do decreto por falta de qualquer fundamento cautelar, como seria o caso de um juiz ou tribunal que decretasse a prisão provisória sabendo, de antemão, que não era cabível;[85] prisão temporária decretada sem os requisitos ou fora do rol taxativo enumerado na lei;[86] agentes policiais que adentram em residência, à noite, sem consentimento e sem mandado judicial, e realizam prisão ausentes os requisitos da prisão em flagrante.[87]

Uma última especificidade pode ser feita em relação à responsabilidade pela adoção injusta de medidas cautelares aplicadas às pessoas jurídicas, especialmente a suspensão e encerramento de locais e estabelecimentos, que podem gerar-lhe danos patrimoniais vultosos. No caso de absolvição ou extinção do processo, a pessoa jurídica deverá ter direito a indenização, de forma análoga à estabelecida para a pessoa física que sofreu indevidamente uma medida de prisão cautelar.[88]

III. Detração do período de prisão cautelar

A totalidade dos Países da União Europeia estabelece o desconto obrigatório do período de prisão cautelar da pena imposta na sentença, exceto o Reino Unido, onde é facultativa a detração.[89]

A Recomendação Rec (2006) 13, adotada em 27/09/2006, pelo Comitê de Ministros do Conselho da Europa, estabelece alguns critérios para a dedução da prisão provisória da pena propriamente dita. Em primeiro lugar, "o período de prisão provisória anterior à condenação, onde

---

[83] Ap. Cível n. 2005.70.00.003465-4/PR, 4ª T., TRF 4ª Região, rel. Des. Federal Edgar Lippman Jr., j. 13/12/06, crime que já havia prescrito no momento da sentença condenatória; Apelação Cível nº 70044530343, 9ª Câmara Cível do TJRS, rel. Des. Marilene Bonzanini, j. 07/12/2011; Ap. Cível n. 70048575823, 9ª Câmara Cível do TJRS, rel. Des. Tasso Cauby Soares Delabary, j. 27/06/2012.

[84] RESP 872630/RJ, 1ª T., STJ, Rel. originário Min. Francisco Falcão, Rel. para acórdão Min. Luiz Fux, julgado em 13/11/2007, DJ 26/03/08, p.1. Esta decisão foi confirmada, por unanimidade, pela 1ª Seção do STJ: EResp 872630/RJ, rel. Min. Mauro Campbell Marques, j. 26/11/2008, DJe 09/12/2008 ; SANGUINÉ, Odone. *Prisión provisional y derechos fundamentales*, *op. cit.*, p. 198.

[85] SANGUINÉ, Odone. *Prisión provisional y derechos fundamentales*, *op. cit.*, p.200.

[86] Apelação Cível n. 318335-68.2007.8.09.0051, 5ª CC, TJGO, Rel. Des. Francisco Vildon José Valente, j. 15/09/2011, DJe 959 de 13/12/2011.

[87] Ap. Cível n. 319507-79.2006.8.09.0051, 5ª Câmara Cível, TJGO, rel. Des. Alan S. de Sena Conceição, j. 24/02/2011, DJe de 05/05/2011.

[88] GASCÓN INCHAUSTI, Fernando. Proceso penal frente a la empresa. In ORTIZ DE URBINA GIMENO (coord.), Memento Práctico Francis Lefebvre. Penal Económico y de la Empresa, 2011-2012, Madrid, 2011, p.219; ID. Proceso penal y persona jurídica, Marcial Pons, Madrid, 2012, p.165.

[89] Vide 'Introductory Summary', in VV.AA. Pre-trial Detention in the European Union, *op. cit.*, p. 84-86.

quer que tenha sido cumprida, deve ser descontado do tempo de qualquer pena de prisão subsequentemente imposta" (item 33.1). Em segundo lugar, "qualquer período de prisão provisória pode ser tido em conta na determinação da pena imposta, quando esta não seja de prisão" (item 33.2). Por último, "a natureza e a duração das medidas alternativas previamente executadas poderá igualmente ser levada em conta na fixação da pena imposta" (item 33.3).

Segundo determina o art. 42 do Código Penal, computam-se, na pena privativa de liberdade e na medida de segurança, o tempo de prisão provisória, no Brasil ou no estrangeiro, o de prisão administrativa e o de internação em hospital de custódia e tratamento psiquiátrico ou, à falta, a outro estabelecimento adequado.

A expressão "prisão provisória" permite incluir qualquer modalidade de privação da liberdade ocorrida durante a fase processual, antes de sentença condenatória transitada em julgado,[90] bem como na fase da investigação, tais como: a prisão temporária, a prisão em flagrante delito, a prisão preventiva em suas diversas espécies, incluídas a prisão domiciliar e a prisão extradicional, qualquer que seja o momento de sua decretação: decisão de pronúncia ou sentença ou acórdão condenatório recorrível. Também é possível a detração ou compensação de medidas cautelares alternativas à prisão, conforme já foi abordado no Capítulo Primeiro, item 10.7.

Conforme dispõe a nova redação do § 2º do art. 387 do CPP, determinada pelo art. 2º da Lei n. 12.736, de 30/11/2012, "o tempo de prisão provisória, de prisão administrativa ou de internação, no Brasil ou no estrangeiro, será computado para fins de determinação do regime inicial de pena privativa de liberdade".

A nova alteração legislativa traz algumas alterações sistemáticas importantes.

Em primeiro lugar, a nova lei, apesar de seguir permitindo o cômputo da internação não faz mais referência à *"internação em qualquer dos estabelecimentos referidos no artigo anterior"*, ou seja, "hospital de custódia e tratamento psiquiátrico ou, à falta, a outro estabelecimento adequado". Destarte, sem a antiga remissão, fica mais evidente ainda que não só a medida de segurança, mas também a *medida alternativa* à prisão de *"internação provisória* do acusado" (inciso VII do art. 319, do CPP) pode ser descontada da futura pena.

Em segundo lugar, a nova lei reforça ratifica o conteúdo do verbete da Súmula n. 716 do STF, segundo a qual "admite-se a progressão de regime de cumprimento da pena ou a aplicação imediata de regime menos severo nela determinada, antes do trânsito em julgado da sentença con-

---

[90] HC 10129/SP, 5ª T., STJ, j. 18/11/1999, rel. Min. Gilson Dipp, DJ 07/02/2000, p. 168.

denatória". Assim, com a detração (cômputo) no momento da sentença condenatória também se previne que o condenado cumpra pena em regime mais grave.

Por último, a recente alteração legislativa consolida a jurisprudência do STF no sentido de que o tempo de cumprimento de prisão cautelar deve ser computado ou abatido com a finalidade de possibilitar ao condenado a *progressão de regime* ou *outro benefício da execução* penal.

A. Hipóteses de admissibilidade

É necessário distinguir entre as hipóteses de admissibilidade da detração do período de prisão cautelar e aquelas em que não é admissível tal cômputo.

1. Cômputo do tempo de prisão preventiva extradicional

A Recomendação Rec (2006) 13, adotada em 27/09/2006, pelo Comitê de Ministros do Conselho da Europa, define a prisão preventiva (*détention provisoire/remand in custody*) como "qualquer período de detenção de um suspeito ordenada por uma autoridade judiciária e anterior à condenação", incluindo, portanto, "também qualquer período de detenção resultante de regras relativas à cooperação judiciária internacional e à extradição, sujeitas às modalidades específicas que elas preveem"(1.1.).

De acordo com o art. 91, inciso II, da Lei nº 6.815/80 (Estatuto do Estrangeiro), o Governo do Estado requerente deverá assegurar a detração da pena eventualmente imposta o período de tempo em que o extraditando estrangeiro esteve preso preventivamente no Brasil – no curso de inquérito, da ação penal e da extradição – por força do pedido formulado. O compromisso de cômputo do período de prisão decorrente da extradição deve ser assumido antes da entrega do preso, não obstante, contudo, a concessão da extradição. Essa exigência – originariamente estabelecida no Código Bustamante (art. 379), hoje fundada no Estatuto do Estrangeiro ou, quando houver, em tratado de extradição específico (como o Acordo de Extradição/Mercosul) – visa a impedir que a prisão cautelar, no Brasil, quando decretada para fins extradicionais, culmine por prorrogar, indevidamente, o lapso temporal da pena de prisão a que estará eventualmente sujeito, no Estado requerente, o súdito estrangeiro.[91]

---

[91] Ext 1275/DF, 1ª T., STF, rel. Min. Luiz Fux, j. 26/06/2012, DJe 15/08/2012; Ext 1255, República da Áustria, 1ª T., STF, rel. Min. Marco Aurélio, j. 05/06/2012, DJe 28/06/2012; Ext 1259/DF, 1ª T., Rel. Min. Dias Toffoli, j. 22/05/2012, DJe 11/06/2012; Ext 1175/República Argentina,1ª T., STF, rel. Min. Rosa Weber, j. 27/03/2012, DJe 30/04/2012; Ext 1162/República Italiana, Pleno STF, rel. Min. Cármen Lúcia, j. 17/03/2011, DJe 05/04/2011; Ext 1201/EUA, Pleno STF, rel. Min. Celso de Mello, j. 17/02/2011, DJe 15/03/2011, p. 01; Ext 1203/ República da Hungria, Pleno, STF, rel. Min. Celso de

2. Cômputo do período de prisão temporária

Apesar da existência de opinião contrária, consideramos mais correto computar o período de prisão temporária, seja para efeitos de detração na pena,[92] seja para o cálculo do prazo máximo de duração da prisão cautelar, nos termos da Recomendação Rec (2006) 13, de 27/09/2006, do Comitê de Ministros do Conselho da Europa, que define a prisão preventiva (*détention provisoire/remand in custody*) como "qualquer período de detenção de um suspeito ordenada por uma autoridade judiciária e anterior à condenação", incluindo, portanto, "também qualquer período de detenção resultante de regras relativas à cooperação judiciária internacional e à extradição, sujeitas às modalidades específicas que elas preveem"(1.1.). Nesse sentido, a doutrina e jurisprudência espanholas consideram que se computam os dias de privação de liberdade a título de *detención* (prisao policial).[93]

3. Cômputo do período de prisão domiciliar

O período de prisão cautelar domiciliar constitui modalidade de prisão preventiva razão pela qual se computa para aferição do excesso de prazo,[94] bem como na pena privativa de liberdade.[95]

4. Cômputo do período de prisão cautelar decretada em outro processo em que ocorreu absolvição ou extinção da punibilidade de crime anteriormente cometido

Conforme interpretação sistemática do art. 42 do Código Penal c/c art. 111 da LEP, a jurisprudência admite a detração (cômputo) do período de prisão cautelar decretada em *outro processo* em que o sentenciado foi *absolvido* ou teve declarada a *extinção da sua punibilidade*, desde que o crime seja anterior ao período de prisão processual (vide, porém, o que será detalhado adiante no item 5.2.2.1).

Em síntese, admite-se a detração em relação a fato diverso daquele que deu azo à prisão processual, porém, não se aplica a detração em

---

Mello, j. 02/12/2010, Dje 25/02/2011, p. 01; Ext 1162, República Italiana, STF, Pleno, j. 17/03/2011, DJe 05/04/2011, p.12; Ext 1171, Rep. Argentina, STF, Pleno, j. 19/11/2009, DJe 25-06-2010, p. 04; Ext 1082/República Oriental do Uruguai, Tribunal Pleno, STF, rel. Min. Celso de Mello, j. 19/06/2008, DJe 08/08/2008, p.09: o período de prisão cautelar para efeitos extradicionais, *ainda que em processo de extradição julgado extinto por instrução documental deficiente*, deve ser integralmente computado na pena a ser cumprida no Estado requerente.

[92] QUEIROZ, Paulo. *Direito Penal. Parte Geral*, 8ª ed., Editora Jus Podium, 2012, p.483.

[93] MADRUGA, Florencio de Marcos. In Comentarios al Código Penal, op.cit., p.329; BARJA DE QUIROGA, Jacobo López. Tratado de Derecho Penal, op.cit., p.1363.

[94] HC 88018/ES, 2ª T., STF, rel. Min. Eros Grau, j. 05/09/06, DJ 24/11/06, p. 89.

[95] HC 11225/CE, 5ª T., STJ, rel. Min. Edson Vidigal, j. 06/04/2000, DJ 02/05/2000, p. 153.

relação aos delitos praticados posteriormente à prisão provisória que se pretende ver computada. Essa interpretação é coerente com o que dispõe a Constituição Federal, que prevê a indenização ao condenado por erro judiciário, assim como àquele que ficar preso além do tempo fixado na sentença (art. 5º, LXXV), situações essas equivalentes a de quem foi submetido à prisão processual e posteriormente absolvido, pois não há indenização mais adequada para o tratamento de prisão provisória que se julgou indevida pela absolvição do que ser ele computado no tempo da pena imposta por outro delito.[96]

5. Cômputo do período de prisão cautelar para alcançar o requisito temporal mínimo para obtenção de benefícios da execução

O período de prisão cautelar anterior à sentença condenatória pode ser computado para alcançar o requisito temporal legal mínimo de cumprimento de pena para obtenção dos benefícios da execução da pena: *progressão de regime prisional*, autorização para o *trabalho externo* (LEP, art. 112; CP, arts. 35, § 2º, e 36 e 37, LEP), concessão de *indulto* ou *livramento condicional*.[97]

6. Cômputo do período de prisão cautelar na medida de segurança

Predomina o entendimento de que o desconto do tempo de prisão provisória somente terá o efeito de detrair o tempo do prazo mínimo de internação ou tratamento ambulatorial, para realização obrigatória do exame de averiguação de periculosidade ao termo do prazo mínimo, que varia entre 1 e 3 anos, mas não para reduzir a duração do prazo máximo da medida de segurança.[98] Todavia, esse entendimento deve ser superado levando em consideração a identidade estrutural da privação da liberdade nas duas hipóteses, bem como a exigência de um limite máximo para o cumprimento das medidas de segurança. Razões de justiça material justificam o desconto do período de internação ou tratamento ambulatorial para reduzir o prazo

---

[96] HC 188.456/RS, 5ª T., STJ, rel. Min. Adilson Vieira Macabu (Des. convocado do TJ/RJ), j. 21/06/2012, DJe 02/08/2012; HC 146.542/RS, 6ª T., STJ, rel. Min. Og Fernandes, j. 15/02/2011, DJe 09/03/2011; HC 148318 / RS, 6ª T., STJ, rel. Min. Maria Thereza de Assis Moura, j. 03/02/2011, DJe 21/02/2011. O STJ também admite a detração de período de internação provisória de adolescente por ato infracional na pena de posterior crime de roubo cometido quando já atingida a maioridade, mas pelo qual restou absolvido pelo segundo grau, (RHC 12924 / RS, 6ª T., STJ, rel. Min. Hamilton Carvalhido, j. 01/10/2002, DJ 04/08/03, p. 425).

[97] HC 72565/AL, Pleno, STF, rel. Min. Sepúlveda Pertence, j. 10/05/1995, DJ de 30/08/96, p.30605; HC 76524/RJ, Pleno do STF, rel. Min. Sepúlveda Pertence, j. 01/04/98, DJU de 29/08/03, p. 19; HC 68572, de 14/05/1991, Rel. Min. Néri da Silveira; HC 87801/SP, 1ª T., STF, rel. Min. Sepúlveda Pertence, j. 02/05/2006.

[98] REALE JÚNIOR, Miguel; ARIEL DOTTI, René; ANDREUCCI, Ricardo Antunes; PITOMBO, Sérgio M. de Moraes. *Penas e Medidas de Segurança no Novo Código*, Forense, Rio de Janeiro, 1985, p.123; NUCCI, Guilherme de Souza. *Código Penal Comentado*, op.cit., p.297-298; MIRABETE, Julio Fabbrini. *Manual de Direito Penal. Parte Geral*, op.cit., p.270.

máximo de cumprimento da medida de segurança estabelecido em 30 (trinta) anos pela jurisprudência do STF;[99] ou o máximo da pena abstratamente cominada ao delito praticado, ou aquele limite de 30 (trinta) anos, caso o máximo da pena cominada seja superior a este período, conforme segundo critério adotado pelo STJ, que consideramos mais correto.[100]

7. Cômputo do período de prisão cautelar na pena restritiva de direitos

Apesar de não contemplada expressamente pelo art. 42 do Código Penal, consideramos acertado o entendimento predominante no sentido da admissibilidade da detração do período de prisão cautelar em relação às penas restritivas de direitos, por exemplo, limitação de fim de semana e de prestação de serviços à comunidade, para evitar que o condenado que tenha recebido penas restritivas mais brandas tenha um tratamento mais rigoroso. A nova redação do art. 44, § 4º, do Código Penal, reforça esta orientação na medida em que determina a dedução do tempo cumprido da pena restritiva de direitos no cálculo da pena privativa de liberdade convertida em razão do descumprimento injustificado da pena restritiva – respeitado o saldo mínimo de 30 dias de reclusão ou detenção.[101]

Em relação ao critério do cômputo, segundo interpretação sistemática dos arts. 42, 46, § 3º, 55 do Código Penal e art. 111 da LEP, em harmonia com o princípio constitucional da *proporcionalidade*, o juiz deve ser descontar ou compensar *cada dia de prisão cautelar com cada dia de cumprimento de pena privativa de liberdade substituída*. Inadmissível, entretanto, por ofensa ao princípio da proporcionalidade, a técnica de transformação em horas do tempo em que o paciente ficou provisoriamente preso, abatendo a cada hora de prisão provisória uma hora de prestação de serviços à comunidade, para fins de detração do tempo de prestação de serviços à comunidade a ser adimplido, pois ensejaria impunidade. Uma vez reali-

---

[99] HC 84219/SP, 1ª T., STF, rel. Min. Marco Aurélio, j. 16/08/05, DJ 23/09/05, p.16.

[100] Conforme a nova orientação das duas turmas do STJ, o art. 97, § 1.º, do Código Penal, deve ser interpretado em consonância com os princípios da isonomia e da razoabilidade. Assim, a duração da medida de segurança, na modalidade internação ou tratamento ambulatorial, não deve ultrapassar o limite máximo da pena abstratamente cominada ao delito praticado nem superar o limite de 30 (trinta) anos estabelecido no art. 75 do Código Penal, caso o máximo da pena cominada seja superior a este período (REsp 964.247/DF, 5ª T., STJ, rel. Min. Laurita Vaz, j. 13/03/2012, DJe 23/03/2012; HC 174.342/RS, 6ª T., STJ, rel. Min. Sebastião Reis Júnior, j. 11/10/2011, DJe 14/11/2011).

[101] SHECAIRA, Sérgio Salomão; CORRÊA JÚNIOR, Alceu. *Teoria da Pena*, RT, São Paulo, 2002, p.199; QUEIROZ, Paulo. *Direito Penal. Parte Geral, op.cit.*, p.483; SILVA FRANCO, Alberto. *Código penal e sua interpretação. Doutrina e jurisprudência*, 8a. edição, 2007, p.282; DOTTI, René Ariel. *Curso de Direito Penal. Parte Geral, op. cit.*, p. 606; MIRABETE, Julio Fabbrini. *Manual de Direito Penal. Parte Geral*, vol. 1, 23ª ed., Atlas, São Paulo, 2006, p.266-267; PRADO, Luis Regis. *Curso de Direito Penal Brasileiro*, vol. 1, Parte Geral, 5ª ed., ed., 2005, p.596; ID. Comentários ao Código penal, 8ª., ed., RT, p.2012; Ap. 314015-3/4, 3ª CC, TJSP, rel. Des. Gonçalves Nogueira, j. 08/08/2000, RT 783/627-629 (detração no caso de pena restritiva de prestação de serviços à comunidade). Sobre a questão no direito espanhol, vide, SANGUINÉ, Odone. *Prisión provisional y derechos fundamentales, op. cit.*, p.208 e ss.

zada a detração, então, o juiz das execuções substituirá cada dia da pena remanescente por uma hora de prestação de serviços à comunidade.[102]

8. Cômputo do período de prisão cautelar na pena de multa

Embora um setor doutrinário considera que a pena pecuniária não seria suscetível de detração pela impossibilidade de conversão da multa em pena privativa da liberdade, segundo a nova redação do art. 51, do CP,[103] consideramos admissível, por *analogia in bonam partem*, a detração (desconto) do tempo de prisão cautelar na pena de multa substitutiva ou originária imposta isoladamente na sentença, adotando-se o critério da equivalência de um dia de prisão em relação a cada dia-multa,[104] com a redução do *quantum* de dias-multa[105] ou não terá nenhuma pena a cumprir.[106] Este último critério é preferível desde a perspectiva do princípio constitucional da proporcionalidade entre castigo e pena e o princípio da igualdade (justiça material). Na hipótese em que a medida cautelar seja de distinta natureza (heterogênea) da pena imposta, é cabível não a detração, mas a compensação judicial reparadora – tal como previsto pelo art. 59 do Código Penal Espanhol –, considerando-se executada a pena imposta naquela parte que estime compensada. Assim, no caso da pena de multa é justo considerar que a pena pecuniária já está cumprida ou compensada pelo tempo de prisão provisória anteriormente cumprida.[107]

9. Cômputo do período de prisão cautelar na medida socioeducativa

Nos termos do § 2º do art. 46 da Lei n. 12.594, de 18/01/2012, "em qualquer caso, o tempo de prisão cautelar não convertida em pena privativa de liberdade deve ser descontado do prazo de cumprimento da medida socioeducativa" previstas no art. 112 do Estatuto da Criança e do Adolescente (ECA), ou seja, a prestação de serviços à comunidade, liberdade assistida, inserção em regime de semiliberdade, inclusão em programa oficial ou comunitário de auxílio, orientação e tratamento a alcoólatras e toxicômanos, ou a internação em estabelecimento educacional.

---

[102] HC 202.618/RS, 6ª T., STJ, rel. Min. Sebastião Reis Júnior, j. 19/06/2012, DJe 01/08/2012, confirmando acórdão da 3ª Câmara Criminal do TJRS, Agravo 70038270575, rel. Des. Odone Sanguiné, j. 10/02/2011; HC 134329/RJ, 5ª T., STJ, rel. Min. Laurita Vaz, j. 23/11/2010, DJe 13/12/2010; Agravo nº 70038292280 , 3ª CC, Tribunal de Justiça do RS, Relator: Odone Sanguiné, j. 10/02/2011.
[103] MIRABETE, Julio Fabbrini. *Manual de Direito Penal. Parte Geral*, op.cit., p.270; Ap. 314015-3/4, 3ª Câmara Criminal, TJSP, rel. Des. Gonçalves Nogueira, j. 08/08/2000, RT 783/627-629.
[104] SILVA FRANCO, Alberto. *Código penal e sua interpretação*, *op. cit.*, p.283.
[105] QUEIROZ, Paulo. *Direito Penal. Parte Geral*, *op. cit.*, p. 483.
[106] NUCCI, Guilherme de Souza. *Código Penal Comentado*, *op. cit.*, p. 299.
[107] RUBIO, J. de Lamo. *Penas y Medidas de Seguridad en el Nuevo Código*. Barcelona: Bosch, 1997, p. 49 e 228-234; LÓPEZ BARJA DE QUIROGA, Jacobo. *Teoría de la pena*. Akal/iure, Madrid, 1991, p. 89-90; SANGUINÉ, Odone. *Prisión provisional y derechos fundamentales*, *op.cit.*, p. 209 e ss.

B. Hipóteses de inadmissibilidade

Pelo contrário, em algumas hipóteses não é admissível o cômputo do tempo de prisão cautelar.

1. Cômputo do período de prisão cautelar decretada em outro processo onde ocorreu absolvição ou extinção da punibilidade por crime cometido posteriormente

Conforme entendimento predominante na doutrina e na jurisprudência dos Tribunais, somente é possível a detração (cômputo) do período de prisão cautelar em processo distinto (no qual tenha ocorrido absolvição ou extinção da punibilidade), desde que o delito pelo qual o sentenciado cumpre pena tenha sido cometido em data anterior à segregação cautelar, evitando a criação de um crédito de pena, não cabendo o desconto quando a conduta delituosa pela qual houve a condenação tenha sido praticada posteriormente ao crime que acarretou a prisão cautelar.

Portanto, inadmissível creditar-se ao réu, para fins de detração futura, o período de prisão provisória anterior ao fato criminoso que originou a condenação atual. Se fosse admissível a detração, o Estado concederia uma espécie de bônus ou *conta corrente* de liberdade com a Administração da Justiça, gerando uma impunidade de posteriores crimes que repugna a lógica e os fins preventivos da pena. É surrealista admitir a possibilidade de o réu creditar-se de tempo de prisão provisória para abater na pena relativa a crime que eventualmente venha a cometer.[108] Motivos de prevenção criminal e de segurança pública excluem a extensão da detração neste caso para não gerar, em que tem um período de prisão preventiva sobrando, um "crédito" ou "saldo positivo" em sua metafórica "conta corrente" de liberdade com a Administração da Justiça. Isso seria um fator criminógeno para agir criminosamente no futuro, pois o sujeito poderia delinquir sabendo de antemão que não sofreria uma pena pelo crime posterior e, portanto, sem o freio inibitório que representa a ameaça e imposição de uma pena. Isso poderia equivaler a uma compensação em pena futura como se como se fosse um convite a delinquir, gerando uma impunidade que repugna à lógica e aos fins preventivos da pena.[109]

---

[108] HC 109599/RS, 2ª T., STF, rel. Min. Teori Zavascki, j. 26/02/2013, DJe 13/03/2013; HC 109519/RS, 1ª T., STF, rel. Min. Rosa Weber, j. 27/03/2012, DJe 16/04/2012; HC 111081/RS, 1ª T., STF, rel. Min Luiz Fux, j. 28/02/2012, DJe 26/03/2012; HC 107158/RS, 2ª T., STF, rel. Min. Joaquim Barbosa, j. 07/02/2012, DJe 09-03-2012; HC 93979/RS, rel. Min. Cármen Lúcia, j. 22/04/2008; HC 178.894/RS, 5ª T., STJ, rel. Min. Laurita Vaz, j. 13/11/2012; HC 177.321/RS, 6ª T., STJ, rel. Min. Maria Thereza de Assis Moura, j. 28/02/2012, DJe 12/03/2012; HC 178.129/RS, 6ª T., STJ, rel. Min. Og Fernandes, j. em 07/06/2011, DJe 22/06/2011; SANGUINÉ, Odone. *Prisión provisional y derechos fundamentales*, op. cit., p. 208-212.

[109] SANGUINÉ, Odone. Prisión provisional y derechos fundamentales, *op. cit.*, p. 208-212.

Não obstante acertada em parte essa opinião, parece melhor especificar que somente se deveria excluir da detração as condenações por *crimes cometidos com posterioridade à sentença absolutória*. Assim, seria permitido o cômputo do período de prisão cautelar, desde que o crime seja anterior à *data em que o réu teve conhecimento da sentença absolutória* ou que tenha aplicado pena menor do que o período de prisão cautelar sofrida. *Somente a partir desse momento pode existir o prognóstico ou cálculo de conveniência delitiva baseado na impunidade*.[110] A questão não consiste tanto em que os fatos sejam anteriores ou posteriores ao ingresso em prisão cautelar do imputado, mas sim de que não se trate de fatos posteriores à sentença transitada em julgado cuja pena deva ser descontada. Até este momento não há razão alguma para pensar que a prisão preventiva descontável funcione ou possa funcionar como uma espécie de direito de crédito. Portanto, é mais correto que a limitação da detração se refira a processos por fatos criminosos posteriores ao trânsito em julgado da sentença absolutória, porque até então não existe certeza sobre a existência de prisão preventiva descontável.[111]

Neste sentido, a jurisprudência espanhola, apesar do texto literal do art. 58.3 do Código Penal, que estabelece como única hipótese de cômputo de prisão preventiva sofrida em outro processo quando dita medida cautelar seja posterior aos fatos delitivos que motivaram a pena à qual se pretende descontar, realiza uma interpretação teleológica afirmando que o momento relevante não é tanto a data dos fatos que motivam a pena à qual se pretende descontar a medida cautelar, quanto *o conhecimento pelo condenado de sua absolvição ou imposição de uma pena por tempo inferior ao da prisão preventiva*. Conhecimento que deve referir-se ao da *sentença transitada em julgado*. Somente a partir de tal momento cabe dizer que o sujeito pode agir com sentimento de impunidade que constitui, em suma, o fundamento da limitação da exceção contida no art. 58 do Código Penal.[112] Desta maneira, a inadmissibilidade da detração se restringe somente às hipóteses em que o réu já é conhecedor de sua situação e de suas possibilidades de cômputo para crimes futuros, pois, em tal caso, por motivos de prevenção do delito e de segurança jurídica, não deve ser-lhe descontada a prisão preventiva. Agir de forma distinta seria pouco menos que reconhecer-lhe um crédito, um direito de futuro a delinquir, o que geraria um sentimento de impunidade.[113]

---

[110] GUTIÉRREZ DE CABIEDES, Pablo. *La prisión provisional*, op. cit., p.291.
[111] BARJA DE QUIROGA, Jacobo López. Tratado de Derecho Penal, *op. cit.*, p. 1364.
[112] MADRUGA, Florencio de Marcos. In: *Comentarios al Código Penal* (coord. por Manuel Gómez Tomillo), Lex Nova, 2010, p.329.
[113] MADRUGA, Florencio de Marcos. In: Comentarios al Código Penal, *op. cit.*, p. 329.

2. Cômputo do período de prisão cautelar para reduzir o prazo da suspensão condicional da pena

A detração não incide sobre o período probatório da suspensão condicional da pena. Se porventura revogado o *sursis*, nenhum desconto terá o período de prova em razão de anterior tempo de prisão provisória.[114]

3. Cômputo do período de prisão cautelar para reduzir o prazo prescricional

O período de prisão cautelar não pode ser descontado da pena concreta para redução do prazo prescricional, mas tão somente para o cálculo de liquidação da pena. O art. 113 do Código Penal, segundo a qual "a prescrição é regulada pelo tempo que resta da pena", por não comportar interpretação extensiva nem analógica, restringe-se aos casos de evasão do condenado e/ou de revogação do livramento condicional, não se referindo ao período de prisão cautelar para efeito do cálculo da prescrição. Destarte, a contagem do prazo prescricional deve ser contado da pena integral concretamente fixada na sentença, e não com base no saldo restante da pena a cumprir.[115]

4. Cômputo do período de liberdade provisória com restrições de direitos

A jurisprudência predominante considera inadmissível computar o período em que o acusado permaneceu em liberdade provisória, mesmo que contenha *restrições inerentes à essa medida de liberdade provisória (v. g., restrição ao direito de locomoção consistente na obrigação de comparecimento mensal a juízo)*, pois além de não se enquadrarem na definição expressa do artigo 42 do CP, não correspondem às hipóteses autorizadoras da analogia. A privação ou restrição ao direito de ir e vir que, por analogia ao disposto no artigo 42 do CP, autoriza a detração é aquela que decorre da execução de pena propriamente dita como, *v. g.*, a prisão em regime aberto e as penas restritivas de direitos.[116] Todavia, parece mais correto o entendimento de que na hipótese em que tenha sido imposta ao acusado

---

[114] NUCCI, Guilherme de Souza. *Código Penal Comentado, op. cit.*, p. 299.

[115] HC 96287/SP, 2ª T., STF, rel. Min. Cezar Peluso, j. 31/03/2009, 22-05-2009, p.769; RHC 85217/SP, 1ª T., STF, rel. Min. Eros Grau, j. 02/08/2005, DJ 19/08/05, p.47; HC 193.415/ES, 5ª T., STJ, rel. Min. Gilson Dipp, j. 07/04/2011, DJe 28/04/2011;HC 128.650/SP, 5ª T., STJ, rel. Min. Laurita Vaz, j. 02/09/2010, DJe 27/09/2010.

[116] HC 81.886/RJ, 2ª T., Rel. Min. Maurício Corrêa, j. 14/05/2002, RT 806/466-468; RHC 17501 / SP, 6ª T., STJ, rel. Min. Paulo Medina, j. 23/08/2005, DJ 06/03/06, p.442; RHC 17697/ES, 6ª T., rel. Min. Hamilton Carvalhido, j.18/08/2005, DJ 14/11/05, p.407; HC 25183-CE, 6ª T., STJ, Rel. Min. Hamilton Carvalhido, DJ, 28.06.2004, p. 419.

medida restritiva da liberdade com severas restrições ao *status libertatis* de *locomoção* (proibição de ausentar-se da comarca, comparecimento período ao Juízo para assinar lista de presença) há de se efetuar a detração desse lapso temporal de liberdade com restrições,[117] equiparável, *mutatis mutandis*, a uma pena restritiva de direitos de prisão domiciliar, como forma razoável de *compensação* reparatória em face dos gravames consequentes do castigo antecipado.

5. Cômputo do período de internamento provisório de adolescentes quando houver interrupção em caso de evasão

Na hipótese de internamento provisório de adolescentes, quando houver interrupção, tal como ocorre no caso de evasão, rompe-se a unidade do internamento provisório de adolescente, de modo que não se desconta o tempo de internação provisória, por isso seria inconciliável com a natureza protetiva (e não punitiva) da medida socioeducativa, limitada no máximo e, não, no mínimo de sua duração, que deve ser a estritamente necessária.[118]

---

[117] HC 3109/RJ, 6ª T., STJ, j. 28/03/1995, rel. desig. Min. Vicente Leal, RT 732/574-612.
[118] HC 12595/SP, 6ª T., STJ, rel. Min. Hamilton Carvalhido, j. 13/02/2001, DJ 13.08.2001, p. 277.